广东省"广东技工"工程丛书

广东省职业技术教研室　组织编写

故事

广东技工

STORIES OF
CANTONESE TECHNICIAN

SPM 南方出版传媒

广东科技出版社 | 全国优秀出版社

·广 州·

图书在版编目（CIP）数据

广东技工故事 / 广东省职业技术教研室组织编写. —广州：广东科技出版社，2020.11

（广东省"广东技工"工程丛书）

ISBN 978-7-5359-7595-9

Ⅰ．①广… Ⅱ．①广… Ⅲ．①技术教育—教学研究—广东 Ⅳ．① G712

中国版本图书馆 CIP 数据核字（2020）第 214739 号

出 版 人：朱文清
策　　划：朱文清　罗孝政
责任编辑：区燕宜　于　焦　曾依翎　尉义明
封面设计：柳国雄
责任校对：李云柯　陈　静　廖婷婷
责任印制：彭海波
出版发行：广东科技出版社
　　　　　（广州市环市东路水荫路 11 号　邮政编码：510075）
销售热线：020-37592148 / 37607413
http：//www.gdstp.com.cn
E-mail：gdkjcbszhb@nfcb.com.cn
经　　销：广东新华发行集团股份有限公司
印　　刷：广州市彩源印刷有限公司
　　　　　（广州市黄埔区百合三路 8 号 201 房　邮政编码：510700）
规　　格：787mm×1 092mm　1/16　印张 16.5　字数 300 千
版　　次：2020 年 11 月第 1 版
　　　　　2020 年 11 月第 1 次印刷
定　　价：68.00 元

如发现因印装质量问题影响阅读，请与广东科技出版社印制室联系调换（电话：020-37607272）。

《广东技工故事》编委会

—— 指导委员会 ——

主　　任：陈奕威

副 主 任：杨红山

委　　员：魏建文　刘正让　袁　伟　高良锋　刘海山　邱　璟

　　　　　陈鲁彬　刘启刚　陈　锋　陈苏武　叶　磊

—— 编写委员会 ——

主　　编：欧真志

副 主 编：陈　锋　郑楚云

统　　稿：陈志刚　龙　莉　江志如　李兴军　赵新辉　邱泽伟

　　　　　郭子健　王彩平

审　　稿：陈　林

目 录

引　言

"劳动者素质对一个国家、一个民族发展至关重要。技术工人队伍是支撑中国制造、中国创造的重要基础，对推动经济高质量发展具有重要作用。要健全技能人才培养、使用、评价、激励制度，大力发展技工教育，大规模开展职业技能培训，加快培养大批高素质劳动者和技术技能人才。要在全社会弘扬精益求精的工匠精神，激励广大青年走技能成才、技能报国之路。"

——中共中央总书记、国家主席、中央军委主席习近平对我国选手在第 45 届世界技能大赛取得佳绩作出重要指示

技能人才是人才队伍的重要组成部分，是推动经济社会发展的重要力量。习近平总书记关于技能人才、技工教育的重要论述和对广东的重要指示批示精神为新时代的中国技工、新时代的广东技工指明了发展方向。广东将按照习近平总书记擘画的技能人才教育培养道路，全力以赴部署新发展，迎接新挑战，展开新实践！

广东技工是中华人民共和国成立以后的新生事物，它的成长与广东的经济发展水平，尤其是工业化水平相辅相成，相得益彰。改革开放后广东走上了新型工业化道路，有力地调整和优化

了广东的产业结构，广东快速发展为全国经济大省和制造业大省。正是在这一重大经济社会结构调整和转型升级进程中，广东技工的面貌焕然一新，实现了升格和蜕变，不仅成为广东发展现代先进制造业、提升企业核心竞争力、增强广东发展后劲的重要支撑，还有力推动广东技能事业的蓬勃发展，涌现出不少先进人物与事迹，走出一条技能成才、技能报国之路。

高质量的技能人才供给，是产业发展的重要支撑，是推动经济高质量发展的强大动能。当前，广东要在新一轮科技革命和产业变革中赢得先机，深入推进粤港澳大湾区建设、深圳建设中国特色社会主义先行示范区两大国家重大战略，构建现代经济体系，建设制造强省，聚焦打造国际人才新高地目标，讲好"广东技工"故事，做实"广东技工"事业，培养、造就一大批具有国际竞争力的广东技工人才，以人才竞争优势赢得发展竞争优势，为广东在全面建设社会主义现代化国家新征程上走在全国前列、创造新的辉煌提供强有力的人才支撑。

一、岁月留痕：

广东技工的沧海桑田

广东经济发展指引了广东技工的成长，广东技工成长促进了广东经济的繁荣。从中华人民共和国成立初期的百废待兴、艰难起步，到改革开放后的破茧成蝶、蓬勃发展，到近年来的逐鹿世界技能大赛、一显身手，再到迈入新时代的技行天下、能创未来……广东技工以"杀出一条血路"的气魄、"闯出一条新路"的智慧，实现了从"无"到"有"、从"有"到"优"、从"优"到"特"的跨越式发展。特别是改革开放40多年来，广东探索出一条具有鲜明"岭南特色"的技能人才培养之路，为全省乃至全国的产业发展输送了大量高技能人才，已逐渐成为高技能人才的新高地。

广东技工故事

百废待兴　艰难起步

1. 战火硝烟后的困境

中华人民共和国成立初期，广东面对的是一个百业凋敝、千疮百孔的烂摊子，产业结构严重失衡，工业基础极其薄弱，技工教育和职业培训毫无基础，文化程度低、无一技之长的失业人员遍布城镇；在业人员也感到极度不安，时刻担心因工厂停工而失业，少数不法分子利用在业人员的这种思想波动，挑起事端，严重影响了城镇生产的进行和社会秩序的恢复[1]。面对困局，广东省委、省政府当机立断，以解决全省城镇就业为急务，为失业工人提供转业训练，为企业培养适应生产需求的技术人员，并采取相应措施积极应对，开始了缓慢而艰难的技能人才队伍建设征程。在这一过程中，又重点结合企业对技工人才的需求，以及人民的就业问题，从供给与需求两侧共同推动技工队伍的发展壮大。

 数说

中华人民共和国成立之初广东的失业状况

中华人民共和国成立初期，广东面临严重的失业问题。

首先是失业人群范围广，各个阶层都存在失业情况，如1953年上半年，广东省20个市镇登记失业人员32506人，求业人员17461人，共49967人，加上新会登记的228人，合计50195人。[2]

其次是失业地域范围广，失业范围是全省性的，各个城市和县、镇都存在失业

1　梁林珍：《建国初期广东省的城镇失业问题及其治理》，华南师范大学本科学位论文，2007年。

2　广东省劳动局：《半年来劳动就业工作报告：1953-05-19》，广州，广东省档案馆 (256-1-6)。20个市镇是指：汕头、海口、韶关、湛江、佛山、江门、潮安、石岐、揭阳、潮阳、肇庆、梅县、惠州、汕尾、三埠、石龙、太平、兴宁、老隆、深圳。

004

问题，大中城、镇尤为严重。据调查，汕头、湛江、石岐和北海（今属广西，下同）在1950年8—12月，仅5个月的时间就有失业工人上千人，北海多达4843人。1951年12个城镇失业工人总数多达27421人，除肇庆、潮阳和石岐外，其他城镇的失业工人都超过1000人，汕头多达4267人。[1]

20世纪50年代扫盲场景

三是失业人员大多为青壮年，35~50岁的占60%之多。每个青壮年背后，都有一个风雨飘摇的家庭等待救济。

四是失业人员中，技工少，粗工多，文化程度低，需要进行技术、文化培训，有部分则暂时不宜进行培训，必须进行临时救济或长期救济。根据1952年8月对汕头等12个市、镇的调查，在9838名失业人员中，文盲占了29%，53%的人员为小学文化程度。1952年，在广州近3.8万名失业工人中，技术工人仅占11.3%，并且技术程度很低，当时，广东糖业公司需要招聘200多名高级的技术工人，社会竟然无法满足这个需求。

2. 在不断摸索中前进

◆

从1950年起，广东省失业工人救济委员会就开始对失业工人展开大规模的转业训练工作，于当年8月在人口数量为5万以上的市镇设立日常办理登记及介绍失业人员就业、转业、救济和教育等事业的机构，并提出训练方针："结合国家生产建设需要，有计划、有步骤地加强对失业工人的转业训练工作，提高失业工人的政治、文化水平，培养他们新的技能，使他们能逐步就业，以参加中华人民共和国的建设。"失业工人转业训练工作的实施取得了较大成效。据统计，广东1951—1953年共有7000多人通过转业训练获得了再就业机会，其中1952年训练了3894人，1953年上半年训练了2519人。[2]训练的门类有会计、文化、药剂、保育、师资、政

1　广东省劳动局：《广东省失业工人救济委员会两年多来救济失业工人工作报告：1950.08—1952.08》，广州，广东省档案馆（256-1-4）。

2　梁林珍：《建国初期广东省的城镇失业问题及其治理》，华南师范大学本科学位论文，2007年。

治等。失业工人经过 3 个月、5 个月或 6 个月的训练，由劳动部门推荐就业 [1]。这种经验在此后很长的时间内都发挥着重要的"标杆效应"。

 历史回顾

中华人民共和国成立初期的转业训练

师傅下田头，艺徒四方来。（李慕白、赵邢仁作）

当时的转业训练是指对失业人员进行技术、文化训练，以提高其就业能力。训练的方式有：用人单位自训、劳动部门培训、劳动部门与有关部门合训，以及委托有关部门训练。训练的对象以失业工人为主，首先是训练职工，其次是知识分子，再次是一般失业人员。训练内容有建筑、卫生、统计、机械、电器、五金、机器制造、会计等，以技术、文化为主，辅之以政治训练。训练时间为 3 个月、半年、1 年等。具体操作方法如下。

（1）各国营、私营企业需要陆续雇用大量技术工人和业务人员的，设法自行训练，如开办技术工人训练班、艺徒学校及其他方式，由劳动部门调配机关调拨失业工人或在其所指定失业工人中挑选前往学习。学习期间的生活费用由各企业自筹。

（2）各国营、私营企业，不需要增加技术工人的，亦应接受失业工人处理机关的委托，尽可能容纳失业工人到其企业学习，由失业工人处理机关负责学习期间的一切费用，并与各企业订立委托训练合同及师徒合同，规定训练内容、训练时间、训练的技术标准及师徒双方的义务等。

（3）各城市中所设立的私立学校、职业补习学校、技术学校等应协同教育行政机关，加以适当调整，尽可能给出一部分名额，作为训练失业人员之用。各公立技术学校、职业学校、师范学校，亦应尽可能地划出一部分名额，招收失业人员。

广东省失业工人救济委员会在转业训练时还提出，凡需要增加工人的单位应自行培训；不需要增加工人的单位也应接收委托培训；私立职业学校、职业技术学校、技术学校也应尽可能出让一些名额以训练失业工人。其中，培训机构有政府举办的

1　黄远飞：《广州模式：广州技工教育60年发展纪实》，北京，中国劳动社会保障出版社，2007年。

各类失业工人转业训练班，有政府接收的中华人民共和国成立前的职业学校，更多的则是政府直接创办的工农教育学校、工人转业训练学校、职业训练班，以及专门培训中等职业技术人员的中等专业教育机构。这些机构通过举办业余技术训练班、技术讲座及开展经常性的技术业务学习来提高一般职工的技术水平；通过举办脱产培训班、工人半工半读学校及选送职工到技术专门学校脱产学习来提高生产技术骨干的技术水平。在此背景下，各市、县相继举办业余学校，在职工中广泛开展扫盲教育和业余文化、技术教育，1956 年底，广东建立的职工业余学校达 782 所，近 30 万名职工参加了各类文化、技术学习。

随着办学水平的提高，以及为了适应青年技工培训的需求，技工学校应运而生。1950 年，广州市劳动局创办广州市失业工人转业训练学校。1952 年，广州市失业工人转业训练学校更名为广州市工人转业训练学校并附设广州市初级工人技术学校，即广州市工人技术训练学校。1954 年，该校基层党组织"中共广州市工人技术训练学校支部委员会"成立。至此，该校实现了从一所失业工人转业训练学校到一所正规工人技术学校的转变。

 历史回顾

中华人民共和国成立以后广东第一所技工学校

1956 年，遵照国家劳动部门关于整顿现有技术工人训练班、技工学校的要求，经广州市政府批准，广州市工人技术训练学校更名为广州市第一技工学校，由广州市劳动局

时任广州市委书记、省委常委朱森林（右一）视察广州市技工学校复办工作

广州市技工学校 65 级学生

直接领导，校址设在广州市新港路广州机床厂内。学校占地面积 45000 米^2，建筑面积 9951 米^2，有机器设备 143 台、教职工 218 人、学生 798 人，重点培养机械工种的技术工人。学生通过 1~2 年的学习，毕业时达到三至四级工的技术水平。该校即广州市技工学校（现广州市技师学院）。

此后，广东的技工学校得到迅速发展，既有省、市、县政府创办的，也有行业和企业创办的，遍及全省各地。从广东技工教育和职业培训的发展历程可以看出，广东技工的源头是中华人民共和国成立初期的就业训练，其较为完整的体系形成时间在 1956 年。1956 年，也可称为广东技工事业元年。

1960 年 12 月 23 日，中共广东省委常委会议决定，将省直 5 所行业技校（即广东省技工学校、广东省建筑技工学校、广东省电力技工学校、广东省交通技工学校、广东省航运技工学校）合并，组建广东省技工学校，指定校址在广州市杨箕村，占地约 36000 米^2，归原广东省劳动局直接管理。

广东省技工学校筹建处

广东省技工学校复办挂牌仪式

3．在曲折艰难中徘徊

广东技工事业起步早，在转业训练中起到了积极的作用，但改革开放以前发展还是很缓慢，一个很重要的原因就是缺乏与技工事业发展密切配套的产业基础，特别是工业基础。当时，国内实行的是高度集中的计划经济体制，外部则是西方世界对我国进行严密封锁，由于多种因素影响，广东所具有的发展商品经济和开展对外经济贸易的良好条件得不到发挥，经济发展相对缓慢。在此背景下，广东技工事业的发展便可想而知。

 **数说**

改革开放前的广东经济

1953—1980 年，广东累计工业投资只占全国同期工业总投资的 3.4%。全省工业总产值虽然由 1949 年的 7.58 亿元增加到 1978 年的 206.56 亿元，但占全国的比重却从 1949 年的 5.2% 下降到 1980 年的 4.5%。1952—1978 年，广东国民收入年均增长 5.3%，低于全国平均水平 6%。1978 年，全省国内生产总值 185.85 亿元，仅占全国的 5.1%；人均国内生产总值 369 元，比全国平均数少 10 元。从人口和从业情况来看，1952 年，全省总人口 2910.45 万人，其中非农业人口 512.93 万人，农业人口 2397.52 万人；当年从业人员共有 1271.21 万人，其中农村社会劳动者 1040.8 万人，占从业人员的 81.9%。1978 年，全省总人口增加到 5064.15 万人，其中非农业人口 823.23 万人，农业人口 4240.92 万人；当年就业人员达到 2275.95 万人，其中第一产业 1677.01 万人，第二产业 312.94 万人，第三产业 286 万人，三种产业构成占比为 73.7∶13.7∶12.6。

破茧成蝶　蓬勃发展

1. 抓住机遇，做大做强广东技工教育

1978 年 12 月，党的十一届三中全会在北京召开，这次大会具有重大历史转折意义。春风吹进南粤大地，擂响了经济特区建设的战鼓，经济社会领域的全面改革开放在乡村和城市逐次展开。广东蓬勃的经济发展对技能型人才产生了巨大的需求，而当时技工队伍"兵微将寡"，技工教育和培训体系并不健全。面对机遇与挑战并存的局面，技工队伍建设的重担应该由谁挑起？如何通过建章立制来促进广东技工队伍的建设？这些核心问题引起了广东省委、省政府部门的思考。

在此背景下，根据 1978 年 2 月经国务院批准教育部、国家劳动总局发布的《教育部、国家劳动总局关于全国技工学校综合管理工作由教育部划归国家劳动总局的通知》，从 1979 年起，广东以贯彻国家劳动总局《进一步搞好技工培训工作的通知》为契机，通过一系列政策规章，开始有计划地稳步发展技工学校，以其作为广东省技工队伍建设的承载体。

久旱逢甘霖，广东的技工事业迎来了绽放着希望花朵的春天。

 **数说**

改革开放初期的广东技工队伍现状

改革开放初期，广东工人的技术水平仍比较低，当时全省每 100 名技术工人中，初级、中级、高级技工比例为 70∶28∶2，中高级技术工人短缺；1983 年，全省大专学历以上的技术工人、中专学历的技术工人与技术工人的比例为 1∶2∶0.5，远远低于经济发达国家要求的 1∶4∶10。即使到了 1987 年，在全省近 300 万的技术工人当中，中级技工仅占 28%，高级技工仅占 2%；全省技工学校在校生仅有 2.74 万人，远低于全国万分之七的平均水平。即使包含职业学校，情况也不尽理想，1980

年，全省中等技术学校在校学生共计 2.78 万人，农业中学、职业中学在校学生共17240 人，直到 1983 年后，广东职业高中建设才开始进入快速发展的轨道。

　　截至 20 世纪 80 年代末，广东技工学校的办学场所、资金等办学条件基本得到保障。20 世纪 90 年代，广东按照劳动部要求实施办学综合水平评估工作，对一批技工学校开展了评估与选优分类评定工作，并与收费标准挂钩，此举推动了技工学校深化改革，增强了技工学校的竞争意识、技工教育和培训质量意识，以及主动适应经济社会发展需要的能力。

　　1990—1994 年，广东国家重点技工学校和省重点技工学校达到 16 所，一类技工学校 18 所，全省技工学校增加到 158 所；在校生在 1994 年已经接近 10 万人，教职员工与专任教师分别为 1.2 万人和 5000 人，另外还有聘请教师 1800 余人。5 年间，全省共投入经费 6.8 亿元，其中基建投入 2.8 亿元。1995 年，全省技工学校增加到 172 所，在校生总数突破 10 万人，达到 11.9 万人。

　　1996 年和 1997 年，国家颁布《职业教育法》和《社会力量办学条例》，不仅推动了地方政府加大技工教育速度，也激发了社会团体、事业单位和个人的办学热情，技工教育和培训进入多渠道、多元化时代。1997 年，广东省出台《关于大力发展职业教育的决定》《广东省技工学校教学管理工作规范》《广东省技工学校德育大纲》等一系列指导性文件，技工教育发展日趋规范。1998 年 4 月，广东省劳动厅《全面推进职业技能开发事业实施意见》的颁发，对广东如何用 12 年的时间在全省建立起一个适应社会主义市场经济和劳动力市场需要的职业技能开发系统提出了具体的意见，推动了技工学校的发展。由此，广东社会力量办学得到迅速发展，至 2001 年，全省民办培训机构发展至 1528 所，年培训量达 84.9 万人。

江门市高级技工学校挂牌

**特别关注**

广东第一所民办技工学校

20 世纪 80 年代，在改革开放前沿的城市——广州，大量三资企业、合资企业涌入，经济建设充满活力，处处充满商机。但是，伴随着经济高速发展带来的是人才供需的严重失衡。一方面，大量企业、工厂急需技能型工人；另一方面，很多富余劳动力因缺乏职业技能而找不到工作。1989 年，年仅 24 岁的谢可滔找到老朋友张智峰，决定创办广州白云工商技工学校。没设备，就找企业合作，江高日升制衣厂同意无偿提供衣车和绞边机，还一次借出 20 台高速缝纫机，并可无偿使用一年。没场地，就找地方租场地，驻江高镇的 177 部队医院领导很爽快地答应租给他们楼房、场地；没师资，就去工厂和学校找老师，附近教育部门的老师和工厂的技术骨干也在他们的诚意邀请下加盟到学校来。第一次招生，学生只有 8 个，难以成班。经过一年的摸索，谢可滔摸索到了职业教育的一般规律，找准了社会需求的行业，培养出来的学生很受企业的欢迎。第二年，来学习的学生激增至上千人。2002 年，学校成为国家级重点高级技工学校，2005 年升格为广州市白云工商技师学院，2020 年，学院在校学生 13000 多人。办学 30 年来，学校已为社会培养了 20 多万名生产、管理和服务第一线需要的中高级复合型职业技能人才。

学院晋升省一类技工学校

美容美发大比武

改革开放以来，技工培养初步形成从初级到高级、行业配套、结构合理、形式多样并能与其他教育相互沟通、协调发展的体系；多形式、多层次、多渠道的培养体制；国家财政拨款为主，辅之以收取非义务教育阶段学生学杂费，以及校办产业收入、社会捐资集资和设立教育基金等多种渠道筹措培养经费的模式。

时任广东省委副书记、广州市委书记黄华华（中）视察白云工商技工学校

时任广东省副省长谢强华（右三）、广东省劳动和社会保障厅厅长方潮贵（左三）视察广东省高级技工学校

2. 根据需要，改革创新广东技工教育

进入 21 世纪，随着广东市场化程度的加深，经济规模的进一步扩大，产业结构、技术结构、就业结构发生巨大变化，市场对技工的需求量猛增。2001 年 12 月，广东省政府实施中等职业教育布局结构调整，将培养大专层次生产、服务、管理第一线的高级实用职业技术技能人才确定为高级技工学校的任务。2002 年 5 月，出台《广东省技工学校布局结构改革调整实施总体方案》，要求按照"调整布局、提高层次、突出特点、服务就业"的基本方针，加快技工院校布局结构，调整步伐，更好地为广东率先基本实现现代化服务；同年，广东还率先在全国将技工教育与扶贫工作相结合，正式启动智力扶贫工程。2003 年，广东省委、省政府把发展技工教育纳入"十项民心工程"。2006 年，广东省委、省政府决定一次性投入 2 亿元，建成第一所省属、省管、省办的副厅级建制技工学校——广东省粤东高级技工学校。2007

汕头市高级技工学校划转广东省劳动和社会保障厅管理交接仪式

年，广东省委、省政府又决定将智力扶贫学生扩增到 1.2 万名，并实施退役士兵免费职业技能培训工程，这是广东技工教育在全国的又一创新。同年，广东省委、省政府作出加快普及高中阶段教育的决定，把发展中等职业教育、加快培养技能人才和高素质劳动者作为经济社会发展的重要基础和教育工作的战略重点。在此背景下，广东中等职业教育得到蓬勃发展，2007 年，中职在校生规模和招生规模分别达到 135.76 万人和 54.67 万人，招生人数跻身全国前列；中等职业学校经过调整之后，由原来的 1005 所变为 803 所，其中省级以上重点中职学校 232 所；人才培养模式得到创新，通过开展工学结合、半工半读来解决家庭经济困难学生的学习生活负担；加强校企合作，推行"双证书"制度，建设、发展高等职业教育院校。与此同时，广东的技校也发生了跨越式的变化，实现了年招生数、在校生数、校均在校生数、技能鉴定人数、毕业生就业率等指标在全国连续多年名列第一。

经过 10 年的调整、规范和创新，广东技工培养逐渐跟上经济社会发展的步伐，职业学校（含技工学校）与技工需求单位（企业）对接，开始发挥技工在社会主义市场经济建设中的重要作用。广东技工队伍建设步入百校千企携手共进、量身定造技能人才的新阶段。

 **数说**

百校千企

2010 年 5 月，广东举办技工院校"百校千企"校企合作大会，全省百所优质技工院校代表与 228 家国内外知名企业进行现场签约。同年，共有 1205 家企业报名加入广东技工院校"百校千企"校企合作平台。其中，世界 500 强企业 66 家，中国百强企业、知名企业 49 家，广东省重点企业、知名企业 355 家。技工院校与企业的签约项目达到 3223 个，涵盖校企共建"生产实训"中心，产品研发、工艺改进，企业在职员工培训、技能等级提升，校企共建课程专业建设、科研共融、产学合作，订单培养、合作办学及捐赠等多个领域。2012 年，广东省人力资源和社会保障厅在对以往校企合作的成功经验和有效做法进行总结后，广东决定创新校企合作模式，完善校企合作长效运行机制，遂印发《广东省技工院校"校企双制"办学指导意见》，明确"校企双制"办学的内涵，并在全省技工院校试点推行。

广东省技工院校"百校千企"合作大会开幕式

3．城乡统筹，不断加强职业技能培训

中华人民共和国成立初期，就业工作一直局限于城镇居民，因此，与此相应，职业技能教育、培训工作也只服务于城镇的初中、高中毕业生或青年，待业人员和在岗职工，农村居民只有通过招工、当兵、求学等有限的渠道进入体制之后，才有资格享受职业技能教育、培训的待遇，农村学生报读技工学校接受职业技能教育、培训相对受到限制，在当时能通过参加中考、高考入读中专、大学的也为数不多。随着改革开放的不断深入，市场对产业工人的需求却又越来越大。面临技能人才结构与经济发展不相符的问题，加速培养一支又强又大的技工队伍，成为广东职业技能教育、培训必须解决的重大课题。在此过程中，广东发挥敢闯敢试、敢为人先的精神，通过不断调整政策，发挥技工院校作用，逐步形成了城乡统筹的普惠制职业技能教育、培训制度。

 特别关注

广东普惠制职业技能教育、培训制度形成过程

1．技工学校成为职业技能教育的主要阵地。1985年，广东省技工学校第一次

农村青年到技工学校接受培训

将招收的 200 名农村学生列入国家招生计划中，第一次在全省范围内招收 162 名不转户粮、定向培训、不包分配的农村生，试招 400 多名自费生。1987 年，技工学校招收农村生开始转户粮关系。1988 年规定，除国家指令性计划外，其余学校实行市场调节，技工学校开始大规模招收自费生。1991 年，广东根据生产建设第一线急需高空、高温、野外等技术工种的需要，开始面向全省招收"农转非"生，打破了以往技工学校只招收城镇户籍生源的界限。1993 年，广东进一步改革技工学校招生、就业制度，技工学校招生逐步实行在劳动行政部门监督下，由学校自行组织报名、考试、评卷、录取新生的办法，且招生时可按企业需要确定，招收的农村学生毕业被企业录用后，允许将其户口迁往企业所在地，开辟、拓宽了农村青年接受技能教育和在城镇就业的渠道。

2. 劳动预备制在广东全面铺开。1997 年 12 月，广东省政府决定从 1998 年起，在全省范围内有计划、有步骤地实行劳动预备制度，明确规定，未参加中（高）考的初中、高中毕业生亦可凭毕业证报读技工学校，登记入学。1998 年，广东进一步调整技工学校招生工作，要求贯彻"宽进严出"的原则，多形式、多层次组织报名，对劳动预备制及"两类人员"（下岗、失业人员）要放宽年龄，婚否不限，免体检、

农村青年参加技能培训

考试。1999年，劳动预备制培训在广东全面铺开，同时出台系列政策措施要求：各地要充分利用现有职业教育培训资源，实施劳动预备制培训，尤其是技工学校、就业训练中心和各类社会职业培训机构要主动承担劳动预备制培训任务。特别是技工学校在招生政策上，要明确规定未参加升中（高）考的初高中毕业生，可凭毕业证报读技工学校，登记入学。这个举措，吸引了大量新成长劳动力进入技校参加劳动预备制培训。2000年10月，广东省委、省政府再次明确规定：实行劳动预备制度和就业准入制度，未获职业资格证书的人员不能进入国家和省规定技术工种的岗位就业，并开始在社会上全面实行学历证书与职业资格证书并重的制度。

3. 百花齐放实施普惠制职业技能教育、培训。2002年，广东省委、省政府出台《关于加快山区发展的决定》，明确提出"从2002—2007年，广东省财政共安排2.1亿元用于每年资助5000名贫困家庭子女接受2~3年的技校教育"，智力扶贫工程正式实施并实现制度化、规范化。2005年8月，针对农村青年，启动了百万农村青年技能培训工程。2006年，广东省政府出台《关于进一步加强农民工工作的意见》，确立了免费公共就业服务制度、免费技能培训和技能鉴定补贴制度，进城务工农村劳动力可享受一次性职业技能培训、创业培训；通过初次职业技能鉴定，且生活确有困难者，可享受一次性职业技能鉴定补贴。2008年5月，广东省政府决定从当年秋季起，本省户籍农村家庭年人均纯收入低于1500元的应届初中毕业生就读技工学校和职业技术学校，可享受免收学杂费和资助生活费的政策；还专门针对农村劳动力，启动农村劳动力技能培训转移就业工作，所惠人员达数百万人次。2010年开始，广东对中等职业学校（含技工学校）招收农村家庭经济困难学生和涉农专业学生全面实施免学费政策。

普惠制职业技能教育、培训制度的建立，不仅为加速破除广东城乡二元社会壁垒、逐步确立一元化经济社会体制作出了巨大贡献，更为广东职业技能教育、培训制度的深化改革和技工队伍的壮大带来了取之不尽的资源，打下了坚实的基础。

4. 市场导向，逐步完善技能人才评价体系

❖────────

　　改革开放以来，广东的就业培训工作机构主要包括由劳动保障部门举办的就业训练中心（或培训中心）和社会力量举办的各类办学机构，其成立之初都是为了贯彻国家"先培训、后就业"的指导方针和"先培训、后上岗"的原则，在坚持培训为就业服务的思想指导下而开展职业技能培训工作。1992年开始，广东省政府开始增大资金投入，各地培训中心的办学条件得到改善，培训对象从城镇扩展到从农村转移出来的劳动力，培训范围从国有企业扩展到乡镇企业和个体经济组织。经过跨越式的发展，到1997年各地就业训练中心、社会力量办学机构的年培训量达到70多万人次，其中社会力量办学机构的年培训量达50万人次，占据就业训练的主体地位。至2001年，全省民办培训机构的年培训量已达84.9万人次。随着培训事业市场化水平的快速提升，各级政府部门逐渐退出具体的就业训练活动，转向通过制定政策制度督促用人单位加强员工培训，通过购买社会培训机构的培训成果规范培训行为，不断促进就业训练规模和质量的提高。在这样的市场导向下，广东逐步建立了完善的技能人才评价体系。

 历史回顾

广东职业技能鉴定工作的起源与发展

　　广东省是1992年开始开展职业技能鉴定制度试点工作，并开创全国先河，成立省汽车维修工等7个职业技能鉴定所（站）。1993年1月，广东省劳动局印发《广东省实施职业技能鉴定制度的暂行规定》，进一步完善技能鉴定的社会化管理制度，自此，技能劳动者的能力评价工作不再沿用"工人考核"的提法，改用"职业技能鉴定"，该经验、做法于1994年开始面向全国推广。1996年5月，广东将技师资格考评纳入职业技能社会化管理范畴，改革技师考评制度，完善技能鉴定层次体系。规定报考技师、高级技师实行自愿报名、公开考试、考评结

颁发职业研发应用基地匾牌

颁发职业技能鉴定培训证书

合、评聘分开、双轨运行的社会化管理原则，技师、高级技师资格考试不受单位指标限制。随后，在广东工业大学电工技能鉴定所、华南农业大学汽车维修工技能鉴定所进行试点，并组织开展高级考评员培训，在多个通用工种中全面推开技师社会化考评，社会各界反应强烈，技术工人参加培训和考核的热情高涨。2007年，广东省职业技能鉴定运行体系即已基本建立健全，广东省及20个地级市成立了职业技能鉴定指导中心；职业技能鉴定所（站）延伸到县（区），共有460个国家职业技能鉴定所（站）和217个计算机信息高新技术考试站；形成较大规模的省市县三级职业技能鉴定网络；建立职业技能鉴定考评人员、考务人员、技能鉴定专家三支队伍；建立国家题库广东分库，使用智能化的考试平台，开通广东职业技能鉴定信息网。

得益于完善的体系，广东职业技能鉴定实现了跨越式的发展，1997—2007年，鉴定涵盖的职业（工种）达622种（个），全省共有800万人次参加职业技能鉴定，625.7万人次取得国家职业资格证书。1998—2007年，鉴定和获证人数连续10年居全国第一，此后一直保持相应规模。2019年，广东再度扬帆起航，聚焦职业资格改革，进一步完善技能人才多元评价体系，严格实施国家职业资格目录，在目录范围内继续组织34家企业开展技能人才自主评价。2019年，全省鉴定70.3万人次，获证44.1万人次；新增高级技师3.3万人次，同比增长25.4%，技能人才结构不断优化；推动首批30家大型企业开展企业职业技能等级认定试点工作，为技能人员水平评价类职业资格逐步过渡到职业技能等级制度打好基础。

为促进粤港澳三地人力资源开发与交流，让香港、澳门居民参加国家职业资格认证，自2004年起，广东省劳动保障厅受劳动保障部委托，作为国家唯一授权机构在香港、澳门特别行政区组织开展国家职业技能鉴定和职业资格证书一试三证试点工作。鉴定职业涵盖多种职业（工种）和多个鉴定级别，涉及技术技能型、知识技能型和复合技能型3种类型。为后来打造大湾区技工教育和技能人才高地作出了积极探索。

 **特别关注**

职业技能开发体系

1993 年 6 月和 1994 年 9 月召开的全国职业培训工作会议提出建立职业技能开发体系的新思路。1995 年，劳动部印发《全面推进职业技能开发体系建设工作的意见》，旨在推行包括以职业分类和职业技能标准制定、职业技能培训、职业技能鉴定、职业资格证书认证、职业技能竞赛举办、职业需求预测、职业咨询与指导等内容为主的职业技能开发体系。

5．活力迸发，大步迈上新型工业化征程

1979 年前，广东工业基础差，企业数量少、规模小，设备陈旧，技术落后，经济效益差。1979 年后，广东开始引进技术改造企业，推动技术改造，从"挖潜、革新、改造"维持简单再生产方式，走上了"改进吸收、消化创新"内涵式扩大再生产的道路。经过 10 年时间对轻工、纺织、机械、电子、食品行业和能源、原材料工业领域的重点技术改造，提高了产品的质量和新产品开发的能力，构筑了以"轻型"和"外向"为主要特征的产业结构基本架构。

进入 21 世纪，广东在继续加大工业技术改造的同时，大力调整产业结构，努力推动经济增长方式的转变，实现由传统的轻加工业到家电产业，再到电子信息产业的转变。2003 年后，产业结构调整进入以重型化和高级化为特征，以产业升级和提高竞争力为主题的新阶段。过程中以石化、钢铁、汽车、造船、装备制造等重型化产业集群为主导的重化工业集群强势崛起。同时，以落实科学发展观为指导，坚持走新型工业化道路，着力调整优化产业结构，提高自主创新能力，促进内外源型经济和区域经济协调发展，着力建设资源节约型和环境友好型社会。

 **数说**

新型工业化

新型工业化为广东快速成为工业大省和制造业强省立下汗马功劳，使得广东工业化进程位居全国前列，产业结构不断优化。2007 年广东生产总值突破 3 万亿元，经济总量稳居全国首位，占全国生产总值的比重为 12.6%；人均生产总值增长 13.1%，突破 3 万元，比全国平均水平多 1.4 万元。按平均汇率折算，2007 年全

省人均生产总值 4360 美元。2007 年高新技术产品产值达 1.87 万亿元，增长 20%；新产品产值增长 38.4%，同比提高 18.4%。适度重型化快速发展，装备制造业增加值 4371 亿元，增长 22.5%，比规模以上工业快 4.3%；重工业比重为 58.9%，比 2002 年提高 7.9%。非农产业比重，2007 年为 94.6%，比 2002 年提高 2.1%。按照三次产业划分的就业结构观察，2007 年的就业人数为 5341.51 万人，其中第一、第二、第三次产业的就业人数分别为 1562.19 万人、2102.28 万人、1677.04 万人，三次产业构成比例为 29.2∶39.4∶31.4，与改革开放初对比，第二产业就业人数下降 42.8%，第二、第三产业人数分别提高了 22.9%、19.9%，就业结构得到了极大的改变和优化，彻底甩掉了传统上的农业大省和工业弱省帽子，迈上工业大省和制造业强省建设征程。2018 年，第一、第二、第三次产业的就业人数分别为 1348.93 万人、2556.58 万人、2603.14 万人，其中制造业的就业人数达 2193.01 万人，三次产业构成比例更是进一步优化到了 20.7∶39.3∶40。

在这一跃进式的工业化进程中，广东技工的教育、培训制度改革和体系建设不断走向健全和完善，培养规模不断壮大，培养质量不断得到创新和提升。技能人才成为广东发展现代先进制造业、提升企业核心竞争力、增强广东发展后劲的重要力量，成为推动技术创新和实现科技成果转化不可缺少的重要力量，技能人才的地位和作用得到了前所未有的巩固和重视。因此，广东省委、省政府除了在职业技能教育和培训领域不断加大改革和建设外，还直接将技能人才培养工作纳入新型工业化整体部署当中。

2003 年 6 月，广东省政府办公厅印发《关于加快推进广东新型工业化的意见》中提出"加大对职业技术教育的投入，大力发展面向新型工业化的职业技术教育和培训，大力培养企业高级管理人员和科技人员，培育一支高素质的高级技工队伍，为新型工业化提供智力支持和人才保证"，以此作为广东推动技术进步，促进科技和经济的紧密结合，解决支柱产业及战略产业的关键技术研发、制造和产业化，创新产业技术的手段之一。

 直播现场

没有一流的技工，就没有一流的产品

技能型人才在推进自主创新方面具有不可替代的重要作用。2009 年，时任中共

中央总书记、国家主席、中央军委主席胡锦涛专门前往珠海市高级技工学校，亲切看望师生，了解技能型人才培养和毕业生就业情况。一间间实训室里，学生们正在教师指导下学原理、学操作。在多媒体技术实训室，胡锦涛与正在进行视频剪辑练习的学生交谈起来，询问他们学了多长时间、有没有掌握要领、对学习条件是不是满意。在电子测试实训室，正在这里接受培训的几名退役士兵向主席汇报了自己的学习情况，胡锦涛勉励他们发扬部队优良传统，不断提高就业本领，更好地适应社会需要。面对围拢在身边的学生，胡锦涛语重心长地说："没有一流的技工，就没有一流的产品。"现在我国技术工人特别是高级技工非常匮乏，希望同学们刻苦学习文化科学知识，潜心钻研专业技能，努力成为高素质技能型人才。

2016 年 2 月，广东省政府出台的《广东省供给侧结构性改革总体方案（2016—2018 年）》及 5 个行动计划指出，广东技工的工作目标是：到 2018 年底，年均开展各类职业技能培训提高至 630 万人次。广东技工的重点任务与政策措施是：构建新型人才供给体系；加强职业技能培训，建立覆盖城乡全体劳动者的技能培训制度，逐步扩大职业培训补贴工种的范围；适应去产能过程技能培训需求特点，加强企业转岗人员技能培训；加快构建现代职业教育体系，着力培养高素质劳动者和技术技能人才。

鉴于技能人才已成为广东发展现代先进制造业、提升企业核心竞争力、增强广东发展后劲重要力量这一事实，广东技工的教育和培训事业主动深化改革，深度融入新型工业化道路，紧贴企业岗位所需，不断创新技能人才培养方式，以"校企双制"办学，建立技工院校专业设置与产业转型升级对接机制，成为广东打造工业强省，尤其是制造业强省不可或缺的技能人才培养机制之一。

逐鹿世赛　一显身手

第 44 届世界技能大赛入场式

2015 年，在第 43 届世界技能大赛上，广东选手获得 2 金 3 银 3 铜和 4 个优胜奖，勇夺本次大赛中国代表团第一金，实现了我国在世界技能大赛历史上金牌零的突破。2017 年，在第 44 届世界技能大赛上，广东选手获得 5 金 4 银 6 铜和 2 个优胜奖的骄人赛绩。2019 年，在第 45 届世界技能大赛上，广东选手又斩获 8 金 3 银 1 铜和 8 个优胜奖，参赛项目和选手全部获奖，金牌数比上届增加 3 枚。三届大赛，广东的奖牌总数均占全国的一半，为中国代表团两次名列金牌榜和奖牌榜首位作出了重大贡献。世界技能大赛被誉为世界技能领域的"奥林匹克"国际盛会，广东能在如此高规格的竞技平台上多次成为奖牌大户，绝非偶然，而是各方面综合发力的结果，更是广东技工事业长期积淀累结的硕果。

1. 加速广东技工教育创新

广东是世界技能大赛中国队的获奖大户。问其秘诀，源于广东技工教育在人才培养模式中的创新。自 2010 年以来，广东针对企业是技能人才培养和使用的主体，紧紧把握企业岗位技能需求，不断加强技工院校建设，深化技工院校改革，加大培养符合企业需要的技能人才力度。

其具体创新做法包括：一是开展"校企双制"办学，技工院校与企业建立起

共同制订培养计划、共同参与专业建设、共同开发课程体系、共同组建教师队伍、共同建设学习环境、共同实施教育教学、共同搭建管理队伍、共同开展考核评价的"八个共同"合作模式，形成企业得人才、职工得技能、学生得就业、学校得发展的多赢机制。2019年，85家世界500强企业及国内700多家大型企业与广东技工院校进行了深入对接。

广东省技师学院举办新型学徒制培训班

二是实施企业新型学徒制试点，支持技工院校和企业共同合作开展学徒培训，建立"招工即招生、入企即入校、校企双师共同培养"的新型学徒制培养模式，加快培养企业后备技能人才。三是开展技工教育校企联盟，建立由行业、企业、学校共同参与的技工教育校企联盟，校企行多方以契约形式进行多种对接合作，实现专业设置与产业需求、课程内容与职业标准、教学过程与生产过程"三对接"，提高技能人才培养质量。四是深化技工院校教学改革，大力开展"工学一体"教学改革，培养"一体化"教师，增强实习实训场地建设，增加设备投入，以世界技能大赛成果转化为引领开展省级课题研究和特色地方教材开发。

2．实施技能人才培养高端引领战略

实施高端引领战略同样为广东技工问鼎世界技能之巅提供了坚实的人才储备基础。"十一五"末以来，广东坚持高端引领、整体推进原则，创新推行各种有效措施，加强高技能人才培养，技能人才队伍结构不断优化。一是完善高技能人才培养补贴政策，实行不分户籍、均等化的技能晋升培训补贴制度，对省内全体劳动者实行"每提升一次技能等级可享受一次技能晋升培训补贴"的普惠政策。二是推动高技能人才公共实训基地、培训基地和技能大师工作室等高技能人才培养平台建设。"十二五"期间，广东省财政每年安排5000万元用于支持各地高技能人才公共实训基地建设，各地也相应在资金、用地、编制等方面给予配套支持。此外，还充分发挥失业保险基金促进培训、推动就业的作用，共利用7.9亿元失业保险基金为高技能人才公共实训基地购置先进设备。同时对技能人才培养制度健全、绝技绝活明显、创新成果显著的技能大师工作室，支持其建设为国家级技能大师工作室，并给予10

万元的建设补助资金。

到 2020 年，广东省共建成国家级高技能人才培训基地和国家级技能大师工作室各 42 所、创建 3 所全国一流技师学院、3 所国家职业训练院，成立了"广东省高技能人才培养联盟"，全省技能人才中，高技能人才约 400 万人。

3. 对标国际先进水平办学

中国连续参加 5 届世界技能大赛，逐步走向金牌榜首位，广东作为先锋队和主力军，在此期间干在实处，走在前列。在中国加盟世界技能组织之前，广东作为先遣队接触；在中国参与世界技能大赛之初，广东作为排头兵赴会；在中国酣战世界技能大赛之时，广东作为主力军攻伐。广东一直在追随世界技能大赛的脚步，闯出了一条双赢之道。

2017 年中国成功申办第 46 届世界技能大赛

广东在世界技能大赛上获得的金牌项目，多数属于战略性新兴产业、先进制造业类；银牌、铜牌项目也多数属于先进制造业。2017年，广东省政府工作报告中首次提出"坚持制造业立省"的观点。作为全国经济第一大省和制造业大省，广东过去能够实现经济高速发展，就是因为其坚持以制造业为代表的实体经济作支撑。步入经济新常态之后，随着产业进一步转型升级，部分普通劳动力面临技术性、群体性失业风险，人才市场"招工难"和"就业难"现象依然存在，人才问题成为广东制造业转型升级过程中无法回避的一个现实问题。为此，广东大力推进"高技能人才振兴""南粤工匠培养""技工教育创新发展"3 个行动计划，按照对标国际、质量办学、高端引领、特色发展的要求，着力打造一批高水平技师学院，以此来为制造业输送人才，满足发展需要。

拓展阅读

广东参加世界技能大赛历程回顾

1. 代表观摩。2009 年在加拿大卡尔加里举行的第 40 届世界技能大赛，广东省

派出观察团，并与时任世界技能基金会主席杰克·杜塞尔多普会面，观察团随后将观摩情况和世界技能组织对中国加入的愿望书面上报人力资源和社会保障部。

2. 单点突破。2013年，第42届世界技能大赛在德国东部城市莱比锡举行。广东获得2铜和5个优胜奖，实现了广东选手在世界技能大赛上奖牌零的突破。同期，《广东省技能人才队伍建设"十二五"规划》出台，提出"加强世界技能大赛训练基地建设，培养和选拔优秀选手参加国家和世界技能大赛，引领广大劳动者自觉学习技能，提高技能水平"。

3. 线面带动。2015年，第43届世界技能大赛在巴西圣保罗举行，广东代表队获得2金3银3铜和4个优胜奖。2017年，第44届世界技能大

第44届世界技能大赛中国参赛团

五星红旗飘扬在第45届世界技能大赛赛场

赛在阿布扎比酋长国举行，广东代表队共获得5金4银6铜和2个优胜奖，金牌数和奖牌数均居全国第一，成为中国在世界技能大赛上获奖的"主力军"。

4. 领先创强。第45届世界技能大赛于2019年在俄罗斯喀山举行，中国首次参加全部项目的比赛。广东选手共获得8金3银1铜和8个优胜奖，参赛项目和选手全部获奖，金牌数比上届增加3枚、占中国代表团金牌总数的一半，金牌数和奖牌数均居全国第一，为中国代表团蝉联金牌榜、奖牌榜和团体总分第一作出了重大贡献。

世界技能大赛竞赛理念、技术标准更是代表了当今世界职业技能领域的最高水平，其技术标准来源于企业，随着产业发展、技术进步不断调整完善。因此，切实注重世界技能大赛成果转化，以世界技能大赛先进理念引领技工教育发展，既可推

广东省副省长李红军为获奖选手颁奖

 直播现场

动广东技工教育和技能人才培养与世界先进水平接轨，也可借助世界技能大赛这个平台，深化技工教育国际交流合作，着力培育一批享誉世界的大国工匠；借鉴世界技能大赛经验，深化校企合作，培养适应经济社会发展要求的高技能人才。近年来，广东各级各类职业技能竞赛活动蓬勃发展，激发全社会形成崇尚技能、学习技能、提升技能的社会氛围，对推进技工队伍建设发挥了重要作用。

广东省第一届职业技能大赛

广东省第一届职业技能大赛在 2020 年 7 月 15 日世界青年技能日开幕。这是广东首届全省性大型职业技能竞赛，也是广东大力实施"广东技工"工程的一项重要举措。大赛共设有 142 个竞赛项目，首届大赛 142 个竞赛项目不仅包括工业机器人系统操作、养老护理、公共气象服务等多个全省行业企业职业技能竞赛项目，还囊括了第 46 届世界技能大赛和全国行业职业技能大赛的所有比赛项目。大赛吸引了广州汽车集团股份有限公司、珠海格力电器股份有限公司、中国广核集团有限公司等重点企业、龙头企业积极参与，是涵盖行业门类多、覆盖面广、社会参与度高的职业技能"省运会"。大赛将选拔优秀选手代表广东省参加第 46 届世界技能大赛全国选拔赛、全国行业职业技能大赛等赛事，对优胜职工选手还将授予"广东技术能手"称号、晋升职业资格等。

好风凭借力，送我上青云。是改革开放的春风，是不断深化改革创新的新时代东风，让广东技工的教育、培训事业筋强骨健，茁壮成长，一步一个脚印，走向中国的技能大省，迈上世界技能赛场的巅峰，带回世界的先进理念，带回世界的先进经验，进而转化为广东技工的新营养、新目标、新追求。

展望未来　舍我其谁

技能人才队伍建设是一项系统性的综合工程，离不开党和国家，以及地方党委政府的大力支持。改革开放以来，广东省委、省政府一直高度重视技能人才队伍建设，并予以政策制度层面的关心支持。党的十八大以来，中共中央、国务院及广东省委、省政府对于技能事业发展、技能队伍建设的重视，更是达到了一个前所未有的新高度。

在此坚实的保障下，广东技工在改革开放中持续不断创造性发展壮大并站上全国技能大省和世界技能大赛之巅，基本建成了全国最大的省级技工教育体系，被人力资源和社会保障部誉为全国技工教育的一面旗帜。迈进新时代，广东技工事业实现了更大创新，也迎来百年未有的发展机遇。

1. 机遇难得，整理行装再出发

党的十九大报告中提出，建设知识型、技能型、创新型劳动者大军，弘扬劳模精神和工匠精神，营造劳动光荣的社会风尚和精益求精的敬业风气。

广东省委、省政府多次就技工规划、技能人才和技工教育作出指示，从战略和全局的高度出发，为新时代开创高技能人才培养工作高质量发展新局面指明了前进方向，注入了强大动力。党的十九大以来，广东全省上下以深入贯彻落实习近平总书记对广

技工院校师生士气高昂

东重要讲话和重要指示批示精神为契机，全力推进粤港澳大湾区建设和支持深圳中国特色社会主义先行示范区建设，奋力开创广东改革发展新局面，为高技能人才发展提供了难得的机遇和广阔的空间。广东技工事业开启改革新征程的动员令已经发出，冲锋号已经吹响。

2. 整体布局，科学规划路线图

2019年，广东以习近平总书记对我国选手在第45届世界技能大赛取得佳绩作出的重要指示为指引，按照党和国家及广东省委、省政府的战略决策和部署，紧随国家和广东的形势发展需要，以"四个聚焦"作为整体布局工作思路，加快培养造就一支规模宏大、结构合理、布局均衡、技能精湛、素养优秀的技能人才队伍，塑造具有国际影响力的"广东技工"品牌，为广东实现"四个走在全国前列"、当好"两个重要窗口"提供坚实的技能人才支撑。

（1）聚焦"双区"建设，打造国际人才新高地。建设粤港澳大湾区和支持深圳建设中国特色社会主义先行示范区，是习近平总书记亲自谋划、亲自部署、亲自推动的重大国家战略，是党和国家在新的历史条件下着眼于国际形势和国家发展大局，为推进中国改革开放和社会主义现代化建设作出的重大战略决策。加快形成"双区"具有人才集聚效应，广东需要不断创新政策机制，制定实施更积极、更开放、更有效的政策，为"双区"建设提供源源不断的技能人才支撑。

（2）聚焦制造业高质量发展，建设高素质技能人才队伍。制造业是广东经济发展的基本支撑和产业优势。目前，广东制造业正处在由大转强的发展关口，人才特别是在生产研发一线具备精湛技能的高技能人才的价值更为凸显，迫切要求广东加快培养适应现代产业体系发展要求的高素质技能人才，夯实制造业人才基础。

（3）聚焦"一核一带一区"区域发展新格局，优化技工教育发展布局。2019年7月，广东省委、省政府印发《关于构建"一核一带一区"区域发展新格局促进全省区域协调发展的意见》，决定以功能区战略

穗港技能人才培训基地挂牌仪式

定位为引领，加快形成珠江三角洲地区、沿海经济带、北部生态发展区构成的"一核一带一区"区域发展新格局，加快促进区域协调发展。改革开放以来，广东70.3%的技工院校集中在珠江三角洲地区。服务广东"一核一带一区"区域发展新格局，要求广东调整优化技工教育布局，加快补齐粤东、粤西、粤北技工教育短板。

（4）聚焦乡村振兴发展，强化乡村技能人才支撑。推动乡村人才振兴，要将人力资本开发放在首要位置，深入实施"乡村工匠"工程，强化人才支撑。打造一支强大的乡村振兴人才队伍，帮助劳动者技能就业、技能致富，是广东发展技工教育、实施职业技能培训的根本目的。

同时，继续实施世界技能大赛引领行动。第46届世界技能大赛将于2022年在上海举行，广东代表团以国家和省委、省政府对其提出的殷切期望为重托，决心在新一届世界技能大赛上实现新的突破，不断扩大广东在世界技能大赛的领军优势。为此，广东有针对性地抓重点、补短板、强弱项，迅速成立集训参赛工作领导小组，组建一流团队保障科学集训，强化基地建设夯实备战基础，优化竞赛机制选拔优秀人才，高质量、高标准、高水平抓好世界技能大赛备战工作，努力取得更加优异的成绩。

3．乘势而上，一体推进开新篇

2020年，广东省正在全力实施"粤菜师傅""广东技工""南粤家政"三项工程，一体推进落实，打造广东技工培训战略品牌，实现广东技工和广东制造共同成长。

 **特别关注**

2020年三项民生工程如何发力，广东省人力资源和社会保障厅这样说……

2020年1月15日，广东省第十三届人民代表大会第三次会议举行首场记者会，围绕老百姓所关心的就业形势、三项民生工程等热点问题，广东省人力资源和社会保障厅党组书记、厅长陈奕威如是回答。

中央广播电视总台国广记者提问：

广东省第十三届人民代表大会第三次会议记者会

广东省人力资源和社会保障厅党组书记、厅长陈奕威答记者问

想请问陈厅长，我们了解到近两年广东相继推出了"粤菜师傅""广东技工""南粤家政"这三项民生工程，可以说非常接地气，很受欢迎，在省两会也受到了很大的关注，现在这些工程的推进情况如何？在2020年又将如何发力来助推广东的高质量发展呢？

陈奕威：感谢这位记者朋友和媒体对广东民生工作的关注。"粤菜师傅""广东技工""南粤家政"三项民生工程是广东省委、省政府贯彻落实习近平总书记重要讲话、重要指示批示精神，着眼于满足人民群众对美好生活的需要，推动高质量发展作出的一个重大的部署。

（1）站位高。这三项工程都是贯彻落实习近平总书记重要讲话精神、重要指示批示精神的广东行动，比如大家都知道去年8月在俄罗斯喀山举行了第45届世界技能大赛，在这个大赛上我们中国选手一共拿到了16块金牌，取得了优异成绩。总书记对此作出了重要指示，指出劳动者对一个国家、对一个民族的发展至关重要，技术工人队伍是支撑中国制造、中国创造的重要基础，对推动经济高质量发展具有重要作用。我们广东是制造业大省，制造业要高质量发展，需要培养一支规模宏大、结构优良、技术精湛的劳动者大军，所以省委、省政府及时决策，"广东技工"是中央政治局委员、广东省委书记李希亲自点题、亲自谋划、亲自部署、亲自推进的一项重要工程。目前我们正在开展"七大行动"，我们的目标就是让广东技工和广东制造共同成长，让劳动者技艺再生，畅行天下。

（2）这三项培训工程既是就业工程也是培训工程，更是民生工程。比如说"南粤家政"这个工程主要是解决"一老一小"的问题，解决老百姓的难点、堵点、痛点的问题，应该说家政有很多事要做，但是我们就挑了其中四个老百姓很关心、很直接、很现实的问题做起，现在就是养老服务、母婴服务、居家服务和医疗护理服务四个项目，重点就是解决"一老一小"的问题。现在我们正在推进"四个体系"的建设，"四个体系"即标准体系的建设、信用体系的建设、保障体系的建设、产业体系的建设。我们的目标就是要让南粤家政成为大家放心的家政。

（3）切口小。比如说"粤菜师傅"这个工程，表面上看是学做菜，是一件非常小的事情，但民以食为天，它事关民生，事关大局，它服务的是国家的几大战略，比如精准脱贫、乡村振兴、健康中国、文化强国，目前我们就考虑通过小切口来推动大变化，我们正在推动标准的建设，目前出了9本书作为统一的培训教材。同时，要进行文化内涵的挖掘和拓展，因为每一个粤菜背后都有故事，我们想讲好粤菜的故事，实际上它的深层次内涵就是弘扬我们的岭南文化。国际化的拓展也要一并进行，因为粤菜可以走遍天下，我们的目标就是让世界爱上广东味。"粤菜师傅"从2018年的4月26日李希书记亲自点题之后，到目前为止社会反映还是比较好的，受到了社会各界，特别是广大媒体的普遍关注。广东省委宣传部有一个统计的数据，到目前为止，中央和省主流媒体，包括境外的媒体，报道"粤菜师傅"的稿件一共有400多篇，特别是新华社在英文版的头条向世界介绍了中国脱贫路上的广东故事。

接下来我们将按照广东省委、省政府的决策部署，践行以人民为中心的发展思想，聚焦高质量发展的要求，坚持规范化、标准化、特色化、国际化的发展方向，科学谋划、务实创新、整体推进、久久为功来推动"粤菜师傅""广东技工""南粤家政"三项工程向纵深发展，来满足人民群众多元化的对美好生活的需求。

2019年12月30日，广东省委、省政府办公厅发布《"广东技工"工程实施方案》（简称《方案》），拉开了以技工为工程主题的实施行动序幕。《方案》系统阐述了未来3年"广东技工"事业发展的总体要求、发展目标和七项重点任务，明确提出以服务现代产业发展、促进更充分更高质量就业为导向，按照规范化、专业化、国际化的总体思路，推动职业教育（含技工教育）高质量发展，大规模开展职业技能培训，打造一支技能精湛、勇于创新、追求卓越的"广东技工"队伍。

《方案》设定了非常具体的发展目标和主要指标：到2022年，广东技能劳动者占就业人员总量的比例在25%以上，高技能人才占技能人才比例35%以上；省级重点专业和特色专业、培训乡村工匠、省级高职高水平专业群、国家级技能大师及全国和广东技术能手的应完成指标分别为200个、10万人次、300个、100名及1000名；到2025年，高技能人才占技能人才比例40%以上。要聚力实现"广东技工"工程规范化、专业化、国际化发展，打造广东工作新品牌，让"广东技工"工程引领新时代职业发展新时尚。

《方案》将实施好七大行动确定为"广东技工"工程重点任务：一是服务现代

产业发展行动，加快建设新一代信息技术、机器人、大数据、高端装备制造等新专业集群；完善校企双制办学，加强校企深度合作；实施"乡村工匠"工程。二是技工教育大发展行动。加快推进技工院校战略性布局调整，加快推动技师学院纳入高等职业教育；实施"百千万"名师领航计划，加快打造一流师资队伍；探索中外合作办学新模式，提升国际化办学水平。三是职业技能提升行动。推进职业技能提升行动重点工作，使广大劳动者持续得到技能晋升；鼓励企业开展职工在岗培训；实施"广东技工"技能圆梦行动。四是创新评价激励机制先导行动。加快推行职业技能等级认定制度，加快完善技能人才评价管理方式，落实提高技术工人待遇相关政策。五是广东技工技能菁英培育成长行动。大力培育"创新能手""世界技能大赛标兵""粤菜名厨"和"家政好手"。六是技能就业创业行动。健全优惠扶持政策，打造优质的就业服务链条，推进技能高质量就业；提升技能创业水平，依托技工院校建设创业学院，大力培养技能创客；深化技能精准扶贫。七是工匠精神培育弘扬行动。大力培育工匠文化，强化"工匠精神"职业素养培养；突出"一校一品牌、一系一特色、一课一精品"，加强思政课建设；加大宣传力度，树立技能典型，打造技能明星，营造劳动光荣、技能宝贵、创造伟大的社会风尚。

目前，广东省"粤菜师傅"工程、"广东技工"工程及"南粤家政"工程均已全面落地进入实施阶段，与推进三项工程高质量发展紧密配套的政策措施也在纷纷出台或者制订当中。

时间长河奔流不息，战斗正未有穷期，历史只会眷顾坚定者、奋进者、搏击者。一个更加充满希望的广东技工新时代正在走进中国，走向世界！

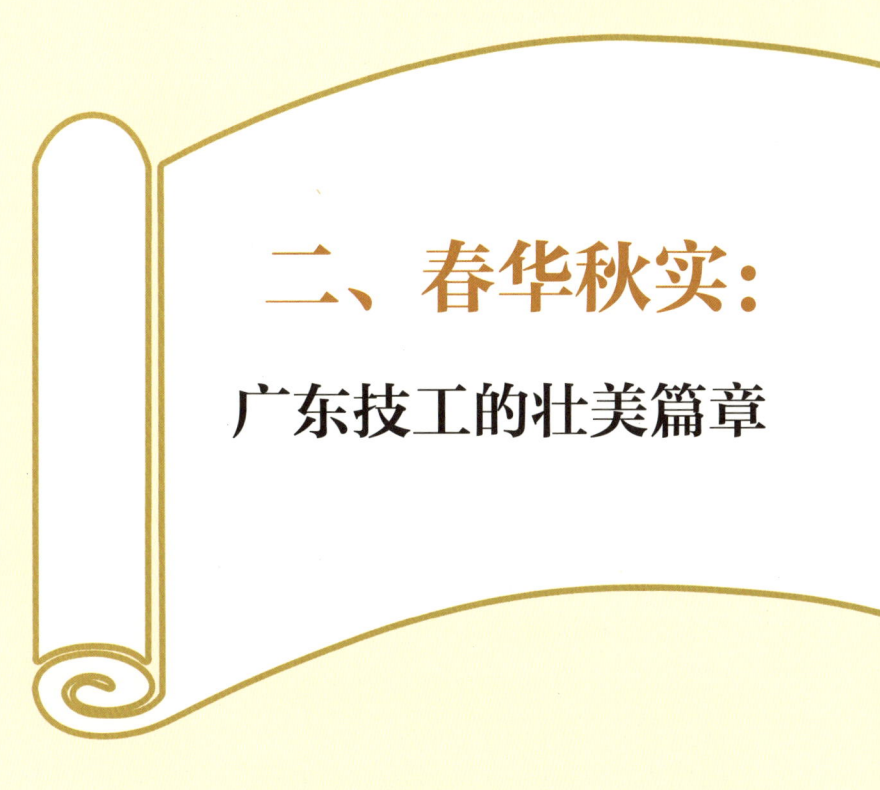

二、春华秋实：

广东技工的壮美篇章

　　大国神器彰显巧手匠心，广东制造享誉世界各地。广东正在以"粤菜师傅""广东技工""南粤家政"三项工程为切入点，撬开脱贫致富门、拓宽乡村振兴路，用初心阐释使命担当，用奋斗书写壮丽诗篇，"南粤工匠"严谨认真、精益求精、追求卓越、勇于创新的精神时时刻刻见于广东经济社会发展的细微之处，谱写出一支支动人心弦的奋斗者之歌、劳动者之歌、改革者之歌、梦行者之歌。在一个充满希望的新时代，广东技工正以强有力的创新步伐走出国门、奔向世界！

大国神器　巧手匠心

"海上生明月，天涯共此时。"这是唐代大诗人张九龄的不朽名句。也正是这位宰相诗人，奉诏带领一大批工匠来到岭南，采用最基本的方法和最原始的工具，打通了一条宽一丈余、长三十多里的黄金通道——梅岭古道。从此，商旅如梭，物资云涌，氏族迁徙更是带来了人口流动的盛况，昔日未曾开化的岭南，在工匠们筚路蓝缕的开拓下，逐渐显现出繁荣的盛景。

技能，是历史进步的推动器。在古代，每逢战乱，工匠手艺人都会成为战争双方争夺的对象，因为工匠手艺人掌握着重要的技术，他们代表着当时先进的生产力。在当代，技术工人作为产业工人的重要组成部分，他们的技能借助现代科技而提升，依然代表着强大的生产力。

今天，当我们放眼充满生机和活力的岭南大地时，总能看到现代"广东技工"们一直耕耘的身影。从浩渺的天空到蔚蓝的海洋，再到希望的田野，从制造业的强盛，到服务业的繁荣，从"蓝鲸一号""粤龙九号"到"雪龙号"。大国崛起离不开广东技工的精湛技艺，而大国神器之上，更装载着来自广东制造，凝聚着广东技工智慧和汗水的零部件。如果将"制造强国"比作一台庞大而精密的复杂仪器，那么，广东技工则是其中不可或缺的"螺丝钉"。

1. 超越梦想，蛟龙横跨伶仃洋

伶仃洋，浩瀚无垠、奔流不息。在烟波浩渺的海面上，游走着港珠澳大桥这一钢铁巨龙。这个中国建设史上里程最长、投资最多、施工难度最大的超级工程，将香港、澳门、珠海三地连接起来。焊接大江瀚海，逐梦天堑通衢，她的每一个桥梁与隧道、每一座人工岛，背后都凝结着工程师和技工的匠心、闪耀着中国人的创新。

数说

港珠澳大桥

港珠澳大桥主体工程总用钢量达 120 多万吨。其中，主体桥梁是世界上最大的钢结构桥梁，仅主梁钢板用量就达到了 42 万吨，相当于 10 座鸟巢或 60 座埃菲尔铁塔的重量。港珠澳大桥主体工程为双向六车道高速公路，设计速度为 100 千米 / 小时，使用寿命 120 年，能抗 16 级台风、8 级地震。

港珠澳大桥（青州段）

这些劳动者中，有夙夜在公的老工程师，有把青春献给大桥的年轻技术骨干，还有许多技术工人……港珠澳大桥是他们用心血、汗水浇筑而成的，是大家一点一滴干出来的。

建设港珠澳大桥的技术工人

筹备 6 年，建设 9 年，港珠澳大桥历时足足 15 年，汇聚了万千高精尖技术人才的智慧，也凝聚了数以万计普通技工的汗水。在港珠澳大桥建设工地上"父子兵""兄弟连""夫妻档"常常被身边的人津津乐道，他们用自己辛勤的双手，每天早起晚归，顶风寒，冒酷暑，常年战斗在大桥建设第一线；他们在平凡的岗位上兢兢业业，一米一米筑出这座世纪大桥，让一节一节沉管隧道在伶仃洋海底延伸……依靠科技和技术完成了工程奇迹，用智慧和力量解决了世界难题。这不仅是一个"超级工程"的建设

故事，更是一个个怀着赤子之心的工程师和技工们创造奇迹的热血故事！

 技工楷模

奋斗的汗水挥洒在伶仃洋上

全长 5.6 千米的海底隧道无疑是港珠澳大桥"皇冠上的明珠"，历时 9 年的大桥建设，管延安因其海底隧道沉管"零缝隙"的精湛操作技艺，被誉为中国"深海钳工"第一人。巨大的隧道构建上，60 多万颗螺丝密集排布，它们都由管延安亲手安装完成，可谓是"滴水不漏"。为了确保肉眼看不到的 1

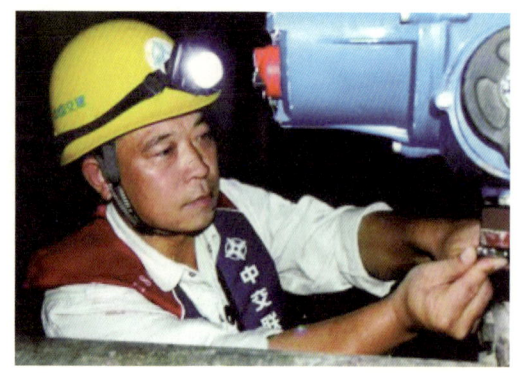

管延安

毫米精度，管延安拧螺丝时很少戴手套，他说"戴手套总觉得手和螺丝之间隔了一层，很难找到手感"，干了 20 多年钳工，他的手掌满是老茧。管延安习惯写维修日记，将自己修过的机器、零件进行详细记录，并将问题和思考记在上面，至今已经积累了 8 大本，这也成了徒弟们的"宝典"。一个个细小突破的集成，一件件普通工作的累积，成就了"大国工匠"的传奇。他经常说："质量无小事，要存敬畏之心。"最细小的活儿，往往需要用最细致的心，管延安用一丝不苟、精益求精诠释了中国匠心。

在岛上住了 4 年的小姐姐

在沉管预制厂区门口，竖立着 8 个大字——踏石留印，抓铁有痕。毕业于广东省交通城建技师学院的周玲玲，工作的主要内容就是检测混凝土的原材料化学成分含量，检测海水不同时间段氯离子含量，看看不同的成分含量对混凝土耐久性的影响程度。每当沉管生产的日子，是最紧张的时候。一个沉管管节光混凝土就重达 8000 吨，要在 30 多个小时

周玲玲

内浇注在模板中，每次浇注，技术总工 30 多个小时都不敢合眼。从一根钢筋、一方混凝土，到一个 180 米长的巨型沉管，需要经过钢筋加工、钢筋笼绑扎、混凝土浇筑、管节一次舾装、深浅坞蓄排水及管节起浮横移等 156 道工序。检测、实验、记录，再检测、再实验、再记录，每天的工作单调、重复，但责任重大。周玲玲在岛上坚守了 4 年，她说岛上的生活跟学校一样，三点一线，试验室—饭堂—宿舍，简单、充实，有收获。周玲玲说，对于那些奋战在大桥建设前线的人来说，自己很渺小，但能参与大桥的"成长"，心中莫名自豪。她为这个超级工程点赞！

今天，浩瀚碧波之上，一桥连三地，天堑变通途。这一座圆梦桥、同心桥、自信桥、复兴桥，承载全部建设者智慧和心血，是凝聚技工们"匠人"精神和灵魂的大桥。

2. 创造传奇，明珠矗立珠江畔

2009 年，在珠江新城中轴线与珠江景观轴的汇合点，广州塔如高大的擎天柱，直入云霄，它超越了以往的超高建筑，塑造传奇，柔中带刚，空中有实，内敛而又自信，张扬而不失含蓄。

 数说

广州塔

广州塔建筑总高度为 600 米，其中主塔体高 450 米，天线桅杆高 150 米，在观光塔排行榜中，位居中国第一。广州塔的"根"深扎在 40 米的地底，她柔韧的"筋骨"由 5 万吨厚钢板焊接而成，由 4000 多个构件组成。就拿立柱来说，每根立柱由数十段小构件组成，每个构件非常巨大，需要逐一安装。钢管立柱底部直径 2 米渐变到顶部的 1.2 米，安装精度达

中国第一高塔广州塔

1/2000，误差不超过 5 毫米。广州塔之最：最长的空中云梯，最高的旋转餐厅，最高的 4D 影院，最高的商品店，最高的横向摩天轮。

 技工楷模

广州塔有他的一份贡献

广州塔还有一个别名叫"小蛮腰"，为了打造"少女回眸"般的曼妙身材，建造者们突破了一个又一个施工难题，最终让 5 万多吨的钢材，构建出充满艺术美感的造型。在 2000 多个日夜中，8000 多名建设者，以智慧和汗水浇筑新世纪之花，李明环就是其中一员。

李明环

1993 年毕业后，李明环一直从事铝型材挤压模具设计工作，在铝型材挤压模具领域主导参与了一系列国内外知名的地标大厦幕墙铝型材模具的设计工作，如北京南站、广州塔、上海环球金融中心等国内许多知名的地标大厦上都有他的心血。2009 年至今，已带领团队开发出超过 4 万种铝挤压模具。多年来，李明环带领团队设计的模具总量在 7 万种以上，为中国铝型材"打遍天下"贡献力量。

目前，我国建筑业建造能力和技术水平已步入世界先进行列，建造了大量高、大、精、尖的工程项目。这些建筑奇迹的诞生与技术工人夜以继日的辛勤劳作密不可分。

3. 夜以继日，用心伴行千万人

有这样一座高铁车站——54 秒就可接发一列高铁列车，每天 800 多趟始发动车组直通全国 20 多个省市区，被网友戏称为"宇宙最大的高铁站"。2019 年平均每天到发旅客约 52 万人次，最高单日 75.3 万人次，全年共发送旅客 1.49 亿人次，相当于 10 座广州城人口。如果按到发客流算，一年可把北京、上海，以及巴西圣保罗、日本大阪等城市的总人口搬走 4 次。她，就是广州南站，国家"八纵八横"高速铁路网中的一个重要枢纽站。

 数说

广州南站

广州南站总投资 130 亿元人民币，总用钢量 7.9 万吨，约为国家体育场"鸟巢"的 1.7 倍，使用混凝土 150 万米^3。车站由东、西两个广场及体现广东岭南文化特色、以芭蕉叶为造型的主站房组成，总建筑面积约 61.5 万米^2，站房建筑面积 48.6 万米^2，南北长 448 米、东西宽 398 米，建筑最高点距地面 52 米，檐口最低点距地面 22.9 米。

广州南站鸟瞰图

每逢佳节，一列列高铁把归心似箭的游子载回他们想念的故乡，一条条轨道因高速运转的列车驶过而发出铿锵的声响。有那么一群人，在团圆的日子，他们坚守岗位，在晨雾弥漫的凌晨，摸黑检查设备。在中国铁路快速发展的时代，铁路技工敬业奉献，为"中国名片"增色添彩，令世界为之惊艳。

 **技工楷模**

从门外汉到首席技师

2000 年 5 月，李军华从普通作业岗位转至供电接触网工岗位，起初李军华在接触网专业面前，稍显外行。面对陌生的业务，李军华选择全力以赴，在"自学成才"的道路上孜孜不倦。一到空闲时间，李军华就会埋头钻研作业指导书，学习与高铁接触网检修有关的技规、安规、检规，要求自己在短时间内把知识烂熟于心。天道酬勤，从最基本的干起，初级工、中级工、高级工、技师、高级技师、首席技师、广铁工匠，一步一个脚印。2014 年，李军华主动申请从普铁岗位调入深圳北高铁供

李军华

电车间的高铁岗位，并在同年，正式接受广深港高铁建设任务。"如何运用多年从事普速接触网总结的经验去学习高铁接触网技术，是我思考的课题。"李军华选择到深圳北高铁接触网运行工区年轻一代接触网工那里去了解情况，在施工中学以致用地开展工作。近三年他共提出 22 个合理化建议，达成 17 项 QC 攻关目标，解决狮子洋隧道接触网防污闪、接触网中心锚结线夹偏磨整治等现场技术难题，李军华再次成为高铁领域的技术精英。

交通强国，铁路先行。在全球高速铁路装备技术日新月异的时代，中国铁路工人的默默奉献、大胆创新，让中国铁路走向全球，成为世界最靓丽的名片。置身于新的历史时期，未来铁路技术行业一定会涌现出更多能工巧匠型的新时代铁路工人，一同实现中国铁路人的宏伟抱负，成为能担负历史使命的劳动者。

4. 钢铁柔情，黄金水道诉繁华

作为全国沿海主要港口和集装箱干线港，广州港是华南沿海功能全、规模大、辐射范围广的综合性枢纽港。广州港已经是当今华南重要的综合性主枢纽港和集装箱干线港，是全球物流链中的重要一环。广州港出海航道堪称世界上最繁忙的黄金水道之一。

 数说

广州港

根据交通运输部网站公布的数据，2019 年全国沿海港口完成货物吞吐量 918774 万吨，同比增长 4.3%，其中外贸吞吐量增长 4.8%；完成集装箱吞吐量 23092 万 TEU（标准集装箱，集装箱运量统计单位），同比增长 3.9%。广州港 2019 年年报显示，全年共完成货物吞吐量 49314.7 万吨，其中集装箱吞吐量 2074 万 TEU，同比分别增长 11.31% 和 10.41%，跑赢全国增长数据。2019 年，广州港开辟首条美东航线，新增北欧等航线，全年净增集装箱航线 8 条，集装箱航线总量达 156 条，其中外贸航线 111 条；新设越南、柬埔寨 2 个海外办事处，新开 3 条"穿梭巴士"支线和 3 条海铁联运班列，外贸集装箱吞吐量、"穿梭巴士"运输量、内陆集装箱联运量分别增长 21.6%、9.2% 和 32.0%。

广州港远景图

珠江水激情洋溢，广州港魅力无穷。繁忙的码头上，伸展旋转的吊机不停地挥舞着它那坚强的铁臂，穿插着路人繁忙的身影，给静谧的港湾增添了一片生机勃勃的动感。在这里，有许多优秀的一线工人，凭借着自己的上进与努力练就了一身硬本领，在平凡的工作中逐渐做出不平凡的成绩。

 技工楷模

"一铲准"与"主治医生"

杨庆华和陈学文均毕业于广州港技工学校。

杨庆华是一名门吊司机，集叉车、拖车、桥吊、门吊四项操作证书于一身，同时拥有叉车和内燃机技师证。在初涉叉车驾驶学习之时，杨庆华没有因为学习艰辛而放弃，而是沉下心来，刻苦钻研液压传动、发动机油路等相关知识，用心跟随师傅操作练习，很快就熟练掌握叉车驾驶要点，操作快、准、稳，装卸效率也逐步提高。杨庆华在工作中早到岗、迟交班，抓紧工时利用，与同事相互协助配合，在作业期间为"快、准、狠"出谋献策，攻坚克难，按时、按质、按量完成生产任务。在工作任务重、压力大、机械老化的客观工作条件中，杨庆华不断总结、不断学习，其"一铲准"操

杨庆华

陈学文

作方法的推广，使港口铲车作业更高效、更安全。

1999—2011 年，技校毕业的陈学文用 12 年时间完成了从高级工到技师、高级技师的蜕变，并成为高级技师职业资格考评员。凭着过硬的技术和出色的表现，2009 年他被聘为机修站站长，担负起公司 160 多台流动机械的维修保养工作。随着公司生产突飞猛进，紧跟着则是设备种类越来越多，使用强度越来越强，故障率也越来越高。天道酬勤，从简单的维修开始，到精通各类故障问题的判断、排除，经过多年磨炼，他已成为诊治各类型流动机械的"主治医生"，一名技术了得的港口工匠。陈学文带领他的班员顶着烈日、冒着寒风、披星戴月、攻坚克难，一次又一次完成公司生产设备的抢修任务，"病机"经他手后总能"起死回生"。成为机修站"一家之主"后，他积极推行"5s"管理，将先进的管理理念应用到设备日常维护保养工作中，取得了显著成效。在服务生产方面制订了两个"五分钟"承诺：生产急需的设备进站五分钟开始动手修理，完工五分钟内交付现场使用，确保了现场生产需要。

5. 南网情深，万家灯火映匠心

万家灯火，让人想到家的温暖；万家灯火，折射出城市的发展。发展的背后，是强大的电力保障。

 **数说**

南方电网

南方电网覆盖五省区，并与香港、澳门特别行政区，以及东南亚国家的电网相连，供电面积 100 万千米^2。供电人口 2.54 亿人，供电客户 9270 万户。南方电网东西跨度近 2000 千米，网内拥有水、煤、核、抽水蓄能、油、气、风力等多种电源，截至 2019 年底，全网总装机容量 3.2 亿千瓦（其中火电 1.4 亿千瓦、水电 1.1 亿千瓦、核电 1961 万千瓦、风电 2035 万千瓦，分别占 44.7%、34.1%、6.1%、6.4%）；110 千伏及以上变电容量 9.4 亿千伏安，输电线路总长度 23.2 万千米。

万家灯火　南网情深

电力是社会发展的动力、工业进步的基础，也是现代生活的重要保障。事实上，大到国家安全、社会发展，小到百姓起居、衣食住行，都与电力有着密切的联系。面对如此庞大的规模体量，维护好电网安全、保障电力可靠供应显得尤为重要。

 技工楷模

"望闻问切"，万能"螺丝钉"

43 年来，扎根一线工作，他练就了集钳、钻、焊、磨、扎于一身的过硬本领；43 年来，源于对工作的热爱和不服输的韧劲，他完成了从中专生到"大国工匠"的华丽转身；43 年来，怀揣一颗匠心，他用满腔热情铸造了自己不平凡的一生；他，就是广州供电局变电管理二所一次设备检修专家周哲，大家口中的"老周"。

43 年来，无论身处何时何地，只要有紧急情况出现，老周都想方设法火速赶到现场，并凭借其丰富的经验以最快速度诊断出问题所在，消除设备隐患，以实际行动践行着"万家灯火，南网情深"的承诺。老周带领团队完成的各项任务不胜枚举，包括香港回归、澳门回归、北京奥运会、广州亚运会、深圳大运会等重大保供电任务。对于责任感，老周这样诠释："我热爱我的单位，更热爱我的专

周哲

业。单位就是我的家，我是这个家的一分子，我有责任并且有义务为这个家添砖加瓦和排忧解难，这是家人对家庭的责任。"

　　一块瓷砖，从坯料、压铸、喷淋到上釉出炉，需要经过 380 道工序；一个普通拉链要好用、耐用，生产就必须从模具开始把控，高达千分之一毫米的模具精度比头发丝还细；一片存在于婴儿纸尿片或女性卫生巾上的薄薄小纸条，为了撕下来的短短一秒，对其涂料配方的较劲细微到 0.01、0.02 的投放比例……可以说，没有一流的技工，就没有一流的产品。

　　可喜的是，近年来，广东的高技能人才培养迈入了新阶段。从卫星、军舰、高铁、钻井平台、超级计算机……粤港澳大湾区内，星罗棋布的装备制造，熔铸着广东技工的智慧，上天入海，改变世界，广东技工正以实力和担当，担负着中国走向制造强国的重任，谱写着更多的传奇！

广东制造　享誉全球

近年来，美国等发达经济体进入"后工业化时期"，制造业重新成为全球经济竞争的新焦点。面对经济全球化浪潮，立足于中国经济从高速增长阶段转向高质量发展的新阶段，党的十九大报告指出："加快建设制造强国，加快发展先进制造业"。

制造业，一向为广东强省之根。依托独特的地理优势和对外开放政策，广东很快获得制造业发展的所需资源。从早期的家用电器、金属制品、陶瓷建材等传统制造业集聚，到如今，具有区域特色的先进制造业产业遍地开花。广州，正在形成以新能源汽车、自动驾驶为核心的"世界级汽车硅谷"；深圳，以华为、中兴为代表的 5G 设备市场份额在全球超过 35%；佛山，平均每秒有 2 个电饭锅下线，每分钟生产 100 台微波炉，世界级智能家电产业集群正在形成；东莞，世界上每 4 台智能手机就有 1 台产自这里，作为国际机器人产业新军正异军突起……近年来，广东在智能、高端制造等领域不断取得突破。以格力、华为、广汽、美的、中兴、比亚迪等大型知名制造业企业为代表的广东制造"大户"，凭借它们高质量的产品、智能化的技术手段和创新的理念，深受全世界人民的喜爱。

而这些成绩的背后，则是广东技工事业的蓬勃发展。作为制造业大省，广东围绕产业转型升级发展需求，大力推进职业教育和职业技能培训，培育了一大批技能精湛的"南粤工匠"。他们在平凡的工作岗位上发扬工匠精神，用匠心成就了广东制造业的辉煌，为粤港澳大湾区建设和我国经济社会发展提供坚实的高技能人才支撑。

 **数说**

广东坚持"制造业立省"

改革开放 40 多年来，凭借发达的制造业，广东的经济傲视群雄。目前广东正在抓住"中国制造 2025"战略实施的机遇，全面推进制造业转型升级，以制造业立省。数据显示，2019 年，广东规模以上工业实现增加值 33616.1 亿元，同比增长

4.7%。从支柱行业看，计算机、通信和其他电子设备制造业增加值增长 7.4%，电气机械和器材制造业增长 8.8%，两大龙头行业合计对全省规模以上工业增长的贡献率达 60.1%，高端产业发展良好。2019 年，全省先进制造业和高技术制造业增速均高于全国平均水平，其中先进制造业增长 5.1%，占规模以上工业的比重为 56.3%；高技术制造业增长 7.3%，占规模以上工业的比重为 32.0%。[1]

1. 勇于创新，格力工匠助力广东"智"造

格力明珠产业学院成立仪式

　　2018 年 10 月 22 日，习近平总书记到珠海格力电器股份有限公司视察时指出："我们需要有自主创新的骨气和志气，加快增强自主创新的能力和实力。"格力在注重技术自主创新和人才自主培养的路上，不断助推广东制造业向广东"智"造发展。格力建立了一整套"选、育、用、留"人才培养体系。仅 2018 年，就累计开展内部员工培训 90 万人次，大力培养知识型、技能型、创新型人才。截至 2019 年，格力电器 9 万多名员工中有 1.4 万名研发人员和 3 万多名技术工人。除了加大团队研发力量，格力更注重自主人才培养。格力与珠海城市职业技术学院联合成立格力明珠产业学院，立足高端制造，重点培养高端制造业发展急需的技能操作应用型精英人才。学院共设立 8 个专业，包括电气自动化、电子信息工程等与制造领域相关专业。这些专业可以培养人才在自动化设备、精密模具、智能装备、实验检测、质量管理等领域内的相关技术。通过校企合作，打通了学生从学校到工厂的成长、成才之路，为广东"智"造培养技能工匠。

 数说

格力

　　格力能够成功挑战极限、挑战自我，得益于工匠精神和创新精神。实际上，格力中央空调取得今天的成绩并非一蹴而就。从最简单的模块机、风管机、单元机开

　　1　广东省统计局：《2019 年广东规模以上工业增加值增长 4.7%》，http://stats.gd.gov.cn/tjkx185/content/post_2876724.html，2020 年。

始，格力一步一个脚印，逐步涉及多联机组、冷水机组、螺杆机组、离心机组等大型中央设备，终于取得累累硕果。2005年，格力成功推出"中国创造"的第一台大型离心式水冷冷水机组；2008年，世界首台"高效离心式冷水机组"在格力问世；2011年12月，全球首台"双级高效永磁同步变频离心式冷水机组"在格力下线；2013年12月，格力"光伏直驱变频离心机"被专家组鉴定为国际领先；2014年，格力成功研发出拥有完全自主知识产权的第四代磁悬浮变频离心机，是业界单机冷量最大、能效最高的磁悬浮离心机……

 技工楷模

为广东制造业按下"加速键"

珠海格力精密模具有限公司总经理黄国军正是格力自主培养的技能人才代表之一。他自1992年从模具设计与制造专业毕业后，一直在格力电器模具分厂工作。也是在1992年，格力电器开始自主研发产品。整整28年的时间，黄国军一直在生产一线钻研模具技术。从铣床、磨床、线切割机床、电火花机床、加工中心，到掌握现代模具CAD/CAM技术和数控加工编程技术，再到如今的模具设计、加工过程的智能化升级技术，凭借着坚韧的钻研精神和过硬的技术水平，他技术创新了98项授权发明和实用新型专利，其中注塑模具在热流道技术中的应用——"1出24腔"扫风叶片模具制造则是黄国军"绝技绝活"的代表作，格力也因此在热流道技术应用方面处于行业领先地位。而他，如今作为格力智能制造技术的专业人才，不惜把自己的技术与经验传承给青年人，通过"师带徒"的形式，培养和辅导了90多名技术技能人才。

在他的榜样精神力量鼓励下，格力自主培养了一批批年轻工匠，王亚东也凭借着自己的技术成功"出圈"。他在自动化研发团队工作了4年，带领团队埋头苦干，先后完成了两条自动化柔性生产线的开发并投入使用。其中一条不仅实现了控制系统的完全独立自主研发，还实现了对两种机床控制系统的柔性组合管理，大幅度降低了人工成本，有效提高了生产效率。不仅是他的团队，格

格力电器工业机器人

力的其他研发团队也成功研发出 1300 冷吨磁悬浮压缩机，填补了国内企业自主开发磁悬浮离心压缩机技术的空白，对推动磁悬浮变频离心机组的国产化应用起到了巨大推动作用。这些研发应用，为广东制造业高质量发展按下了"加速键"。

2. 百舸争流，华为工匠助力中国"质"造

华为"呆死料"大会

早些年，只要提到中国的电子产品，总是给人留下"科技含量低""山寨""品牌形象低端"等陈旧落后的印象。但是自从华为通信设备和智能手机问世后，逐渐改变了这种负面形象。华为成功的秘诀在于崇尚"工匠精神"，用"工匠精神"重新定义中国制造。目前，华为通信设备和高端智能手机畅销全球 170 多个国家，华为通信设备在全球市场占有率名列榜首，服务全球 1/3 以上的人口。华为智能手机已经成为欧洲第二大手机品牌，在高端手机市场站稳了脚跟。而曾经围绕如何坚持"以质量为企业的生命"，努力提升产品的质量和服务的质量，赢得客户的信任，华为也进行过自我警醒教育。2000 年 9 月，华为研发系统在深圳体育馆举办了一场"呆死料"大会。通过一个"隆重"的仪式，任正非把由于工作不认真、测试不严格、盲目创新造成的大量废料，以及研发、工程技术人员因此而奔赴现场"救火"的往返机票成箱成盒地包装成特殊的奖品，发给相关产品的负责人。通过这场大会华为开启了充满阵痛的质量体系建设过程，走上了质量管理"零缺陷"的极致追求之路并取得成功。2016 年 3 月 29 日，由原国家质量监督检验检疫总局组织实施的中国质量领域最高政府性荣誉——第二届"中国质量奖"颁奖仪式在人民大会堂举行。华为公司凭借"以客户为中心的华为质量管理模式"获得该奖项制造领域第一名的殊荣。

 数说

华为

2020 年 3 月 31 日，华为面向全球举行 2019 年年报发布会。报告显示，2019 年华为实现全球销售收入 8588 亿元，同比增长 19.1%，净利润 627 亿元，同比增长

5.6%。具体到业务来看，华为运营商业务实现销售收入 2967 亿元，同比增长 3.8%；企业业务实现销售收入 897 亿元，同比增长 8.6%；外界关注的消费者业务继续保持稳健增长，全年智能手机发货量超过 2.4 亿台，实现销售收入 4673 亿元，同比增长 34%。另外，2019 年华为持续投入技术创新与研究，研发费用达 1317 亿元，占全年销售收入的 15.3%，近十年投入研发费用总计超过 6000 亿元。

 **技工楷模**

华为无线网络产品质量与效率部的焊接员——陈雪

无论外面的世界发生了怎样翻天覆地的变化，无论所在的华为公司发展得快或慢，也无论身边的人走了一茬又一茬，她一直默默无闻地做好本职工作。她就是无线网络产品质量与效率部的焊接员——陈雪。

提起焊工，很多人脑海中浮现的大多是五金店或施工现场，一只手举着金属材质的护目镜，另一只手拿着喷着蓝色火焰的焊枪，伴随着作业火星四溅还发出阵阵"呲呲"声的场景。实验室焊接员是华为公司在创立之初就设立的一个岗位，不同于上面描述的传统意义的电焊，也不同于生产线上的焊工，它是专门服务于各产品线的研发部门，协助完成产品调测、问题定位等场景的焊接、改板操作，看似不起眼却不可或缺。公司早期研制的多款产品，都是由焊接员从光板焊起，

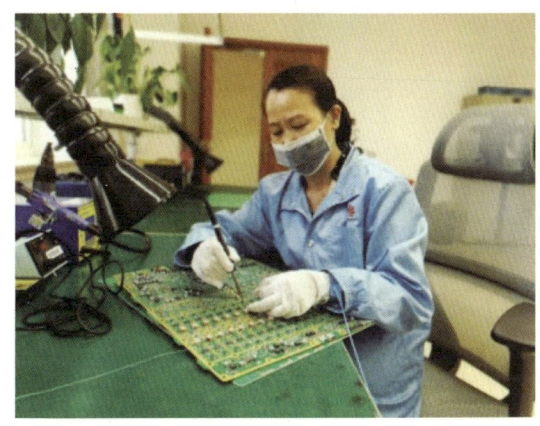

陈雪

对照着 BOM 清单和电路图，成百上千个大大小小的电阻、电容、晶振、芯片等元器件，一个挨着一个按照要求焊接成一块块单板，研发取回继续进行研制和调测。从最早的开发部到传输业务部，再到无线产品线，一代又一代的老员工对新员工说"单板搞不定就去找陈姐"，当新老同事们手里拿到她用电烙铁绘制而成的单板，满脸笑容离开时，她心里充满了自豪感，她感受到一种被需要、被认可的感觉，感到自我价值得到了实现，更坚定了自己把焊接工作做好、把焊接技术练精的决心。对于焊工来说，电烙铁就像士兵手中的枪，一个不能熟练掌握手中武器的士兵是打不好仗的，再好的理论、再高的技巧都体现在焊枪点燃焊锡接触焊脚的一瞬间。她利用工作之余练习抓电烙铁的手势，控制温度、力度、速度和准确度，力求做好焊接

单板时电烙铁的"稳、准、快"。稳，就是指抓烙铁的手要稳，不能抖；准，是指焊接时，烙铁头的嘴要找准焊接点；快，是指焊接速度要快，收放自如才能保证焊点的圆滑。每年，她都会结合新单板、新器件的特点，有重点地加强技能的训练，熟练使用各种焊接工具，不断改进焊接操作流程和技巧，做到指哪打哪，弹无虚发。28年来，经她手中焊接的单板数量累积超过15万套。

3. 精工极致，广汽工匠助力中国汽车制造

◆————————

广东省交通城建技师学院与广汽校企合作

近年来，我国的汽车工业得到飞速发展，但比较遗憾的是，目前汽车工业的专用生产装备绝大部分还是依赖进口，严重影响了汽车产业的竞争力，导致我国汽车行业大而不强。

为打破国产汽车行业面临的瓶颈，广汽集团以精工极致的态度走出了一条中国汽车制造的康庄大道。

在战略思想上，广汽构建了一套完善独特的体系，具备强大的精神内核，能够不断吸收新思想和知识。

而在广汽内部，做任何事情都有程序可依，所有问题都对应着一个标准化模块。出了问题立刻解决，设备、供应、技术等任何方面，都有完备的解决方案。同时，无数的广汽工匠在实践中以经验促创新、秉承匠心，助力制造最好的汽车，实现了汽车工业特别是制造装备的升级。

广汽成立之初，曾面临负债30亿元起步，在"广州不能搞汽车工业"的质疑中异军突起，20年（1997—2017年）来，广汽从一家本土汽车企业成长为世界500强企业，完成从单一整车制造到整车、研发、零部件、商贸、金融五大板块的全产业链升级的腾跃，并且成功跻身国内汽车集团前列，以"广汽速度"书写了让中国汽车行业惊艳感叹的传奇。

 **数说**

广汽

广汽集团业务涵盖整车（汽车、摩托车）及零部件研发、制造，汽车商贸服务，汽车金融等。目前，广汽集团旗下共有广汽本田、广汽丰田、广汽乘用车、广

汽新能源、广汽研究院、广汽菲亚特克莱斯勒、广汽三菱等数十家知名企业与研发机构，整车核心业务板块形成自主品牌、日系合资、欧美系合资"三足鼎立"稳步发展格局。截至 2019 年，广汽集团已累计向社会提供约 1630 万辆汽车、1600 万辆摩托车。员工总数为 10.3 万人，上下游产业链人员 80 万人。2019 全年汽车销量为206.22 万辆，实现营收 597.04 亿元。2020《财富》世界 500 强排名第 206 位，2020年中国企业 500 强排名第 54 位。

 技工楷模

"技术能手"不断发明车辆快速返修工具

在大多数汽车工厂里，如果车身钣材出现大的凹变形，通常的修复方式是钣金工先在凹点处安一个拉杆似的拉拔器，利用焊机对着凹点连续点击，以高温将拉拔器与钣材粘接牢固。而后拉动拉拔器，迅速将凹点拉平。但高温也容易造成钣材二次扭曲变形，严重时甚至导致整块钣材报废。毕业于湛江市高级技工学校的广汽本田车身部焊装一科钣金工叶世远，长期坚持在生产一线，积累了丰富的经验，练就了绝佳的手艺。2013—2014 年，叶世远在半年时间里反复试验，发明了一项重要返修工具——快速拉拔器，攻克了以往在车身钣材表面直接点焊，拉拔返修时造成钣材表面局部受热，发生波浪变形后更难返修的难题。

叶世远被工友们津津乐道的还有一项发明——凹变形快速撬起器，一把改良过的锉刀。锉刀是钣金工常使用的工具之一，但在修复一些凹变形时，需要把锉刀伸入车身内部。"我们无法判断锉刀有没有对准变形点，只能凭感觉。"叶世远说道。即使是经验丰富的老工人，也会有定位不准的时候，叶世远在锉刀上面增加了一支定位杆，定位杆与锉刀头齐平，这样即使在车身外也可以看到锉刀是不是精准定位到变形点。此后，包括构建环保生产线、削减振荡片使用量等课题，都有叶世远的身影。类似这些技艺改良或创新，对叶世远来说已经习以为常。叶世远

叶世远

说自己就像"冒险岛"游戏里的管道工人,在一关一关地闯过去。

4. 不辞辛劳,广东技工让世界爱上广东造

2015 年 5 月,国务院发布《中国制造 2025》规划,也被称为中国版的"工业 4.0"规划。制造业是兴国之器、强国之基。改革开放以来,广东制造业凭借资源、劳动力等要素成本低廉的比较优势,成就了一段高速增长的辉煌历史。广东制造业在某些行业和领域已达到世界领先水平,但"大而不强"的问题依然存在。处于工业转型升级战略机遇期的广东甚至是全国,既需要高端人才,更需要高技术技能人才,对高素质技术技能人才的需求比以往任何时候都更为迫切。今天,一代年轻的广东工匠,正秉承中华传承数千年的匠心精神,用他们不畏艰难、不畏劳苦的坚韧精神和过硬的专业技能,在这个伟大的时代为实现"两个一百年"奋斗目标和中华民族伟大复兴的中国梦提供有力支撑。因为他们,广东制造、广东智造、广东创造,必将享誉全世界!

权威声音

2020 年 8 月 6 日,2020 广东省制造业高质量发展论坛暨制造强省建设院士专家咨询会在广州召开。会议以"提质增效打造广东智造,孵化培育世界级产业集群"为主题,意在贯彻落实省委、省政府关于建设制造强省推动制造业高质量发展,培育二十大战略性产业集群的战略部署,通过推进高水平研究和经验成果的汇报交流,促进政府、企业、科研院所等各界凝聚智慧和力量,加快推动广东省制造业高质量发展。突出抓创新、强主体、拓开放、促融合,促进产业由集聚发展向集群发展全面提升,提升产业链、供应链的稳定性和竞争力,实现制造业质量变革、效率变革、动力变革。

 技工楷模

登上《时代》周刊的广东技工

《时代》周刊 2009 年最后一期的封面,肖红霞、黄冬艳、李春英、丘小院四名中国工人作为唯一一个群体,和驻阿富汗美军总司令麦克里斯特尔,牙买加飞人博尔特一起占据了年度人物排行榜的亚军位置。《时代》周刊的评论称,在世界主要

经济体中，中国继续保持最快的发展速度，并带领世界走向经济复苏，这些功劳首先要归功于中国千千万万勤劳坚韧的普通工人。在介绍"中国工人"这一群体时，《时代》周刊这样描述："在深圳一家 LED 工厂，《时代》周刊的记者遇到了一群年轻的男女，他们都是外地来深圳的务工人员，同时也是推动中国经济快速增长的动力……"他们用勤劳、厚重的双手托起了城市的美丽和辉煌。"历史

广东技工登上《时代》周刊封面

可以见证：谁为深圳倾注了心血和汗水，谁为深圳贡献了智慧和力量，谁把人生最美好的时光留给了深圳，谁就是当之无愧的深圳人。"在深圳劳务工博物馆的展板上写着这样一段话。和来这座城市千千万万的打工者一样，"时代工人"把自己的青春献给了这座明珠一般的城市。

就业为本　培训为用

　　职业技能培训是保持就业稳定、缓解结构性就业矛盾的关键举措，中共中央、国务院高度重视就业工作，把就业作为六稳六保之首。2020年政府工作报告明确提出要资助以训稳岗拓岗，加强面向市场的技能培训，使更多劳动者长技能、好就业。

　　广东省委、省政府把开展职业技能培训作为贯彻落实中央稳就业决策部署、推动劳动者实现更充分更高质量就业和建设适应现代产业体系要求的高素质人才队伍的根本举措进行全面部署。2019年8月，出台《广东省职业技能提升行动实施方案（2019—2021年）》，并结合广东实际，实施新生代产业工人培养工程、"粤菜师傅"工程、"南粤家政"工程、企业学徒培养工程、企业职工转岗转业培训工程、农村劳动力精准培训工程、退役军人职业技能培训工程、城乡未继续升学初高中毕业生教育培训工程、安全技能提升工程、残疾人职业技能提升工程10项工程，全力满足各类劳动者的技能培训需求。

广东省大力推进职业技能提升行动，开展"三送"活动

 **数说**

广东就业市场人才供求状况

就业是民生之本，既关系着百业千行、企业兴衰，也关系着千家万户、百姓冷暖，是经济的"晴雨表"，是社会的"稳定器"。扩大与促进就业，实现更加充分更好质量就业，是世界各国普遍关心关注的民生问题。实践证明，经济社会发展离不开产业企业，需要大量技术技能型人才，培训促进就业是其中的关键一招。根据人才市场供求状况分析，普工、技工占工业人员比重达到70%，其中技工约占20%，就业结构性矛盾长期存在，特别是技能人才、高技能人才缺口比较大，存在"普工剩、技工荒""千工易招、一技难求"等现象，必须通过持续加强职业技能培训提升劳动者能力水平和促进人力资源市场供求有效匹配。

广东大力推进职业技能提升培训，2020年以来，广东以岗位技能提升培训、就业技能培训和创业培训等为重点，面向各类劳动者群体开展职业技能培训。截至2020年9月底，全省累计开展各类补贴性技能培训206.8万人次，其中2020年1—9月，全省开展补贴性技能培训89万人次。

1. 线上培训，助力企业复工复产

企业职工培训是职业技能培训工作的重点，充分发挥企业主体作用，开展职工岗前培训和转岗培训，提升职工技能水平，是深入推进职业技能提升行动，构建终身职业技能培训体系的重要举措。2020年以来，面对突如其来的新冠肺炎疫情，广东快速响应，利用"互联网+"等先进培训方式，大力开展企业职工线上适岗职业技能培训，使线上技能培训成为稳就业保民生的"加速器"。截至9月30日，全省累计企业职工适岗培训备案人数361.75万人次，已发放职业培训补贴3.45亿元，惠及35.69万人，有力地推动了职业技能提升行动，对促进企业复工复产和促就业稳就业也发挥了积极作用。

 **直播现场**

技能提升、暖企稳岗：江门大力开展线上适岗职业技能培训

为帮助企业应对新冠肺炎疫情，支持企业复工复产，稳定职工队伍，提高在职

广东技工故事

发放培训补贴

人员对岗位的适应能力，江门加大对企业员工技能培训的支持力度，鼓励企业开展线上适岗培训。

温泉旅游产业作为恩平特色旅游支柱产业，受疫情影响较大，与此相关的酒店、餐饮行业也受到影响。经恩平市人力资源和社会保障局宣传发动，恩平市大型温泉旅游企业——金山温泉发展有限公司积极参与线上适岗培训，让职工在尚未完全复产的情况下提升专业技能和服务水平，为疫情过后的全面复工复产夯实基础。

中石化销售江门分公司专门面向其加油站操作员、管理人员，利用网络课程开展加油站岗位标准化、安全管理等工作的线上培训，提高员工的服务意识、安全意识和销售技巧。江门市明道信息技术有限公司通过第三方网络平台，面向其技术人员、销售人员、运维人员开展"明道易车间"软件的操作使用讲解，课程设置符合企业发展实际，引导员工尽快适应岗位工作。

2. 以工代训，支持企业稳岗扩岗

❖──────

为减轻企业负担，支持企业稳定岗位、吸纳就业、保持就业局势稳定，广东在全省范围内实施"以工代训"百日行动，推动每个符合条件的企业享受相应职业培训补贴。广东以工代训补贴标准为每人每月500元、最长不超过6个月，对受疫情影响较大的外贸、住宿餐饮、文化旅游、交通运输、批发零售五大行业的大型企业补贴不限高，企业领取补贴额度全国最高。

 直播现场

中国南方航空集团有限公司获"以工代训"首批补贴4330万元

2020年10月20日，广东省人力资源和社会保障厅与中国南方航空集团有限公司（简称南航集团）开展"送政策、送资金、送技工"活动并签订战略合作框架协议。南航集团成为广东第一个成功申领以工代训补贴的大型企业，活动现场获得了4330万元以工代训补贴资金。

受疫情冲击，全球民航业受到严重影响，南航集团属于受疫情影响较大的交通

签约仪式

运输行业大型企业。在此情况下，广东省人力资源和社会保障厅急企业所急，开展"送政策、送资金、送技工"活动，对南航集团来说是得到了实实在在的优惠。这次南航集团获得了第一批 4330 万元以工代训补贴资金，根据集团员工数量预估，集团总共将可获得 7000 万~9000 万元的以工代训补贴。此外，南航集团还获得减免社会保险费 2.81 亿元、延缴社会保险费 3.5 亿元的社保减负，以及失业保险稳岗补贴约 1500 万元、职业技能提升补贴约 3500 万元。这些补贴资金南航集团将用于继续加强员工培训力度，特别是推进产教融合企业型建设，以及加大培训软硬件投入。

3．夯实基础，规范技能培训标准

近年来，为培养更加符合企业用工需求的技能人才，广东加强顶层设计，规范技能人才培训课程标准制订。分别出台了《广东省职业技能培训课程标准技术委员会管理办法（试行）》和《广东省职业技能培训课程标准开发技术规程（试行）》，为培训课程标准开发备案提供技术依据。截至今年 9 月底，全省共有 19 个地级以上市成立市级培训课程标准委员会。各地积极围绕实施"粤菜师傅""广东技工""南

粤家政"三项工程以及乡村振兴和精准扶贫，聚焦先进制造业和现代服务业，结合当地产业发展需要、"一村一品、一镇一业"产业战略和传统技艺项目，大力开发具有当地特色的技能人才培训课程标准。目前，已向社会发布第一批共104个职业技能培训课程标准目录，并已全部纳入技能提升补贴项目范围。

 直播现场

东莞立足产业和三项工程开发职业技能培训课程标准

职业技能标准开发应用交流会

2020年9月28日，东莞市人力资源社会保障局举办了2020年职业技能标准开发应用交流会。东莞立足东莞支柱产业、特色产业、战略新兴产业和现代服务业的高质量发展需求，重点围绕"粤菜师傅""广东技工""南粤家政"三项工程开发职业技能培训课程标准。目前，已开发认定了东莞市第一批职业技能培训标准52个，其中机械模具制造业17个，智能制造8个，现代服务业8个，电子电器通讯7个，传统制造业6

个，营销管理文化6个。同时，该批培训标准已纳入东莞"一镇一品"产业人才培训、企业职工适岗培训及高技能公共实训基地（分基地）培训等技能提升补贴范围。

随着东莞产业转型升级步伐的加快，打造一大批符合东莞产业发展需求的高质量、复合型技能人才队伍显得尤为迫切。早在2018年，东莞就实施建设"技能人才之都"，计划用3年时间，培训100万名技能人才，职业技能培训标准开发进入实质性阶段对于建设"技能人才之都"具有里程碑意义。

粤菜师傅　岭南名片

粤菜，一个可以追溯至距今两千多年的菜系，以其深厚的文化底蕴、鲜明的风味特色享誉海内外。它是岭南文化的重要组成部分，是彰显广东影响力的一块金字招牌。如今，在广东省委、省政府的号召下，粤菜又被赋予了一个重要的时代使命——助推乡村振兴。

2018 年 4 月 26 日，中央政治局委员、广东省委书记李希在全省乡村振兴工作会议上提出实施"粤菜师傅"工程。自此，广东拉开以美食为媒，谱写乡村振兴新篇章的序幕，"粤菜师傅"成为弘扬岭南文化的一张亮丽名片，"让粤菜走遍天下""让世界爱上广东味"的饮食文化愿景正在逐步实现。

以"粤菜师傅"工程为指引，全省各地因时制宜、因地制宜，在大力弘扬博大精深的岭南饮食文化、打造文化品牌的同时，闯出了一条促进技能就业，助推脱贫攻坚和乡村振兴的新路子。如今，"粤菜师傅"工程正稳步推进，这一坚持以人民为中心的惠民政策，也为广东经济社会稳定大局压舱定心，为脱贫攻坚和全面小康注入了新力量。

 **特别关注**

政策解读"粤菜师傅"工程

2018 年 8 月，《广东省"粤菜师傅"工程实施方案》出台，明确将大规模开展粤菜师傅职业技能教育培训，提升粤菜烹饪技能人才培养能力和质量；创新"粤菜师傅＋旅游"等模式，促进城乡劳动者就业创业；打造"粤菜师傅"文化品牌，提升岭南饮食文化海内外影响力。

据统计，截至 2020 年 10 月，广东"粤菜师傅"工程已累计培训粤菜师傅 9.1 万人次，带动就业创业 26 万人，组织 1.2 万名贫困人员参加粤菜师傅培训，对口帮扶省区粤菜师傅培训 3600 人；建有 5 个"粤菜师傅"国家级大师工作室，建设了 100 个

"粤菜师傅"培训

省级"粤菜师傅"培训基地和100个省级"粤菜师傅"大师工作室。[1]

1. 学技能助就业，助推精准脱贫

"粤菜师傅"工程在传承粤菜文化的同时，促进城乡劳动者高质量就业，助力精准扶贫。"粤菜师傅"工程还以培养、培训为重点，面向农村和城镇劳动者，开展粤菜烹饪职业技能培训和职业教育；支持粤菜师傅回乡开办农家乐、小餐馆或外出创业发展，给予各项创业补贴、创业担保贷款及贴息等优惠政策助推乡村产业振兴。

据统计，广东全省共组织1.1万名贫困人员参加粤菜师傅培训，通过技能就业摆脱贫困。广东首个粤菜师傅工作室在广州从化成立，广东首个"厨师之乡"落户梅州玉水村，首个"粤菜师傅"工程培训基地在江门市广东厨艺技工学校正式挂牌开班……数不胜数的例子无不彰显着"粤菜师傅"取得的良好成效。

 直播现场

汕头首个"粤菜师傅"乡村实训基地

在潮阳区海门镇北部的纯农革命老区村——湖边村村口，有一间50米²的理论教室兼营业厅面+40米²的实训教室兼厨房的饭店，这是汕头市人力资源和社会保障局创新"实训基地＋乡村饭店"运营模式打造的全市首个"粤菜师傅"工程乡村实训基地。饭店主人林宏州是当地精准扶贫对象，通过政府帮扶改造升级，饭店环境焕然一新。湖边村还迎来"粤菜师傅"免费送教下乡的好时机，第一期"潮菜"技能免费培训班就在饭店举行。林宏州也报名参加培训。经过专业大厨指导，他的厨艺有了显著提高。他说，"以前当学徒是为了谋生，现在是为了兴趣，往后要让食客被我的厨艺折服。"如今的他，场地有了，手艺有了，回头客也有了，小日子过得越来越红火。[2]

1　黄叙浩，肖文舸：《带动16万人走出"美味"就业创业路》，《南方日报》，2020年。

2　周敏，陈若萱，陈柔燕：《"潮菜师傅"如何烹好乡村振兴这桌"菜"？》，《汕头日报》，2019年。

学员们跟着师傅学得很用心 [1]

举措实，久为功。"粤菜师傅"工程不仅带动省内各地群众致富，随着该工程的深入推进，影响力更进一步辐射全国。"粤菜师傅"工程导入省际技能扶贫协作，充分发挥辐射带动作用，找准"广东所能、兄弟省区所需"的结合点，开展"请进来"学制培养、"送上门"短期培训、"普及性"远程教育、"组织化"劳务协作四项行动，每年面向受帮扶地区建档立卡贫困劳动力培养"粤菜师傅"全日制学生 1000人、技能培训 2500 人次以上，助推兄弟省区打赢脱贫攻坚战。[2]

 直播现场

"粤菜师傅"工程在湛江

湛江临海，粤菜风味颇具海滨特色；柳州三江侗族自治县靠山，盛产多种山珍。

1　周敏,陈若萱,陈柔燕:《汕头：烹好乡村振兴这桌"菜"，"粤菜师傅"工程在汕头开花结果》，https://www.sohu.com/a/338919165_260697，2019 年。

2　广东省人力资源和社会保障厅:《广东："粤菜师傅"工程导入省际扶贫协作》，http://www.mohrss.gov.cn/SYrlzyhshbzb/dongtaixinwen/dfdt/gzdt/201903/t20190311_311711.html，2019 年。

山海相连，共创美好未来。湛江市商业技工学校依托"粤菜师傅"工作室，设计了用粤菜技艺烹饪广西食材的"山海菜"培训教材，邀请广西贫困户来学校学习粤菜烹饪技能。学员可在两周内完成粤菜技能培训，进而在餐饮行业就业、创业，加快脱贫步伐。来自三江侗族自治县的贫困户学员小张感叹道："学会做'山海菜'，我在家乡找到了工作，未来还想开个餐馆！"

"小切口推动大变革"。一道道精美的粤菜中，品的是美食文化，绘的是乡村振兴，圆的是"粤菜师傅"心中的脱贫致富梦。

 权威声音

梁思桥（广东省人大代表、湛江市烹饪行业协会常务副会长）："'粤菜师傅'工程惠民利民，让许多贫困农家子弟有机会学到技术活，真正好的粤菜师傅，工资都不低，真正做到'一人做工，全家脱贫'。"[1]

2. 出政策推产业，助推产业振兴

拥有丰富物产资源的广东各地，在"粤菜师傅"工程的推动下，涌现出广府风味菜、广东烧味、客家风味菜、潮式卤味、大埔小吃等一系列广东美食。利用美食人人爱的心理，政府积极创新"粤菜师傅+旅游"模式，依托乡村旅游资源，与民俗文化、农业观光休闲等相结合，深挖传统乡村粤菜美食，推动粤菜美食旅游景点和精品线路开发，促进粤菜品牌项目开发和粤菜产业传承发展。

 直播现场

从"煤矿村"到"厨师村"

在粤东梅州市，提起梅县区城东镇的玉水村，几乎无人不知。它是全省首个"广东厨师之乡"。全村2600多人，有1000多人从事餐饮服务，80%以上的家庭有人外出做厨，年薪20万元以上的厨师超过百人，一年带回劳务收入5000多万元。"果木牛排之父"郭开扬、"中国创艺菜领军人物""180万拍一只姜蓉鸡"制作人郭科、"中华金厨奖"得主朱世雄等名厨皆出自此村。

1　丰西西，安舒齐：《加大培训力度 让粤菜师傅"走出去"》，《羊城晚报》，2020年。

时过境迁，如今玉水人走南闯北，足迹遍及27个省区市，立足于一间间异乡厨房奋力打拼，创造着属于自己的美好生活，书写着"煤矿村"变身"厨师村"的山乡巨变故事。

在梅州市政府的支持下，"客家菜师傅"乡土人才培养基地落户玉水村，聘请一批名师、名厨，建设集交流平台、展示窗口、人才培养为一体的传承创新基地，培育高素质客家菜专业技术人才，逐步建立"名村带名厨，名厨带名徒，名徒成名厨"的良性人才培养模式。此外，玉水村也支持村民在参与粤菜师傅培训后开办具有农家乐特色的美食名店，桥头小店、荣锦饮食等已初有小成。

玉水村还是一个传承梅县美食文化、培育乡土人才的"食践"基地。该村将"楚壮堂"打造成厨乡文化展馆，融入玉水村地域文化、人文特色、历史沿革、厨乡文化等元素，设"村情大事记""厨乡起源""名厨风采""厨乡规划"等多块展区，致力打造一个独具"厨乡"特色的文化展馆。

"粤菜师傅"工程以"美食"为媒，盘活了不少养在深闺的农产品与特色乡村旅游资源，带动了乡村发展新业态。"粤菜师傅"工程开启了新经济，同时围绕乡村粤菜美食旅游主题，绘出一幅幅舌尖上的乡村旅游图，打造出一张张特色乡村旅游新名片。

3. 出标准搭平台，助推人才振兴

"粤菜师傅"工程开展以来，广东省177所技工院校、职业院校开设了粤菜厨艺类专业，建成省级重点和特色专业3个，在校生达到6.5万人；[1] 积极发挥院校和企业两大主体作用，搭建"粤菜师傅"多层次培育体系，采取职业培训与学制教育相结合模式，大规模开展粤菜师傅职业技能教育培训；建成广东粤菜研究院、粤菜学院，首创"新型学徒+行业研发"培养模式，开展培训培养、考

广东粤菜研究院揭牌暨"粤菜师傅"培训班开班仪式

1　黄叙浩，肖文舸：《带动16万人走出"美味"就业创业路》，《南方日报》，2020年。

核评价、就业创业、使用激励、职业发展五大行动，有效覆盖粤菜师傅整个职业生涯。

直播现场

粤厨"后浪"茁壮成长

从精准扶贫到乡村振兴，从"输血"到"造血"。习得一技傍身，不仅拓宽了择业、就业的道路，也让更多人看到技能创业的可能。

汕头将"粤菜师傅"（潮菜）工程纳入市政府十大民生实事工程项目，实施五级基地齐培训，构建开放性、专业性、普惠性的培训平台，大力推动全市"粤菜师傅"（潮菜）培训的全面开展。出生于汕头南澳县一个普通家庭的陈达江，在广东省粤东技师学院就读潮菜烹饪专业。学院设有专业课程，蒸、烹、煮、炒、焖，技能样样培养。他先后在汕头建业酒家、上海潮府馆做厨师。凭借扎实的基本功和认真的态度，陈达江很快就做到炒鼎主管，还先后代表粤菜参加上海世博会和韩国丽水世博会，接待了各国元首、政要和文化名人，其精湛的粤菜烹调技艺受到国际嘉宾的称赞。2014年，陈达江回到家乡创办达江海鲜大排档。得益于"粤菜师傅"工程的开展，大排档成为广东省粤东技师学院首个"粤菜师傅"乡村技师工作站，创新研发"南澳海胆炒饭""龙蟹珠瓜汤"等富有本地特色的菜式。在政府政策的支持下，大排档就能解决陈达江一家和两三个亲戚家庭的生计，还招聘了2~3名员工。大排档常年接受学院烹饪学生跟岗实习。2020年还承担学院烹饪专业2名农村贫困生实习顶岗连带就业。

江门推出"粤菜师傅"工程彩虹计划，彩虹计划以"彩虹"为设计理念，根据江门7个县级市（区）特色美食文化特征，从店面设计、店内装修配套设计、菜式品牌及搭配设计、创业指导、项目推广扶持等方面提供"五个一"创业标准化策划。陈英宏便决定乘着政府东风，再创办一家餐饮店——台山黄鳝饭桥湖辉煌店。在政府的指导下，陈英宏还加入了"个性化定制"，将"拿手"的烧腊加入菜单。作为台山首批"粤菜师傅"工程彩虹计划餐饮创业店，宽敞明亮、干净整洁的"彩虹店"在"粤菜师傅"品牌的加持及"线上优惠，线下消费"的互联网模式下越来越红火。"粤菜师傅"年轻创业者陈英宏有一间令人羡慕的"彩虹店"。别看现在小有成就，17岁便踏入餐饮行业的他，在厨房摸爬了十余年，三次创业都没成功。2019年，他报名参加"粤菜师傅"工程培训，在系统学习厨艺后入选江门"彩虹计划"创业项目，终于品尝到创业成功的滋味。"粤菜师傅"培训课程，教会了他制作台山黄鳝煲仔饭、

汶村五味鹅饭、海晏白云猪手饭等特色菜肴，更教会他标准化制作、系统化管理流程，无论哪一位厨师制作，都能保证口味。经过广东厨艺技工学校45天培训，他将所学知识应用到实践上，事业慢慢走上正轨。而他也考取了中式烹调证书，一技在手，就业不愁。

长江后浪推前浪，一批批的粤厨"后浪"正茁壮成长。在"粤菜师傅"工程的推动下，粤厨前辈们历经岁月沉淀积累出的宝贵经验，随着粤菜发展的逐步升温，传承与创新擦出不同火花，将绽放出不同的色彩。[1]

4. 讲传承重交流，助推文化传播

❖————————————

当前，"粤菜师傅"工程正在建立东南亚、欧美等国外餐饮就业、创业渠道，促进粤菜师傅海外就业、创业；搭建粤菜师傅交流平台，开展粤菜学术研讨、文化展示和巡回报告等活动，推动粤菜改革创新，弘扬岭南饮食文化；鼓励行业协会、企业等组织粤菜师傅到国内各大城市、"一带一路"沿线国家和世界知名城市开展菜品推荐、厨艺展示等开拓职业发展活动，打造粤菜师傅国际名片，扩大粤菜海外影响力。

"粤菜师傅"国际论坛

 **直播现场**

赋予粤菜创新的美食学习者

广东阳江人阮淑琳和其他美食者一样，爱吃美食更爱做美食。在阮淑琳看来，餐饮是一个需要创造力、艺术感的行业。为了探索独树一帜的粤菜文化内涵，阮淑

---

1 何玮珊，区伟东：《擦亮云浮粤厨品牌——我市打造"粤菜师傅"工程推动乡村振兴发展》，《云浮日报》，2020年。

琳本科选择在澳门科技大学读餐饮管理。因为香港、澳门在餐饮人才培育上，有不少与国际接轨的经验，拥有大批具有博士学位、实行全英教学的全职师资，加上海内外餐饮界美食家、米其林星厨，以及国际知名企业CEO等"编外力量"，在澳门科技大学，阮淑琳接受了国际化粤菜烹饪教育。毕业后，她希望可以在服务业最发达的地方继续学习及沉淀，直到足够充实去开启自己的粤菜餐饮事业。[1]

 直播现场

把"粤菜"餐馆开到国外的粤菜师傅

"粤菜师傅"释放的国际化讯号，让多个海外餐饮机构争先到广东搭平台、拢人才。在江门台山的广东厨艺技工学校，与加拿大中华烹饪协会共同办学，为优秀学员提供海外实习、就业的平台，和美国中餐联盟、加拿大港加饮食协会、食在澳门有限公司等共同探索创新教学模式，共建国际厨点师培训基地。

陈柏棠是广东厨艺技工学校培养出来的"粤菜师傅"，当年他所报读的是中式烹饪专业，通过学校认真培养，毕业后在珠江三角洲多间大型餐饮企业工作。他吃苦耐劳，善于钻研粤菜制作，2014年，陈柏棠与两位校友合作创业，在台山开设了"中华料理店"，创新粤菜菜式。由于菜品外形好看、味道鲜美，受到广大消费者欢迎，到2016年已经开设了2间分店。在2017年，陈柏棠把事业扩张到海外，在美国纽约州开设粤菜餐馆，餐馆蒸蒸日上的生意，良好的口碑，为粤菜文化传播奠定了扎实的基础。

广东厨艺技工学校毕业生在新西兰推行"粤菜师傅"工程

1　欧志葵，袁佩如：《海外飘香："粤菜师傅"带着粤味"走出去"》，《南方日报》，2019年。

　　"粤菜师傅"工程走出一条"色香味俱全"的扶贫和乡村振兴"风味之路"，也漂洋过海搭起了一座通往世界各地的"美食桥梁"。前行的路上风光无限，"粤菜师傅"迎来了属于它的"高光时刻"。

 拓展阅读

讲好粤菜故事，弘扬岭南文化——《中国粤菜故事》出版

　　2018年4月，广东省委、省政府创造性地部署实施"粤菜师傅"工程，将精准扶贫、乡村振兴工作与光大传承粤菜文化结合起来，为粤菜注入新使命、新活力。经过两年多的实践探索，"粤菜师傅"工程以"小切口"推动大变化，在促进乡村振兴、脱贫攻坚、健康广东、文化强省建设等方面发挥出越来越重要的综合效应，得到社会各界和人民群众广泛支持、热情参与。如何讲好粤菜故事，守优良传统之正，创时代精神之新，提升"粤菜师傅"工程文化传播力和影响力，成为摆在我们面前的重大课题。

　　聚焦"讲好中国故事，传播中国声音"，广东省人力资源和社会保障厅组织高水平专家学者编纂了长达40万字的《中国粤菜故事》。全书分为粤菜之美、名菜故事、名点故事、名店故事、新派粤菜、域外粤菜六章，故事内容侧重于粤菜的历史性和人文性，接地气、有温度，从粤菜及广东人的一日三餐入手，探究诠释岭南文化"敢为人先""兼容并包""求新务实""以和为贵"的优秀特质。在叙述故事的同时，对粤菜的成因、在海内外的影响力、风俗民性的形成、当代食风进行深度挖掘，并对食材、烹饪技法进行创始探源，汇聚了粤菜掌故、坊间传说、食坛趣闻，展现了粤菜里的人文景观，是研究

《中国粤菜故事》

粤菜文化的一部力作，也是"粤菜师傅"工程继 2019 年推出《广东省"粤菜师傅"工程培训教材》（全套 9 册）后的又一重大研究成果。

《广东省"粤菜师傅"工程培训教材》

南粤家政　适逢其会

　　中共中央、国务院和广东省委、省政府高度重视家政服务工作，习近平总书记在多个场合对家政服务工作作出重要指示，指出"在我国目前发展阶段，家政业是朝阳产业，既满足了农村进城务工人员的就业需求，也满足了城市家庭育儿养老的现实需求，要把这个互利共赢的工作做实做好，办成爱心工程。"[1]广东省委、省政府因时而动，2019年8月正式启动"南粤家政"工程，一场以人民为中心，针对广东家政业"提质扩容"、破解服务难题的大工程正式展开。

　　"南粤家政"工程以"小切口"推动服务"大变化"，聚焦市民需求，打造人民群众最放心的家政。这一工程，有效促进城乡劳动者就业、创业，实现以脱贫致富推动区域经济社会发展，对推动广东产业结构转型，实现促就业、扩内需、惠民生的经济社会发展目标，具有重大的战略意义。

◎《《特别关注

政策解读"南粤家政"工程

　　"南粤家政"工程在技能人才培训（养）方面针对市场紧缺的母婴、居家、养老、医护四个服务类型，重点实施四大培训项目，并围绕乡村振兴和精准扶贫战略，面向老区、民族地区扩大技工院校招生规模，建立家政扶贫输出基地和接收安置基地，加大对建档立卡贫困人员的

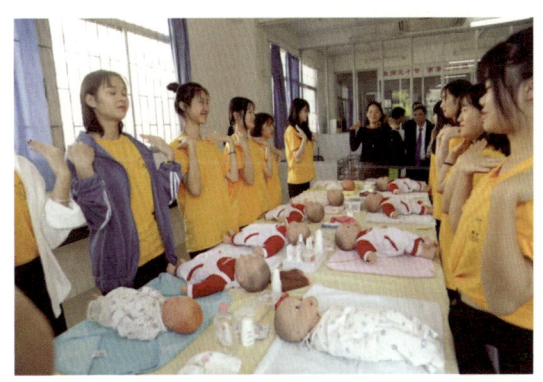

母婴技能培训

　　1 姜赟：《人民时评：用爱心迎来家政业的春天》，http://theory.people.com.cn/n1/2018/0312/c40531-29861409.html，2018年。

培训支持力度。力争到 2021 年实现培训就业"十百千万"目标任务：建设扶持 50 家省级家政服务培训示范基地；建设扶持 100 家家政服务龙头企业；动员引导 1000 个以上有资质、有能力的培训机构参与培训；每年开展家政服务类培训 20 万人次以上，带动就业、创业 40 万人次以上。在行业规范方面，将加快建立家政服务业的标准体系、诚信体系和服务体系，以行业标准和职业资格标准引领行业发展，推动家政服务业职业化、专业化、标准化发展。在对标国内外先进经验方面，将在广东家政行业推行员工制，对员工制家政服务企业，按不超过其为所招用家政服务从业人员实际缴纳社会保险费的 50% 给予补贴。据统计，截至 2020 年 9 月，广东"南粤家政"工程培训 42.33 万人次，家政服务人员超过 100 万人。

1. 助推大湾区建设，打造家政服务品牌

❖──────────

  历史在波澜壮阔中前行，在香港、澳门、广州、深圳的引领下，粤港澳大湾区城市群快速崛起，2019 年 2 月 18 日，中共中央、国务院印发了《粤港澳大湾区发展规划纲要》，明确提出粤港澳大湾区的战略定位有 5 个，其中建设宜居宜业宜游的优质生活圈与家政行业息息相关。因此"南粤家政"工程也随着湾区经济的发展步入了快车道，为服务广东省"一核一带一区"发展新格局，为带动家政产业的发展注入了新的活力，成千上万在大湾区工作的家政人员和相关的地方、企业都通过"南粤家政"工程，为湾区建设贡献出相应的力量。与此同时各地因地制宜，打造了具有地方特色文化的家政品牌。广州、深圳瞄准国际化和大湾区建设，对标中高端需求为重点，打造"羊城家政""鹏城管家"等品牌；肇庆、江门等地围绕湾区服务，结合本地优势，打造"肇庆管家""安心家政"等品牌；粤东西北地区立足劳务输出特点和人力资源优势，涌现出"瑶山月嫂"、梅州"客家大嫂"、茂名"好心家政"等一批家政服务品牌。

 直播现场

最美"养老护理员"为老人筑起温暖的家

  何海元是福利中心 5B 班（即特护班）的班长，面对的都是各式各样需要特别护理的老人，90% 的护理对象常年瘫痪在床，生活不能自理。但何海元把养老院当成自己的家，将养老院的老人们当作自己的亲人，19 年如一日，孜孜不倦地护理陪伴

着老人渡过最后的时光。为避免老人生褥疮，他每天依时为老人们翻身按摩、拍背促痰、喂水喂饭、清洁身体……有的老人解不出大便疼痛难忍，用药物办法又不能奏效时，何海元便戴上手套一点一点抠出来；有的老人胃口不好，他一天喂7次流食，哄着他们吃下，以保证老人们的营养；遇到老人身体突发紧急情况却联系不到家属时，他总是陪着老人去医院，有时还要自己垫付医药费……中心今年88岁高龄的李大爷，有严重的高血压后遗症，生活不能自理，李大爷在家里

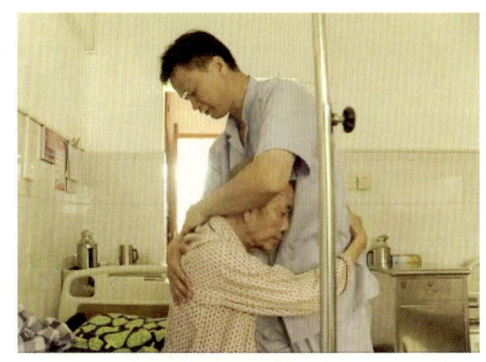

何海元精心看护老人

的时候血压控制得不好，一直在200毫米汞柱左右。到中心以后，医生根据他的情况制订了详细的康复护理计划，何海元和他的同事严格按照医嘱护理执行，经过精心照料，李大爷的血压一直保持在130~140毫米汞柱，精神状态也越来越好。

整整19个年头，何海元每天和老人朝夕相处，连春节都没回过一次家，有人问何海元：护理工作这么辛苦，为什么还在坚持，外面的世界不是更大吗？他说："选择我所爱的，爱我所选择的。这是我的回答，也是我最朴素的心愿。"

2012年10月，何海元获得"广东省技术能手"称号；2017年他在"福彩杯"广东"老有所依 天使在身边"活动中荣获"最美养老护理员"称号；2020年在深圳市居家养老发展促进会举办的养老护理员职业技能竞赛中取得第一名，荣获"深圳市技术能手"称号，并获得2020年广东省劳动模范的提名。

2. 助力脱贫攻坚，促进更高质量就业

"南粤家政"工程的深入开展有效助推精准就业，吸引了一批批来自贫困地区的从业人员入行。他们通过各类有资质的培训机构开展的中短期基础性岗前技能培训或在岗职工"回炉"培训，实现了技能的提升，同时还通过"金牌保姆"等分级提升方式，实现了从工资收入提升到岗位晋升。

 直播现场

家政员张金夏和郭柳秀的就业故事

张金夏是低保户，由于家境贫寒，张金夏很早就出来工作了。从事家政行业以

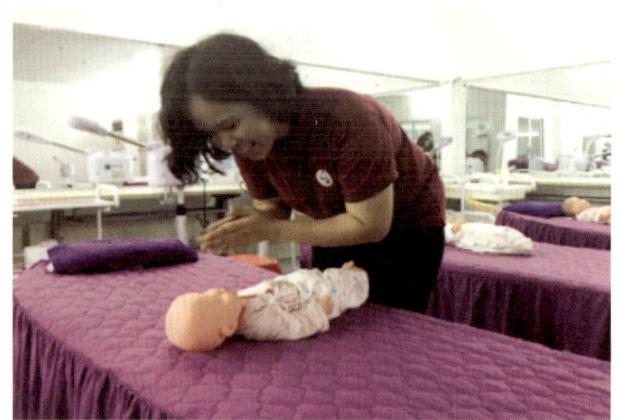

张金夏参加母婴护理培训

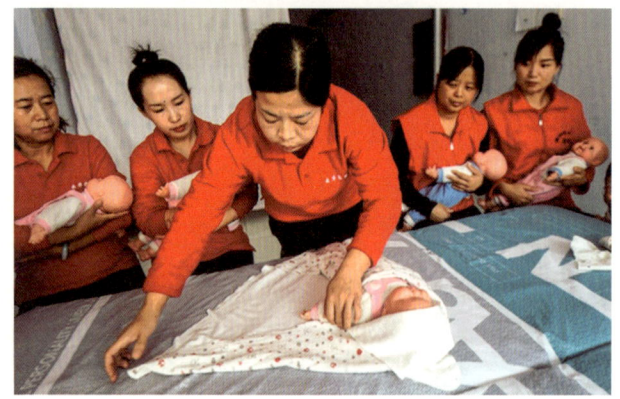

郭柳秀参加南粤家政培训

前，张金夏做过厨师助手，当过兽医，摆过地摊卖过菜，也做过老人护理等散工，每月收入多时也只有 1000 元左右，难以维持生计。经初步了解老人护理这个行业，张金夏毅然选择加入，她报名参加母婴护理师专业技能培训，学习催乳、育婴、小儿推拿、做月子餐、养老护理等技能，从简单的保姆工作一直做到了高级母婴护理师，月薪也从一开始的三四千元提高到后来的一两万元。技能与经验的累积，让张金夏逐步成为业内的优秀月嫂。此外，她还积极带动身边人加入家政行业，通过家政公司复训，以及座谈分享会，把自己的从业心得与技能技巧分享给大家，先后带动或指导家乡的姐妹们成为家政公司的优秀家政员，更带动十多名家庭主妇加入家政行业，走出家庭困境。

2019 年 9 月，受益于对口帮扶政策，广西的郭柳秀来到湛江参加"南粤家政"培训，其间她发现家政市场大有可为，自主创立了"江秀家政服务中心"。她说："政府为我们搭建了平台，可以零成本创业，老家的姐妹们也愿意跟着我干。"目前，她的公司已吸纳了 20 多名广西老乡成为正式员工，带动村民脱贫致富，实现乡村振兴发展。[1]

 特别关注

"南粤家政"精准扶贫

广东省人力资源和社会保障厅将"南粤家政"工程导入省际省内劳务扶贫协作，推进家政服务劳务对接扶贫，建立家政扶贫对接帮扶机制，重点加大对建档立卡贫困人员的培训就业支持力度，推动珠江三角洲和粤东、粤西、粤北地区特别是老

1　车晓蕙、黄浩苑：《做保姆也很"高大上"——"南粤家政"工程促就业保民生》，《新华每日电讯》，2020 年。

区、民族地区开展家政服务劳务结对，支持建立家政扶贫输出基地，把家政服务纳入技能培训重要内容，为珠江三角洲输送家政服务从业人员；完善省际家政扶贫对接机制，深入推进与广西、四川、云南、贵州四省（区）家政服务劳务合作交流对接，引导广州、深圳等中心城市创建一批家政扶贫安置基地，吸纳外省人员来粤从事家政服务工作。到 2020 年 7 月为止，广东省组织专业师资送教上门，已为对口帮扶贫困地区劳动力提供家政服务培训上万次[1]。

 **权威声音**

潘安娜（广东省人大代表、广州市从化区莲麻村党支部书记）："农村的富余劳动力多，开展'南粤家政'工程拓宽了农村劳动力的就业渠道。"在广东启动"南粤家政"工程后，2019 年底，她特意对此做过一次调研，发现"不少村民都对家政这一行业感兴趣，积极参与培训，'南粤家政'工程可谓深得民心。"

3. 吹响人才"集结号"，加大培训、培养供给力度

唯有培育优秀的家政人员，才能有优秀的家政行业。为了夯实家政从业人员培训工作基础，大力提升从业人员素质，破解行业难题，"南粤家政"工程提出，要加大技工院校培养、培训力度，鼓励广东技工院校根据市场需求开设家政服务专业，建设一批家政服务类技术、技能人才省级重点和特色专业，按规定给予政策和资金支持；推动技工院校、培训机构与家政服务社会组织、企业开展深度合作，支持共建家政服务人才培养联盟，在人才培养方案制订、专业建设、师资培养、课程开发、实习实训、招生就业、考核评价等人才培养全过程开展紧密合作；将家政服务列为校企合作优先领域，组织技工院校和企业引进国际先进课程设计和教学管理体系，打造一批校企合作示范项目。此项工作得到了广东各类院校的积极响应。

 **特别关注**

"广东南粤家政学院"成立

作为"南粤家政"工程主力军摇篮，广东省轻工业技师学院携手地方龙头企业共建"广东南粤家政学院"，既有常规的育婴员、长者护理员培训，还根据市场需

---

1 罗仕，周聪：《"南粤家政"工程遍地开花"一老一小"问题不再难解》，金羊网，2020 年。

广东南粤家政学院导师正在给学员上养老护理培训课程

求开设调酒、烹饪、健康管理等多种课程。采用"学历＋培训"的新型学徒制方式，由家庭服务企业对标选派家庭服务专业名师，结合家政服务智能工具，为学员提供针对性职业技能训练。优秀学员毕业后或可直接进入企业。同时，企业还提供出国交流的学习项目，积极对标国际标准培养高素质家政人才。"广东南粤家政学院"首期培训班学员林韵珺年仅22岁，却已经在2020年"南粤家政"羊城竞技大赛暨全国家政服务业职业技能竞赛广州选拔赛上一举夺魁。[1]

 **特别关注**

"南粤家政"人才培养与世界技能大赛标准看齐

广州市轻工技师学院致力打造世界技能大赛"健康与社会照护"项目中国集训基地，强化世界技能大赛引领，促进产教融合，将在世界技能大赛中获得的经验融入高技能人才培养工作中去，培养学生人文关怀、以服务对象为中心、主动服务等职业素养。茂名市高级技工学校建设的南粤家政综合培训就业示范基地，就专门设置有养老服务、医护服务、居家服务国际化管家等养老服务培训课程，同时配套有养老服务模拟房、医护服务培训室等专业培训区域。

陪护长者进行健康检查；轻推轮椅，让长者走出户外；倾听长者过往故事，灿烂的笑容始终为他们绽放……广州市技师学院健康服务与管理黔南班的毕业生杨凤珍进入养老机构不足一年的时间，已从一名实习生做到优秀员工。这位职场新人，深得机构的器重，也赢得了长者的喜爱与肯定。杨凤珍说："这一切源于学院与企业合作培养的结果，也是自己对养老行业前景看好而努力的回馈，自己的不少同学也找到了对口专业的岗位，工作环境舒适，食住全包，薪酬不错。"

1　陈泽云，孙绮曼，黄婷：《90后家政小妹乐当"阿姨"》，《羊城晚报》，2020年。

养老专业毕业生杨凤珍（左一）已成为企业优秀员工[1]

 **特别关注**

广东首套"南粤家政"工程培训教材出版

人才是第一资源，培养一批具有工匠精神、技艺高超的"南粤家政"人员，是推动"南粤家政"工程高质量发展和破解行业痛点、促进家政服务行业"提质扩容"的关键所在。广东省人力资源和社会保障厅围绕家政服务人员培训需求，启动专项职业能力、培训课程标准、培训教材、培训大纲开发，加强培训标准建设。于2019年起组织日本、澳大利亚等国家，中国香港、澳门特别行政区，以及我国内地知名专家，广东省、各地市家庭服务业协会，省内多家院校、培训机构及行业龙头企业，历时一年开发了《家政服务从业人员素质教育读本》《金牌月嫂服务技能》《母乳喂养指导技能》《母婴康复技术》《月子餐制作技能》《金牌家政服务技能》《岭南家庭餐制作技能》《金牌养老护理技能》《金牌机构养老护理技能》《金牌病患护理技能》10本"南粤家政"工程系列培训教材。教材针对从业人员设计，操作性强、示范性好，对规范培训教学、提升培训质量、打造培训特色，促进家政服务行业"提

1　何颖思:《"南粤家政"羊城行动18日启动》，https://news.dayoo.com/guangzhou/201911/18/139995_52925116.htm，2019年。

质扩容"、产业升级起到良好的作用。本套图书已于 2020 年 8 月在中国劳动社会保障出版社正式出版，受到广大读者的好评。

《广东省"南粤家政"工程培训教材》

4. 激活行业新动能，让传统家政插上"互联网"翅膀

❖❖

家政服务曾被认为是"只要有力气就能干的活儿"。在"南粤家政"政策鼓励下，家政行业新模式、新技术不断涌现，正推动这一传统行业加快转型。在生活中，随着新时代技术发展日新月异，会拐弯的勺子、有弹簧的筷子、"吸铁石"的餐盘、任你怎么乱动都能喝上水的婴儿重力吸管杯……越来越多新鲜的适老辅具和创意十足的母婴用品不断出现。随着社会对家政服务日益多元化的需求，也驱使企业对家政服务进行细化分工，开拓厨卫保洁、新居入伙、全屋大扫除、消毒等专业服务，满足客户的不同需求。催乳师、睡眠指导师、收纳师、营养师等一批新职业应运而生，吸引着越来越多高学历的年轻人加入家政行业。

 直播现场

高学历人才为家政注入新能量

湖北姑娘张茉莉 2016 年从武汉大学图书馆学专业毕业后，凭借大学期间辅修的英语，入职成为佛山一家英语培训机构的老师。偶然间她在网上看到日本收纳师的报道，对家政服务产生了浓厚兴趣。经过 2 个月的了解，她挑选了广州一家员工制的家政企业，成为一名保洁员。事实上，作为独生女的她，在家很少做家务。一

开始，她每天需要进行至少 4 小时的上门保洁服务，每当做完当天的工作回到宿舍，总是累得"瘫倒"在床上，感觉体力透支。但不久，由于公司开拓新业务，她被调至家庭管家部任职管家顾问，为客户家庭筛选匹配服务师并提供售后服务。一年后，她升任管家部主管，管理服务师 300 余人，维护客户体量上千家，平均满意度 99.48%。2019 年，她成功获得股权激励，成为公司新股东。在张茉莉看来，这份工作让她变得更加自信，与其他工作并没有什么不同。[1]

家政服务人员越来越年轻化

拥有同样坚定信念的，还有今年仅 22 岁，毕业于重庆城市管理职业学院家政专业的袁银林。她回顾了最开始选择家政专业的时候，经常面对各种"这么年轻为什么选择做家政""大学生做家政是不是大材小用，会不会浪费青春年华"的质疑，但是她认为："做家政也需要工匠精神，需要勤奋学习、刻苦钻研。只要做得好，行业会认可！客户会欢迎！我们需要改变传统观念，挑战自我，迎接未来！"她参加 2019 深圳育婴员职业技能大赛取得了总分第五名，便是她最好的证明，也更加坚定了她从事家政行业的决心和信心！[2]

如今，家政服务人员的队伍中出现了越来越多 85 后、90 后的身影，打破了"家政服务人员都是阿姨辈"的刻板印象。许多大学生放下身段主动入职家政行业，年轻化正逐渐成为家政行业创新发展的"底气"。

 ◀◀◀ 特别关注

创业孵化平台

"南粤家政"工程充分发挥各类创业孵化载体平台作用，为有创业意愿的家政服务从业人员提供项目推介、创业指导、融资对接、补贴申领等全链条创业孵化增值服务，提高创业成功率；突出信息支撑优化服务，构建线上线下相结合的便利化

1　周聪：《广东全面铺开家政工程 打造创新发展新格局》，https://www.xuexi.cn/lgpage/detail/index.html?id=3265615034986647569，2019 年。

2　大连新闻网：《启动南粤家政工程，推动行业提质扩容，社区邦展风采》，http://www.dltv.cn/news/sh/content_59068.shtml，2019 年。

服务模式，推行家政服务业从业人员实名制管理服务，提高服务精准性。

与此同时，在"南粤家政"政策支持和行业规范建设带动下，家政业正在成为创业的"新热土"，互联网的"宠儿"。

 直播现场

南粤家政"互联网＋家庭护理"

"如果不去尝试，就不知道自己能够做什么。一旦你去做了，会发现它可能都会变成现实。"2019 年，南粤家政"互联网＋养老服务"创业者、江门市朗颐养老服务有限公司创始人黄敬启在自己职业生涯的巅峰时刻做了一个旁人难以理解的决定——他毅然放弃中国联通网络工程师的优厚待遇，与三位志趣相投的年轻人一起带着技术回到养育他 20 余载的侨乡江门创业。在南粤家政（江门）产业园里，他们享受了政府创业优惠政策，还有创业指导和融资对接等指导服务。朗颐养老以互联网技术平台为依托，通过技术手段取代传统的靠电话接单的服务方式，提升了团队服务质量和接单效率。开展"互联网＋家庭护理"，通过 APP 实时定位发单，在原有服务时间不变的情况下，上门服务人员可接 5~6 单，接单率提高 20%。用户也可通过手机进行预约服务、智能监控。

互联网的运用也使家政业更精准、透明、便捷。"51 家庭管家"隶属于广州为想互联网科技有限公司，消费者在 APP 或微信下单后，客服人员会与客户沟通具体诉求，定制个性化服务方案，而每位工作人员的服务质量及每一次的服务完成情况都有相应的反馈，使服务作业有标准、有记录、透明化。[1]

江门市朗颐养老服务有限公司联合创始人、商务营销总监黄敬启

1　车晓蕙，黄浩苑：《做保姆也很"高大上"——"南粤家政"工程促就业保民生》，《新华每日电讯》，2020 年。

农村电商　与时俱进

　　无论是广式鸡仔饼、广式腊味、英德英红九号茶叶、潮汕牛肉丸等广东特产，还是和田大枣、北京驴打滚、天津麻花等全国各地的物产，只要手机一点，千里之外的物品就能很快送到你面前。随着网络电商的发展，空间上的"万水千山"正在变为网络里的"近在咫尺"。"网货要下乡""土货要进城"的新生产消费和购物方式蔚然兴起。

　　"直播＋电商"等网购新方式的出现，也在悄悄影响和转变着农村销售方式，在一些地方，手机已成为新农具，直播已成为新农活。电商给脱贫攻坚和乡村振兴赋能，既方便消费者，又促进农副产品"走出去"，真正实现了多元共赢。

　　2019 年 11 月，在广东省人力资源和社会保障厅和广东省农业农村厅的共同部署下，带有浓浓粤味和乡村味的"农村电商"工程正式启动。该工程深度聚焦广东农村电商人员培训、创业就业、品牌打造等关键环节，着力打通农村电商发展全链条。一幅与"粤菜师傅""广东技工""南粤家政"等工程相辅相成、相得益彰的乡村振兴美丽画卷，正在南粤大地上缓缓铺开。

1. 农村电商，成就乡村振兴

◆

　　"农村电商"工程实施以来，政府加强农村电商技能人才院校培养力度。推动技工院校开设电子商务专业，实施示范性专业建设，将电子商务类专业纳入省级重点、特色专业申报范畴并给予资金扶持倾斜，建立涵盖预备技师、高级工和中级工的完整电商技能人才培养体系。深化技工院校和电子商务企业尤其是行业大型骨干企业在校企双制人才培养、实习实训基地建设、合作办学、技能竞赛、技术研发等各方面的深度合作，提升电商技能人才培养质量，为发展农村电商提供有力的技能人才保障。

 **数说**

技工院校电子商务专业开设情况

全省开设电子商务专业的技工院校有 123 所，在校生 7.1 万人。[1] 2019 年技工院校电子商务专业毕业生近 2 万人，高级技工和中级技工比例达 99.1%。

 直播现场

"黄埔扶贫馆"，放飞大山里的梦想

贵州三都学子王应进、杨再燕为家乡产品直播带货

广东岭南现代技师学院电子商务学院每年都有一群来自黔南州国定深度贫困县——三都县的学生。受益于政府对口帮扶政策，他们从家乡千里迢迢来到广州，加入"黄埔·三都民族技工班"学习农村电商知识。他们在学校不仅可以学到产品拍摄、网店运营、产品推销等实用电商知识，还可以从实践中汲取经验。

学校在广州黄埔区政府、贵州三都县政府及广州岭南教育集团三方的共同支持下，搭建岭南大电商服务平台、民族技工班电商创业实践基地。

在专业老师的指导下，学生组建实践基地创业项目运营团队，通过线上京东众筹等平台，试点销售三都县特色水晶葡萄，销售额超过 9 万元。学院还在京东的帮助下，通过校企合办模式，在京东商城上线"中国特产·广州黄埔扶贫特色馆"，由该班的师生团队进行统筹和运营，主要销售黄埔区对口扶贫协作帮扶地区的优质农特产品，让深藏大山里的优质无污染农副产品，走进千家万户，帮助当地贫困群众持续增收。运营团队成员之一的学生王应进，亲身参与到特色农产品拍摄、网店运营、现场推销等各个环节，直接利用现代互联网拉动家乡农产品的销售。在他们的精心

1　周聪：《广东召开"农村电商"工程推进会 年内培育 1 万名以上农村电商带头人》，https://www.sohu.com/a/397846331_119778?_trans_=010001_grzy，2020 年。

运营下，这个"特色馆"上线仅 3 个月已售卖扶贫产品超过 100 万元。在 2020 年的广东"众创杯"创业创新大赛之农村电商赛上，"黄埔扶贫馆"项目斩获企业组金奖，获得奖金 20 万元。

学生通过实操提升自己的专业技能，除了回乡创业，他们毕业后还可被 100% 推荐到当地企业就业，实现毕业即就业。

"农村电商"工程实施以来，组织开展普惠性农村电商培训超过 1 万人次，帮助一批农村劳动者和高校毕业生投入农村电商创业、就业。建立完善电子商务相关职业技能等级认定和专项职业能力考核，落实职业培训补贴政策，大规模培养农村电商从业人员。同时实施农村电商创业培训专项行动，完善农村电商基础理论及开设网店、微店、网络营销等实操性课程。推广培训下乡入村、远程培训、网络培训等方式，推动优质资源城乡共享，提高农村电商创业培训的针对性和实用性。

2. "互联网+"，成就乡村新业态

"农村电商"工程实施以来，通过政府+服务商的一体化运作，打造了一批有核心竞争力的农产品电商示范点、产业集群，实现"一村一品、一镇一业"，逐步建立起产业有发展、企业有利润、农民有实惠，可复制、可推广的广东经验模式。

同时还鼓励社会力量建设"互联网+"订单农业公益性服务平台，大力促进"产业特色+"的订单式创业。创新发展订单农业和特色农产品在线营销，通过"电商创业者+农产品基地""电商创业者+农民合作社""电商创业者+农户"等联动发展模式，促进农业产销紧密衔接，打通农村电商创业、就业全链条，形成特色产业规模化发展、电商企业可持续发展的双赢局面。

农村电商发展

据统计，目前中国农村网民数量突破 2.5 亿，农村电商突破 1300 万家。2019 年全国农产品网络零售额达到 3975 亿元，同比增长 27%，带动 300 多万贫困农民增收。[1]

---

1 杨俊峰：《中国农村网民数量突破 2.5 亿 农村电商让致富路更宽了》，http://nmg.workercn.cn/702/202006/01/200601094747179.shtml，2020 年。

直播现场

梅州大埔构建新服务体系玩转农村电商

梅州大埔县是广东第二批获得商务部、财政部国家级电子商务进农村综合示范项目支持的4个县之一,"电商服务中心＋公司(合作社)＋农户(贫困户)"和"电商协会＋直播团队＋农户(贫困户)"的农村电商发展模式带动了大埔农村电商的全面发展,还建设了视频直播中心、电商培训中心、大埔县物流配送中心、农产品检测中心、农产品溯源中心等一体化平台。

在大埔县西河镇北塘村电子商务服务点,一股诱人气息扑鼻而来,刚刚新鲜出炉的盐焗鸡泛着金黄色的油光,这是由当地农户饲养的家鸡制作成的大埔美食。为了拓宽销售渠道,让优质农产品乘上电子商务的快车,北塘村电子商务服务点引入

大埔县西河镇

了电商企业。在电商平台,仅2020年2月这款盐焗鸡就线上销售了5000份。一只鸡包邮售卖93元,当月这款产品就带来了46万多元的收入。

"我们大埔拥有品种多样的特色小吃,味道独特……"大埔县培养的30名本土网红主播,正通过网络直播形式,帮扶贫困户开展直播带货。这一场直播扶贫活动2.5小时共吸引11万人次粉丝的关注,累计成交3000多单,成交金额30多万元。为梅州柚代言的网红"丘香姐"丘牡香,通过"公司＋基地＋合作社＋贫困村＋融媒体"的产业模式,辐射带动大东镇东光村贫困户种植蜜柚,并通过万川千红农电商基地平台,帮助农户实现了农产品产销对接。

电商企业鸿姑娘生态发展有限公司给消费者打包刚刚制作完成的盐焗鸡

如今大埔县涌现出了一批依靠农村电商实现就业创业的群体,电子商务成为助农脱贫、助农兴农的重要工具。[1]

---

1 马吉池,刘招迎,罗文燕:《创新打造农电商生态圈 培育农村新增长极》,《南方日报》,2020年。

直播现场

"妈鲜乐"从源产地"点对点"为超十万妈妈及家庭供应新鲜海鲜

妈鲜乐海鲜电商基地作为广东省人力资源和社会保障厅、广东省农业农村厅公布的首批农村电商基层示范站之一，积极带动潮州农特产品"走出去"。妈鲜乐的创始人宋义军原为一名职业汽车记者，在深圳结识饶平洪洲妹仔后与之喜结良缘。2009年宋义军毅然放弃熟悉的汽车业务，走上电商创业之路，在深圳创办"妈鲜乐"海鲜网络销售平台。在省、市多级政府扶持下，加上看好饶平丰富的海鲜资源，2019年初他把总部

宋义军现场进行项目路演

"移师"饶平，在饶平的三百门码头设立物流仓储配送中心。每天从渔船收购刚刚上岸的新鲜海鲜，然后立刻送到妈鲜乐海鲜基地进行分类加工、包装、速冻。妈鲜乐通过设在码头的海鲜基地，从源产地"点对点"直供新鲜海鲜到家，顾客只要在网上或手机端下单，便可直供海产食材到家。妈鲜乐已为超十万妈妈及家庭供应食材，引起数十万用户关注。妈鲜乐年营销额达到1000万元。疫情防控期间，妈鲜乐月均销售额达300万元，带动了当地多名农村劳动力实现就近就业。如今，创业青年宋义军又"玩"起了潮流，在腾讯视频、抖音、快手等视频平台开设美食学堂，通过把海鲜录成短视频的形式，传授最地道的洪洲海鲜做法，把最纯正的海鲜味介绍给全国的吃货们。

3. 技能提升，成就电商新气象

◆━━━━━

"农村电商"工程实施以来，整合农村电商优势资源，培养了一批有文化、懂技术、会经营的农村电商品牌（产业）带头人。重点扶持地方特色明显、发展潜力足、带头示范作用突出的农村电商经营者或通过"上网触电"可快速实现转型提升的农产品实体企业经营者，给予省级促进就业创业发展专项资金资助。

宋勇辉

正在接受电商培训的学员

 直播现场

再"充电"的农村电商领头人

虽然来自农村，但与传统印象中面朝黄土背朝天的农民形象不同，今天的清远农村电商领头人，英德市果康源合作社负责人宋勇辉，已经摇身一变成为对直播营销得心应手的"网红"。他通过网络直播平台给"粉丝"展示挖红薯的场景。2019年的"双十一"，他成交红薯干订单1300多笔，销售额达10万余元。

为了给自己再"充电"，2019年12月他报名参加了广东首期农村电子商务讲师认证培训班，围绕电商课程开发设计、区域公共品牌打造等主题内容进行学习。实际上他已有3年的农村电商授课经验，他坚持接地气的教学方式，带领村民走向田间地头，用实操把电商经验传授给更多人。宋勇辉希望通过培训获得电商讲师资格认证，为村民开展电商业务"扶上马""再送一程"，大家一起致富。

实际上，宋勇辉本人也是清远实施农村电商人才培育计划的受益者。他参加广东"百万农民学电脑"培训班后，几经摸索和"触电"实践，他创造出一个又一个淘宝全网销量第一的佳话。

如今，在英德英红镇田江村，不少村民集聚在宋勇辉创建的电商服务中心，学习电商客服、物流配送、产品包装等实用技术。[1, 2]

◎‹‹‹ 特别关注

广东省人力资源和社会保障厅联合广东省农业农村厅
组织举办农村电商"省级精英训练营"培训活动

为培育农村电商领军人物、行业带头人和复合型人才，助力"农村电商"工程高质量发展，2020年广东省人力资源和社会保障厅联合广东省农业农村厅组织举办

1　苏晨：《清远农村电商达人 练就"十八般武艺"》，《南方日报》，2019年。
2　焦莹：《亿元"淘宝县"是怎样炼成的？》，《南方日报》，2018年。

农村电商"省级精英训练营"培训活动，在全省范围内资助 500 名有发展潜力的农村电商经营管理者，参加高层次进修学习。广药集团、学山网红基地、京东京喜等企业代表，省电子商务协会、省农村电商协会、省继续教育协会等协会代表和来自全省各地的农村电商行业带头人 100 余人出席培训班开班仪式。培训活动由省财政按 10000 元 / 人的标准给予资金补助。培训对象为在广东省内登记注册 1 年以上，在本省已开展农村电商相关业务的小型微型企业、个体工商户。

"省级精英训练营"培训班

民办非企业单位和农民专业合作社、家庭农场及农村电商基地、基层站点等法定代表人、主要负责人或股东等，重点倾斜和选拔地方特色明显、发展潜力足、带头示范作用突出的农村电商经营者，通过培训着力提升农村电商经营者理论水平和实战能力，帮助农村电商企业做大、做强、做优，做出广东特色的农村电商品牌。

4. 乡村工匠，成就农民致富奔康

❖————

"农村电商"工程实施以来，助力乡村振兴人才品牌培育管理。充分利用乡村工匠、文化能人、非遗传承人等代表性人物，丰富就业渠道，为农民提供更多有效培训和就业岗位。

 直播现场

用竹子编织"致富梦想"的"蒸笼姑娘"

看过李子柒视频的人，无不憧憬那视频里古风的田园生活，它带给了无数人治愈的力量。

在广东云浮罗定市泗纶镇，自古以来盛产罗竹，用它制作的"泗纶蒸笼"编织技艺成为罗定市第五批非物质文化遗产代表性项目。这里有一位"蒸笼姑娘"沈美娟，她凭借一双巧手，将泗纶镇产出的竹蒸笼推向世界，带领村民走出一条致富路。

制作蒸笼的过程十分烦琐，需经过几十道工序，必须静得下心、吃得了苦，很

沈美娟正在编织"泗纶蒸笼"

多年轻人都不愿从事这项工作。而仅靠村里的老人手工做活，不仅数量少，而且销售渠道也不够畅通。为了手艺的传承，沈美娟毅然决定辞去城市工作，返乡创立了竹之森农业科技有限公司，接棒泗纶镇的"老行当"制作蒸笼。

随后沈美娟又创办了合作社，为村民创造就业机会。李阿姨就是合作社的一员，平时在农活不忙的时候就兼职制作竹蒸笼，平常一个月可以做1000多只笼，农忙季节，也能做600多只。一个月下来有1800~3000元收入。如今，借助"泗纶蒸笼"，沈美娟的合作社社员平均收入可增加3万~4.5万元，而"竹之森"带动周边百余户人种植罗竹，平均每户增收2万余元，已帮扶80多名妇女脱贫致富。

为了向更多人推介自己的竹产品，她先后在淘宝、京东、拼多多等线上销售平台注册建设了自己的店铺，日成交300多单，2019年的销售额70%是通过线上销售。随着抖音、快手等短视频的兴起，沈美娟开始了视频直播，粉丝总量已经突破50万。她把自己称呼为"蒸笼姑娘"，将自己制作竹蒸笼的步骤、用竹蒸笼制作的美食以短视频的形式，一一介绍给广大观众。[1]"蒸笼姑娘"的美名也因此传开。随着自身品牌传播的不断深耕和国际贸易的开拓进取，沈美娟的"泗纶蒸笼"还跨出国门，销售到泰国、菲律宾、美国，以及欧洲等国家，实现了从深山走向世界的华丽转身。[2]

1　于敢勇：《小小竹蒸笼 成就致富梦》，《广州日报》，2020年。

2　周存，许萌萌：《小小竹条 大大梦想"蒸笼姑娘"带领村民致富奔康》，http://live.southcn.com/l/2020-08/08/content_191284265.htm，2020年。

技能扶贫　硕果累累

　　改革开放，唤醒人们共同富裕的理想。多年来，我国实施大规模扶贫开发，使7亿农村贫困人口摆脱了贫困。党的十八大后，扶贫开发工作更是被纳入"四个全面"战略布局，并被作为实现第一个百年奋斗目标的重点工作，摆在更加突出的位置。而变输血为造血的技能扶贫，则是扶贫攻坚的一把利器。

1. 唯用非常之力，方竟非常之功

　　2018年，广东省委、省政府发布《关于打赢脱贫攻坚战三年行动方案（2018—2020年）》，提出了"开展技能扶贫行动""开展扶贫扶志行动"等多项措施。在这一方案指导下，"广东技工"工程深入落实"技能脱贫千校行动""'百千万'精准技能扶贫工程""百校协作腾飞计划"等技能扶贫工作，对新疆、内蒙古、西藏、贵州、广西、云南、湖南、安徽等地区开展帮扶，为贫困地区提供援建学校、

深圳第二高级技工学校深入贵州扶贫

开发教材、培养师资、培训技能人才、招收建档立卡学生、推荐就业等多种服务，落实智力扶贫、技能扶贫，实现"扶技、扶智、扶志"。

　　这些贫困生毕业后进入大型企业工作，实现了"入读一人，就业一人，脱贫一户"的帮扶目标。期间涌现出了一批如黄承志、邓志贤、潘勇等技能高手，为经济社会发展、粤港澳大湾区建设提供坚实的人才支撑。

 数说

广东技能扶贫

截至 2020 年 7 月，广东通过产业扶贫、就业扶贫、消费扶贫、教育扶贫、技能扶贫等方式，已帮助广西、四川、贵州、云南 4 省（区）71 个贫困县摘帽、8663 个贫困村出列、379.2 万贫困人口脱贫。在精准扶贫过程中，"广东技工"工程帮助寒门学子走出困境，2018—2019 年，广东全省技工院校约有 1.4 万名学生获得建档立卡生活费补助，有职业技能提升意愿的贫困家庭子女，可以 100% 得到免费技工教育和技能晋升培训，100% 推荐就业。学生在技校学习技能，毕业后由学校推荐就业，获得稳定收入，帮助家庭逐步摆脱贫困面貌。通过多年探索，广东走出了一条技工教育助力脱贫攻坚的路子，扶智、扶志，用"技能"剪断连接贫穷的脐带。

无论是广东省内的脱贫攻坚战，还是与多个省份的对口帮扶，广东技工院校开展技能扶贫的行动无所不在。可以说，这些年来在技能扶贫的各个战场上，广东省人力资源和社会保障部门发挥职能优势，激荡起战胜贫困、共奔小康的磅礴力量。哪里有贫困，哪里就有广东技工开展技能扶贫工作的身影。

 **特别关注**

凉山班学生

广东帮扶在校的外省贫困生数居全国前列

留在大山，眼前就是世界；走出大山，世界就在眼前。"是技工教育让我走出了大山，真正改变了我的命运。"21 岁的阿布，来自四川省凉山彝族自治州。2017 年，读了一年高中的他由于家庭贫困即将辍学，正准备外出打工的他听说珠海市技师学院正在凉山招生，不仅免学费，还提供生活费。抱着试试看的心态，阿布报了名。他先在凉山州农业学校完成一年基础学习后，第二年来到广东学习。在这里他们有个统一的"番号"——凉山班。

凉山班只是广东技能扶贫模式向外输送的缩影。近年来，广东根据国家的需要，又把技能扶贫的触角延伸到了云南、贵州、四川、黑龙江、广西……广东扶贫帮扶省（区）数、在校外省贫困生数两项指标均居于全国前列。

2. 跨越千里关山，成就技能梦想

按照广东省委、省政府关于加强技能援疆、援藏脱贫工作部署，广东省人力资源和社会保障厅积极发挥职能优势，鼎力支援新疆喀什、西藏林芝的职业教育和技能培训工作，助推喀什技师学院建设、开展援藏培训班等，取得了丰硕成果。

眺望新疆，在一片干涸的戈壁滩上，广东技工带着广东的精神和理念，建起了一片技工教育

喀什技师学院揭牌仪式

的绿洲，帮扶喀什技师学院实现"三级跳"，利用 3 年时间由普通技工学校晋升为技师学院。广东省人力资源和社会保障部门经过 5 年多的努力，成功将广东技工教育先进经验落地喀什，在前后方和当地相关部门的共同努力下，帮助喀什技师学院实现了办学综合实力的飞跃式提升，打造了广东援疆的"精品工程"。

 技工楷模

致力于大漠绿洲的职业教育改革

曹卫国留任 2 次援疆，第一次到喀什技师学院时，就立下誓言，一定要想尽一切办法，借鉴"广东技工教育模式"，把喀什技师学院建成一所现代化、规模化的学院。援疆以来，曹卫国从一件件实事抓起，从一个个环节做起，坚持聚焦民生工程，帮扶喀什技师学院工作成效显著，为喀什地区"两后生"入读职业院校及社会稳定

曹卫国（中）指导学生

和经济发展发挥了重要作用。援疆以来，推动喀什技师学院跨越式发展，学校由普通技工学校晋升为技师学院，实现办学层次"三级跳"，成为南疆知名技师学院。在一批"曹卫国"的前后方协作、全方位帮扶下，喀什技师学院一下子就从濒临撤并的技工学校，迅速发展成为南疆乃至新疆一流的技师学院。无论是学校规模，还是办学质量，喀什技师学院都实现了跨越式发展。

　　华丽升级的背后，是众多广东技工人的不懈努力。广东组建"技工教育援疆工作队"，奔赴喀什开展支援喀什技师学院的建设工作。帮扶期间，工作队员以"创新帮扶模式、聚焦内涵建设"为重点，结合当地实际情况创新培养模式，为喀什技师学院树立了"爱国守纪、精工立业"校训，深化了"产教融合、校企合作"办学模式，为教学管理建章立制，开展技能竞赛"以赛促教"，努力培养拥有一技之长的高素质技能型人才。

 数说

广东技工援疆

世界技能大赛金牌选手先进事迹报告会走进新疆

　　2014年以来，广东省人力资源和社会保障部门组织85人次专家到新疆，选派55人次骨干教师赴喀什开展师资培训，培训当地教师400人次，培养骨干教师60名，援建10个重点专业、8个实训基地。从2017年起，广东省人力资源和社会保障部门继续加快对援疆项目的推进，在第八批援疆工作队中，广东省人力资源和社会保障部门选派出1名资深技校专家任喀什技师学院副院长，6名优秀教师到喀什技师学院任教。在"广东技工教育援疆工作队"的帮助下，喀什技师学院大力开展技能竞赛。2017—2019 年，学院参赛选手荣获国家级技能大赛金牌 1 枚、银牌 2 枚、铜牌 4 枚，荣获新疆维吾尔自治区职业院校技能大赛一等奖 3 个、二等奖 11 个、三等奖 22 个，荣获喀什地区职业技能大赛一等奖 9 个、二等奖 10 个、三等奖 10 个。

　　眺望西藏，多年来，一批批援藏干部，带着党的殷殷重托和全国人民的深情厚谊，以造福各族群众和促进民族团结为己任，为西藏的改革发展及稳定作出突出贡献。

　　过去，林芝乃至整个西藏都缺少一所高水平的技工院校，技能人才相对缺乏。2016 年，广东省人力资源和社会保障部门与西藏自治区人力资源和社会保障部门签订了《对口帮扶林芝市技工学校项目协议书》，大力支持林芝市技工学校建设。

　　为加快推进林芝市技工学校项目建设，广东省人力资源和社会保障部门多次组织广东省机械技师学院、广东省技工教育专家团队赴林芝市，对接具体帮扶事项，实地调研和开展有关教育教学、师资队伍建设等相关事宜。广东投入 3000 万元援

2020 年 6 月 23 日，西藏自治区地市级首个技工学校——林芝市技工学校成立

藏资金，加上国家财政拨款 2400 万元，在巴宜区觉木片区教育城内建成了林芝市技工学校。学校设置五大类 22 个专业，可以同时满足 500 人的培训需求。

援藏漆画工艺与室内装饰设计技能培训班

在广东对口援助下，学校还将继续开办短期技能培训班，培训项目主要是家政服务、粤菜师傅、"创业＋电商孵化"等。为了共同富裕的诺言，广东技工和西藏地区人民携手并肩，将为帮扶地区的经济社会发展和脱贫攻坚培养更多的技能型人才。

 直播现场

西藏高原来了"粤菜师傅"

"西藏学员们对粤菜很感兴趣，在学习过程中表现出了极强的求知欲，这说明粤菜在西藏受欢迎、有市场。"詹明亮是广东省粤东技师学院的一名专业教师，也是省级粤菜师傅大师工作室的首席大师。2019 年 9 月，林芝市第一期"粤菜师傅"培训班开班，詹明亮赴藏参与培训教学工作。然而，粤菜到了西藏也需要适应"水土"问题。由于高原沸点不同，如果按平时熟悉的火候在西藏煮粥，那是煮不出效

果的；而当缺少制作粤菜的部分原材料时，他们也
会选用当地更新鲜的食材来烹饪，如藏香猪、牦牛
肉等。尽管困难不少，但还是取得了较好的培训效
果。首期 30 名学员中，就有 80% 的人因此找到更
好的工作，部分学员如今的月薪已是过万元。2020
年 6 月，林芝市技工学校"粤菜师傅"培训班开班，
詹明亮再次赴藏开展培训。

詹明亮先后两次赴藏参与"粤菜师傅"培训工作

夕阳下，学生在绿茵场上奔跑，不远处高山冰
雪融化，冒出一片翠绿。以林芝为代表的广东援藏
"硬件""软件"水平同步提升，美好的生活就像格桑花一样在这片高原绽放。依托
林芝市技工学校，广东正大力推进"粤菜师傅""广东技工""南粤家政"三项工程
走进林芝，一系列就业技能培训让更多人实现更高质量的就业，助力西藏做好"六
稳"工作、落实"六保"任务。

3. 坚持志智双扶，激发内生动力

推进技能扶贫，让贫困群众有技能、可就业、能致富，是摆脱贫困的治本之
策。扶贫先扶志，扶贫必扶智。要从根本上摆脱贫困，必须智随志走、志以智强，
实施"志智双扶"，才能激发活力，形成合力，从根本上铲除滋生贫穷的土壤。

 **特别关注**

"两广"对口帮扶职业教育协作模式

广东职业（技工）院校招生培养模式，是由广东省扶贫办协调安排省内的优质
职业（技工）院校，2015—2020 年，每年招收广西农村贫困家庭初中和高中毕业生
1000 名，毕业后根据学生意愿优先安排在广东就业。学习期间，属广西农村建档立
卡扶贫对象，以及经申请审批的扶贫开发整村推进贫困村中因灾、因病、因学返贫
的非在册贫困生，除了享受教育普惠政策外，广西按"雨露计划"扶贫培训资助政
策给予每生每学年补助 3000 元，广东按每生每学年给予资助 3000 元，连续资助一、
二年级。目前，广东已有 10 所职业（技工）院校参与协作。"2+1"模式，即广西农

村贫困家庭学生前两年在广西职业（技工）院校学习，后一年到广东企业顶岗实习，学习掌握广东企业先进的生产技术和管理经验。2015年，广西资助2000名广西农村贫困家庭学生到广东顶岗实习，以后逐年增加，到2020年达到8000~10000人的规模。

　　每年广东对口招收1000名广西农村贫困家庭初高中毕业生来粤读书并优先安排在广东就业；同时，与四川、贵州、湖南、湖北开展对口扶贫"两后生"，近500人入读广东省技工院校；定点帮扶安徽省金寨县，为大别山集中连片贫困地区可持续发展提供人才支撑。探索技工教育技能是扶贫实现精准帮扶、"造血式"帮扶、摆脱代际贫困的有效方式。

 技工楷模

走出大山的孩子

"怒江班"学子

2017年高中毕业的张池因经济困难决定不再读书，正当张池沮丧之际，珠海扶贫"双百工程"为她开启了求学的另一扇大门，正式入读珠海市技师学院"怒江机电高级技工班"的她，学习机电一体化专业。"我身上还肩负着家庭脱贫的责任，我希望通过自己的努力改变家庭状况，让家人过上幸福的生活。"毕业后，张池和傈僳族男孩熊军贵、怒族男孩褚碧辉被TDK公司录用，派赴德国进行技术深造，离实现梦想更近了一步。TDK公司将对这批优秀的怒江学子重点培养，将来有望成为企业最核心的技术骨干。

　　2019年，在俄罗斯喀山举行的第45届世界技能大赛上，来自广东省轻工业技师学院的学生罗丽萍获得银牌。罗丽萍来自建档立卡贫困户家庭。通过学习一技之长，她不仅成长为一名优秀的技能人才，拥有了稳定的工作，改善了家庭的生活，还代表中国征战世界技能大赛，获得殊荣。

生活为他们关上了一扇窗，但是技能为他们打开了一扇门。事实上，在广东还有很多像罗丽萍一样的寒门学子，他们用永不言弃的努力和精湛卓越的技能，改变了家庭命运，实现了人生价值。通过技能，他们在广东、全国乃至世界的舞台上，挥洒着青春，改写着命运。

4. 家政扶贫对接，实现精准帮扶

近年来，在东西部扶贫战场上，广东大力开展省际劳务合作。据国务院扶贫办数据，目前外省在粤务工的贫困劳动力 360 多万人，其中广西、四川、云南、贵州四省（区）在粤务工的贫困劳动力近 200 万人。除"广东技工""粤菜师傅"之外，"南粤家政"工程，又是省际劳务扶贫的重要抓手。

2019 年以来，广东各地围绕新形势下"一老一小"家政服务的迫切需求，制订出台了配套实施方案，多层次开展家政技能培训。深入推进与广西、四川、云南、贵州等省区开展家政服务劳务合作交流，以"走出去"和"接进来"相结合的创新灵活方式，完善省际家政扶贫对接机制，取得了积极成效，切实帮助受援地贫困劳动力脱贫奔康。

 特别关注

深入贫困地区帮扶

授人以鱼不如授人以渔，为使贫困学生有一技之长，在广州、贵州两地人力资源和社会保障部门的支持下，自 2016 年起广州市技师学院深入 11 个集中连片特殊困难地区之一的黔南布依族苗族自治州地区，与贵州黔南民族医学高等专科学校合作，共同打造"黔南州班"，开设老年健康管理、健康服务与管理专业。"黔南州班"公益性实施"1+2"培养，学生第一年在黔学习，第二、第三年在穗随岗实习及就业。由此，

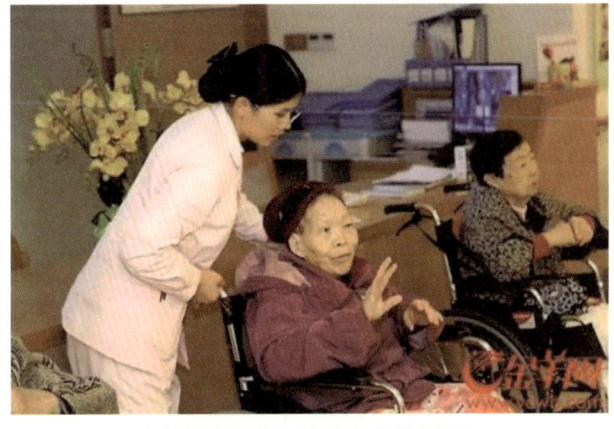

老年健康服务与管理专业就业看好

广州市技师学院开启了"产业扶贫、就业帮扶、技能扶贫、教育扶贫"的技能教育精准扶贫模式，截至 2019 年 11 月，共有 181 名黔南州籍学生受惠，其中 95% 的学生在广州成功就业。2019 届老年健康服务与管理专业黔南州班学生就业情况也较好，部分毕业生在广东泰成逸园医疗养老有限公司、红马甲养老服务公司等优质单位就业，年薪 7 万元以上。

站在历史与未来的交汇点，同步小康的奋斗目标指日可待，"所需"与"所能"结合，"输血"与"造血"并重，广东正根据国家的需要，把技能扶贫的触角延伸到了云南、贵州、四川、黑龙江、广西……在如此短的时间内，改变如此多人的命运；在难度如此大的条件下，创造如此辉煌的成就。在脱贫攻坚的道路上，不会忘记一直在努力奔跑的追梦人，广东，是奋战在脱贫一线的弄潮儿。

改革创新　服务湾区

　　时间是流淌的江河，奔流不息，滚滚向前。40 年前，广东成为改革开放的"先行地"；40 年后，广东又肩负起新时代改革开放的全新历史使命。粤港澳大湾区的建设对于广东改革开放新探索、大湾区经济新发展、国家加快形成全面对外开放新格局具有重要意义，是我国改革开放再出发的新起点。一代人有一代人的使命，一代人有一代人的担当。今后一段时期，大湾区建设将乘风破浪、坚毅前行，新科技催生新产业，新产业带来新空间。一方面，大湾区的发展为技能人才队伍建设提供更加便利的资源和条件。另一方面，持续优秀的技能人才的输入，将促使大湾区建设步伐更加迅速。

1. 谋划先发展，打造教育和人才高地

　　2019 年 1 月，历史的长镜头再一次聚焦广东，中共中央、国务院印发《粤港澳大湾区发展规划纲要》（简称《纲要》）。《纲要》提出"牢牢把握建设粤港澳大湾区的历史性机遇"，已成为广东全省自上而下的高度政治自觉与有力行动。政府主导的各项工作对标、对表，掀起了广东深化改革再出发的新一轮建设热潮。

　　人才是第一资源。当前，粤港澳大湾区的建设发展既面临重大机遇，也面临诸多现实挑战。大湾区发展，规划近期至 2022 年，远期展望到 2035 年。其提出的目标和擘画的愿景，都离不开教育和人才的支撑与保障。

　　《纲要》提出"打造教育和人才高地"，对教育、人才工作的部署既有目标任务，也有重大举措。众多举措构成一个完整体系，对于激发人才活力、完善人才管理、优化人才结构、促进人才交流有着很好的支撑保障作用，有望为粤港澳大湾区打造高端现代、能量丰沛的"人才蓄水池"。

　　为了培养更多的高技能人才，技师学院建设不可缺位。广东是改革开放的排头兵、先行地、实验区。广东在技能人才培养方面，结合产业和经济社会的发展，具

有敏锐的视角和灵敏的政策觉悟。

2019 年广东明确在 5 年内建设 10 所全国一流、国际知名的高水平技师学院。广东省技师学院、广东省机械技师学院、广东省岭南工商第一技师学院、广州市工贸技师学院、广州市轻工技师学院、广州市机电技师学院、深圳技师学院、中山市技师学院、东莞市技师学院及珠海市技师学院 10 所院校为高水平技师学院建设单位。目前，广东已启动将技师学院纳入高等学校序列的行动。

 **≪ 特别关注**

广东积极推进技师学院纳入高等学校序列

2014 年，教育部等六部门在印发的《现代职业教育体系建设规划（2014—2020年）》中初次谈及技师学院高等化。2019 年，国务院印发的《国家职业教育改革实施方案》再次明确提出"根据高等学校设置制度规定，将符合条件的技师学院纳入高等学校序列"。对此，广东先人一步，锲而不舍，驰而不息。

2008 年，《广东省人民政府办公厅转发＜广东省技师学院设置标准＞的通知》（粤府办〔2008〕42 号）指出，"技师学院是高等职业教育的组成部分，是在高级技工学校基础上设立的，以培养预备技师、技师和高级技师等高技能人才为主要目标的职业院校。"2013 年，《广东省人民政府关于加快提升劳动者技能水平服务产业转型升级的意见》（粤府〔2013〕25 号）也明确，"取得高级工、技师以上职业资格证书的高技能人才，在职称评定、工资定级、招考录用相关岗位等方面分别与大专、本科学历人员同等对待。"

2018 年，《广东省职业教育条例》通过，明确提出"建立和完善终身教育学分制度，通过学分积累、转移和互换，促进学历与非学历教育衔接连通、互通互认，推进非学历教育学习成果与职业技能等级学分转换互认，构建普通教育、职业教育以及业绩成果互认的终身教育资历框架体系。""根据高等学校设置制度规定，符合条件的技师学院可以纳入高等学校序列。"

随后，广东省政府工作报告 2019 年、2020 年连续两年将技师学院纳入高等职业教育列入重点工作推进，2019 年 4 月，广东省政府向教育部报送《广东省人民政府关于商请支持开展技师学院纳入高等职业教育试点的函》，明确了广东技师学院纳入高等职业教育试点方案。

　　基于此，广东省人力资源和社会保障厅大力推进技师学院纳入高等学校序列试点工作。一是对照高等学校的设置标准，制订了《广东技师学院纳入高等职业教育试点方案》并报省政府审定，按照成熟一批、推进一批、实现一批原则，争取用 3 年的时间将广东省技师学院纳入高等职业教育。二是部省共同推进。人力资源社会保障部与省政府签署《深化人力资源社会保障合作 推进粤港澳大湾区建设战略合作协议》，将"支持广东推动技师学院纳入高等职业教育"列入重要内容。

　　2020 年 2 月，广东省政府办公厅和教育部办公厅印发《教育部 广东省人民政府共同推进粤港澳大湾区教育合作发展 支持深圳建设中国特色社会主义先行示范区工作备忘（2019—2020 年）》的通知，明确"按照高校设置程序和标准，有序推进符合条件的技师学院纳入高等职业学校管理系列试点"。至此，从政策层面，广东抢抓政策机遇，分享政策红利，又一次站到突出位置；从实践层面，广东主动衔接高职，大胆拓宽技能人才培养的成长通道，以改革和创新的气魄为广东的技工教育揭开新的篇章。

 **特别关注**

深圳技师学院积极开展专科层次学历教育

　　《深圳市人民政府关于加快建设现代职业教育体系的意见》（深府〔2017〕49 号）明确提出"支持深圳技师学院积极开展专科层次学历教育，建设成为全国示范高等技工院校，推进职业资格证书与学历证书双证融通。"《深圳市高等教育发展"十三五"规划》（深教〔2016〕593 号）、《深圳市职业教育改革发展"十三五"规划》（深教〔2017〕286 号）均将深圳技师学院列入"十三五"新建高校规划，明确提出"将

深圳技师学院生物产品检验检疫专业实训室

深圳技师学院建设成为技能等级证书与学历证书相融合的专科层次高职院校"。根据省政府的部署与安排，依据广东省人力资源和社会保障厅《关于推进技师学院纳入高等职业教育工作的函（粤人社函〔2018〕3611 号）》，深圳技师学院拟作为全省

第一批技师学院中报纳入高等职业教育的学校。2020年，学院首批拟开设艺术设计、物流管理、生物产品检验检疫、计算机网络技术、首饰设计与工艺等 5 个高职专业。

在广东省人力资源和社会保障厅的主导下，广东已经完成 3 所技师学院纳入高等职业教育的专题督导工作，申办工作进展顺利。相关广东高技能人才培养的未来"粤来粤好"！

2. 营造新气象，推动大湾区人才互认

广州市交通技师学院主办研讨会

科学技术和城市产业的发展，不仅需要一流的研究和管理人才，更需要一流的能工巧匠，需要一支高素质的产业工人队伍。技能人才是产业工人队伍的重要组成部分，是推动技术创新和实现科技成果转化不可或缺的重要力量。他们处于社会生产、生活前沿，是联结技术创新与生产实践"最后一公里"中最关键、最核心的劳动要素，是支撑中国制造和中国创造的重要基础性要素。可以说，技能人才队伍的质与量，关系大湾区产业转型升级、制造业强省建设的成败。

问渠那得清如许，为有源头活水来。智汇大湾区，广东有其智慧的抉择。一方面，借鉴香港、澳门吸引国际高端人才的经验和做法，创造更具吸引力的人才引进环境，实行更积极、更开放、更有效的人才引进政策，加快建设粤港澳人才合作示范区，建立国家级人力资源服务产业园，完善人才激励机制，健全人才双向流动机制，为人才跨地区、跨行业、跨体制流动提供便利条件；另一方面，加大湾区人才培养力度，既要留住人才，又要打开人才源头的活水，通过大力发展职业教育，实施创新驱动发展战略，推进"广州—深圳—香港—澳门"科技创新走廊建设，探索有利于人才、资本、信息、技术等创新要素跨境流动，共建粤港澳大湾区大数据中心和国际化创新平台，加强产学研深度融合，培养大批适应行业发展的高技能人才，为湾区发展提供智力支持。

 **特别关注**

广州南沙"一试三证"工作培养出 218 名高技能人才

广州市南沙区人力资源和社会保障局自 2013 年开始探索推进职业技能"一试三证"人才培养评价模式（即考生通过一次鉴定考核后，可同时获得国家职业资格证书、港澳官方资格证书及国际权威认证资格证书，以下简称"一试三证"工作）以来，至 2017 年已成功引进 3 个权威职业资格认证体系，培养出了 218 名同时取得国家职业资格证书和国际权威认证证书的达到国际标准的高技能人才。

南沙在国家职业资格认证体系的基础上，先后取得广东省人力资源和社会保障厅同意成功引进了港澳官方职业资格评价体系、取得广州市职业技能鉴定指导中心授权引进了英国伦敦城市行业协会职业资格认证体系、扶持广州南沙职业技能培训行业协会按照国际惯例对接和引进了美国认证协会职业资格认证体系等 3 个国际（含港澳地区）权威职业资格培养评价体系，并落地了包括维修电工、汽车修理工、人力资源管理师等 28 个符合南沙新区和自贸试验区"双区"建设的工种。

粤港澳三地职业教育体制不同，培养各有特色、各自优势突出，加快合作能促进三地职业教育优势互补、资源共享、协同创新、合作共赢，这将为广东技能人才培养提供大量机会。

新媒体电商直播体验

特别关注

高技能与工程技术人才职业发展贯通

　　形象地说，科学家的主要任务是研究与认识世界，工程技术人才的基本任务是在认识世界的基础上改造世界，高技能人才的主要工作则是通过技术技能的工艺操作来实现改造目标。高技能人才与工程技术人才之间有一条"鸿沟"，但并非不可逾越。广东省人力资源和社会保障厅根据《关于在工程技术领域实现高技能人才与工程技术人才职业发展贯通的意见（试行）》制订了具体实施方案，于2019年6月1日起实施，工程技术领域生产一线岗位、从事技术技能工作、具有高超技艺和精湛技能、能够进行创造性劳动并作出贡献的在职在岗高技能人才，可参加工程系列专业技术职称评审；在技能岗位工作，取得助理工程师、工程师、高级工程师或正高级工程师职称的在职在岗工程技术人才，可参加与现岗位相对应职业（工种）的职业技能评价（含职业技能鉴定和职业技能等级认定）。

　　2019年，广东省人力资源和社会保障厅、广东省教育厅、广东省民政厅、广东省司法厅、广东省财政厅、广东省住房和城乡建设厅、广东省文化旅游厅、广东省卫生健康委、广东省市场监督管理局9部门联合印发《关于推进粤港澳大湾区职称评价和职业资格认可的实施方案》。

　　该方案将从构建全面开放的粤港澳大湾区职称评价体系、推进粤港澳大湾区各领域职业资格认可、促进港澳人才在大湾区内地便利执业、完善粤港澳大湾区人才评价融合发展机制等方面，推进粤港澳大湾区职称评价和职业资格认可，促进粤港澳大湾区人才自由流动。在职业资格认可方面，方案坚持以"分类有序、突出重点、先易后难"作为基本原则，提出建立不同领域、不同职业、不同层次的资格认可机制，先期选择市场成熟度较高、社会需求量较大和社会重点关注的专业领域，成熟一个推动一个，以单边认可带动双向互认。

　　预计到2025年，粤港澳三地职业资格互认政策衔接和服务协同初步实现。粤港澳人才交流合作进一步深化，三地人才发展与经济社会发展深度融合，人才有序顺畅流动，便利执业成为常态。

3. 逐梦大湾区，激励高技能人才入户

❖━━━━

2016 年，国务院正式发布《推动 1 亿非户籍人口在城市落户方案》。按照这个刚性目标，"十三五"期间，城乡区域间户籍迁移壁垒将加速破除，配套政策体系要进一步健全，户籍人口城镇化率年均要提高 1% 以上，年均转户 1300 万人以上。根据这个方案，到 2020 年，全国户籍人口城镇化率将提高到 45%。

近年来，我国城市的户籍政策逐渐放开，积分入户是其中一个重要的措施。2012 年 4 月，深圳取消外来工招调工政策，统一通过积分入户。凭借一技之长，在大城市落户，积分入户是外来工入户的又一条通道，对外来技能人才来说是一项实实在在的好政策。

 **≪特别关注**

广东积极开展技能人才积分入户

2012 年，在广东省政协"双转移"民主协商会上，广东省人力资源和社会保障厅有关负责人透露，广东将深入推进积分入户工作，全省 88.3 万高技能人才将纳入入户对象；同时，鼓励有条件的地区适当降低入户门槛，对在地级市内就近转移的就业人员取消入户限制，省内跨市转移就业人员适当放宽积分入户条件。从 2012 年开始，广东就开始实行在公共资源相对紧缺的领域，建立外来务工人员根据工作年限为主享受相应基本公共服务的制度，分区域、分步骤、分类别制订完善面向外来务工人员融入城市的政策措施，使这类群体中的优秀人员和技能型人才率先融入城市。同时，还大力推进和谐劳动关系示范区工程，推动企业与职工开展工资集体协商，建立健全企业工资正常增长机制。

广东各地市，更是各显神通。佛山为吸引高技能人才出新招，提出"有资格证就能入户"。2012 年 9 月，《佛山市高技能人才入户城镇工作实施方案》出台，使要入户佛山的高技能人才有了一条独一无二的渠道。根据方案，具有技师、高级技师职业资格的技能人才；具有高级工职业资格，在入户地工作并连续缴纳社会保险 6个月以上且年龄在 45 周岁以下的技能人才；具有高级工职业资格，在入户地工作并连续缴纳社会保险 3 年以上且年龄在 50 周岁以下的技能人才；具有高级工及以上职业资格的高校、技工院校、职业院校应届毕业生，只要已按规定领取《广东省

居住证》，就可以申请入户并通过审批。

如今，政策更加灵活，渠道更加开阔，吸引技能人才成为广东人才聚集的新招数。

 直播现场

深圳的每个人都有成才机会

2020 年 11 月 1 日，深圳迎来了第四个"人才日"。由深圳市委、市政府主办的深圳全球创新人才论坛隆重启幕，论坛以"开放、包容、先行——打造国际人才高地"为主题，力争向世界贡献深圳人才的思想盛宴，传递深圳以一流环境吸引一流人才，以更加开放包容胸怀接纳全球英才的决心，为深圳"双区建设"聚智汇力、聚势赋能。"1996 年送你去深圳时，我在你内衣里缝了 700 块钱，想着你才中专毕业，在深圳那么大的地方，有口饭吃就好，千万别饿着了。没想到，现在政府给了你一个大师工作室。"当天，中广核核电运营有限公司发电机主任工程师王建涛的分享赢得阵阵掌声。

深圳全球创新人才论坛

1996 年，18 岁的王建涛怀揣一张中专毕业证来到深圳，之后一直在核电发电机检修领域勤耕锐进，填补了多项国内外空白，申请专利 148 项，已获授权 87 项，累计创造经济效益近亿元。现在，王建涛有"三高"：高级技师、正高级工程师、清华大学创新领军工程博士生，分别是职业资格、专业职称和学历的最高等级。深圳为他搭建的"王建涛核电设备维修技能大师工作室"不但获评全国电力行业设备运维优秀班组，还培养了高技能人才 46 名、省部级以上技术能手 10 名。回忆自己 20 多年来的变化，王建涛说，深圳给他最大的感受就是"只要肯努力，来深圳的每个人都有成才机会。"

4. 技汇创时代，促进技能人才创新创业

2015 年，广东省政府出台《关于进一步促进创业带动就业的意见》，提出降低

创业门槛和成本、提高和扩大各项扶持创业的补贴标准及对象范围、提升公共创业服务能力和水平等措施，在全省掀起大众创业、万众创新的浪潮。

2016 年，广东发文进一步优化创新创业环境，促进众创、众包、众扶、众筹等新型支撑平台快速发展，激发创新创业活力。

2017 年，广东出台新一轮就业创业政策，提出实施更加积极的就业政策、持续改善创业创新

技能工匠争先赛选手答辩

环境、抓好高校毕业生就业创业、强化特定群体就业帮扶、强化职业教育和技能培训、优化公共就业创业服务、支持创新就业形态发展等措施。

2018 年，广东着力推动"双创"升级。2019 年，广东省政府印发了《关于进一步促进科技创新的若干政策措施》（粤府〔2019〕号），深入实施创新驱动发展战略，大力推进以科技创新为核心的全面创新。

创新创业，大赛是最佳展示平台。2017 年起一年一度的广东"众创杯"技能工匠争先赛激发了广大技工院校、中职学校和技能人才的创新创业热情，促进其主动顺应经济发展新常态，参与粤港澳大湾区建设，秉持工匠精神推动制造业转型升级，为全省高质量发展增添了动力。

如果用一个词形容当下的粤港澳大湾区，"活力"最恰当不过。2019 年 12 月 15 日，北京大学国家发展研究院发布的 2019 年中国区域创新创业指数数据显示，广东第一。

《2017—2019 中国创业数据报告》披露，3 年时间全国新注册创业企业累计已超 270 万家。其中广东领跑，创业氛围最浓。毫不夸张地说，广东正在把自己打造成下一个"双创"热土，创下一个辉煌的新时代。

随着大众创业、万众创新蓬勃发展，广东创新创业环境持续改善，创新创业主体日益多元，各类支撑平台不断丰富，创新创业社会氛围更加浓厚，创新创业理念日益深入人心，取得显著成效。这一切，源于市场的敏锐洞察力，得益于政府政策

的保驾护航，还得力于香港、澳门的配合和支持。

 数说

"众创杯"创业创新大赛

广东省人力资源和社会保障厅自 2016 年牵头发起举办广东"众创杯"创业创新大赛，赛事成立初年就吸引近 2 万个项目参赛。2020 年是广东"众创杯"创业创新大赛的第五个年头，数据统计显示，五届大赛累计吸引来自海峡两岸暨港澳地区以及海外的 8.6 万个项目，参赛人数超 60 万人次，提供优秀创业项目资助 5817 万元，前四届获奖项目累计获得风险投资和银行授信等超过 20 亿元，60% 以上的团队获奖项目成功落地广东。仅 2020 年，"众创杯"就吸引了逾 10 万名创业精英报名参加，证明了"双创"具备活跃的市场潜力，"众创杯"成为集展示交流、资源对接、政策落实、服务落地四大功能为一体，极具影响力的双创赛事平台。

"双创"在当下依然具备活跃的市场潜力，广东"众创杯"经过数年发展，已逐步成为一个双创赛事的标杆平台。其中，"众创杯"创业创新大赛之技能工匠争先赛，正是技能人才培养和创业创新的有机结合，是要鼓励广大技能人才把工匠精神与创

2020 年广东"众创杯"创业创新大赛颁奖典礼

业精神结合起来、把专业技能与创业实践结合起来，积极投身"双创"热潮。

 **技工楷模**

智能巡检机器人——工业安全的守护者

2019 年广东省"众创杯"技能工匠争先赛中，广州市工贸技师学院学生的"智能巡检机器人"项目走向第一届全国技工院校学生创业创新大赛并获得一等奖。该项目团队开展了大量研究，并赴宁夏多家煤制油企业进行调研，经过 15 次选材、23 次试验、3 次产品迭代，打造出了具有室内外全自动导航、四轮独立驱动、严密隔断且防护等级达到 IP65 标准的防尘防爆装置等核心技

智能巡检机器人团队

术的智能巡检机器人。项目旨在通过智能巡检机器人替代人工巡检，守护工业安全。产品具有"1+N"模式可重构、模块式组合的特色，实现了标准化与定制化有机融合，即一个核心的智能小车，按需搭载 N 种传感器，形成 N 种智能巡检机器人，以适应 N 种应用场景。

2020 年，广东"众创杯"技能工匠争先赛参赛项目精准对接"粤菜师傅""广东技工""南粤家政"三项工程，专门设立"广东技工突出成果奖""粤菜师傅卓越创意奖"和"南粤家政创新项目奖"三个单项奖，从而充分发挥人才优势，深入打造技能工匠。

 **图说**

2020 年技能工匠争先赛上，金奖项目"太史鸽宴"是一个专注于正宗粤菜烹调技艺传承和推广的创业项目，同时获得粤菜师傅卓越创意奖。其研发、推广者均系

金奖项目"太史鸽宴"

银奖项目"千户苗舍"

佛山市技师学院现代服务系 90 后和 00 后学生，他们通过对百年粤菜家宴"太史家宴"的传承，选取中山石岐鸽为原材料，创新性地研制了"太史鸽宴"，并开展培训业务。

"千户苗舍"获得银奖，该项目通过搭建互联网民宿商城，与千户苗寨当地房东进行合作，将当地最有特色的民宿房源投放到千户苗舍民宿房源商城上进行网上推广销售。项目负责人黎水秀是贵州雷山县望丰乡乌局村苗族人，为广州机电精准扶贫学生。黎水秀用创意和实际行动为"学有所成，反哺家乡"作了形象的注脚。

同期，香港、澳门特别行政区政府也积极采取措施，推动两地青年把自身奋斗与湾区发展相匹配，从而获得更广阔的发展空间。通过粤港澳三地大力合作，珠三角涌现出众多成效显著的港澳青年创新创业基地，为港澳青年在大湾区创新创业提供了良好的舞台。

截至 2020 年 7 月，广东与香港、澳门特别行政区政府分别共建首批 10 家粤港青创基地和 3 家粤澳青创基地，已入驻香港、澳门青年创业团队 518 个、234 个，分别吸纳香港、澳门创业就业人员 921 人、252 人。同时，广东已建成广州粤港澳（国际）青年创新工场、横琴澳门青年创业谷、前海深港青年梦工厂等 50 多个港澳青年创新创业平台。

一代又一代港澳青少年"接力"，踏足广东、认识广东。越来越多的港澳青年逐渐融入湾区，增强了国家认同感、文化归属感。港澳创业青年频密地穿梭于广州、深圳、珠海、东莞等珠三角城市，见证了广东的迅速发展。

　　未来已来！粤港澳大湾区的建设对于身处大湾区的创业者来说，是一个千载难逢的好机会。更多的协调与合作，意味着更多的机会、更加光明的未来和更加美好的生活。

　　展望新的征程，潮起宜踏浪，风正好扬帆。"创时代"的新动能，粤港澳大湾区新机遇，我们都将坚定不移落实高质量发展要求，敢于作为，敢于实践，为大湾区经济的发展探索新领域、拓展新空间。聚集在广东这片热土上的技能菁英，也一定能为实现广东经济社会的行稳致远展现应有的使命与担当。

走出国门　奔向世界

　　近年来，广东充分发挥自身优势，创新合作模式，与津巴布韦、孟加拉国、柬埔寨、赞比亚等"一带一路"沿线国家密切合作，输出先进的技能人才培养经验和模式，服务国家"一带一路"。同时，不断拓展与德国、美国、英国、加拿大、澳大利亚、新加坡、奥地利等十多个职业教育先进国家和地区的职业院校、企业和机构的合作，开展了共建国际合作学院（班）、师资培训、世界技能大赛交流、国际培训鉴定等形式多样的国际交流，全面提升了广东职业教育和技能培训的国际化水平。

1. 走出去，服务"一带一路"

　　2015 年广东省政府制定了《广东省参与建设"一带一路"的实施方案》，提出广东加强与沿线国家在文化、科技、教育等领域的交流合作，积极推动教育合作和学术科研交流。随着广东技工教育实力的提升，广东技工院校积极走出去，为"一带一路"沿线国家提供技能人才培养服务。

广州市承担联合国环境规划署制冷良好操作培训项目

📋 数说

职业技能培训出国门

　　2017—2019 年，广州市工贸技师学院为孟加拉国教育部官员、职业学校校长、教师等开展培训 581 人次；承担联合国环境规划署制冷良好操作培训项目，培训柬埔寨、马来西亚等"一带一路"沿线 17 个国家的大学制冷专业教授、制冷专业培训师、企业制冷工程师共 120 多人，为推广 R290 制冷技术标准贡献了积极的力量。广州市轻工技师学院为 18 个南亚及东南亚国家和地区的 45 名制冷技术专家提供制冷理论和技能培训。

 图说

2017 年 9 月 21 日，广东"一带一路"职业教育联盟在广州成立。该联盟本着"和平合作、开放包容、互学互鉴、互利共赢"的发展原则，开展人才培养、培训、科研、学术等方面的交流与合作，构建沿线各国教育政策信息交流通报机制，互鉴先进教育经验，共享优质教育资源。

广东省"一带一路"职业教育联盟成立

联盟自成立以来，聚集广东优质职业教育及企业资源，服务"一带一路"沿线国家。通过共同构建多元化教育合作机制，进一步提升了"广东技工"的国际影响力。截至 2019 年底，各成员单位累计研制国际（专业）标准 7 个，接收国外留学生数达 98 人，培训短期留学生 937 人；服务中国企业"走出去"开展技能培训达 15464 人次。

 直播现场

中国—赞比亚职业技术学院开学典礼

"走出去"的"鲁班学院"

2019 年 8 月，中国有色矿业集团与多家职业院校联合开展的职业教育"走出去"项目在非洲赞比亚落地，中国—赞比亚职业技术学院（以下简称"中赞职院"）举行开学典礼，这是我国在海外独立举办的第一所学历教育职业院校，是响应"一带一路"倡议、开展职业教育"走出去"试点的重要成果，为我国在赞比亚企业的经营发展、产能合作、中国装备更好地走进赞比亚提供本土化人才保障。

广东建设职业技术学院参与共建中赞职院工作，并承担建设其二级学院之一建筑工程学院，又称"鲁班学院"。同时，学院还派出多名教师参与中赞职院的教学管理工作，并开设了建筑架子工、焊工、计算机、专业汉语等 10 期技能培训班，培养了当地学员数百名。

2. 请进来，提升广东技工国际化水平

面向世界，博采众长。近年来，广东聚集全球资源提升技工教育水平，培养高素质的具有国际竞争力的高技能人才。

广东主动借力职业教育强国优质资源，积极与国际知名院校和机构增进交流，推进国际合作办学。

 特别关注

国际交流

广东省机械技师学院、珠海市技师学院与德国西门子公司合作共建中德技术

（中国）国际学院；广东省轻工业技师学院与德国 IB 四部公益公司合作设立中德国际机电学院；东莞市技师学院与德累斯顿工业大学合作开设国际合作班，引进德国 HWK 和 IHK 职业资格证书、英国 ASFI 产业技术职业资格证书，走出一条"技能＋学历＋国外证书"的高技能人才培养特色化办学之路；深圳技师学院与德国客尼职教

中德西门子技术（中国）国际学院开学仪式

集团共建中德智能制造学院，被深圳市政府纳入"东进战略"发展规划；汕头技师学院与以色列航空工业公司合作建立汕头民用航空职业技能培训学院，联合招收培养飞机维修专业和航空服务专业技能人才。

广东紧紧围绕经济转型和产业升级需求，充分发挥校企合作办学制度优势，主动与国际知名大型企业、行业协会开展对接，不断深化中外校企合作。

 **特别关注**

共建合作

广东省机械技师学院、广东省南方技师学院、珠海市技师学院等院校与西门子公司共建自动化示范实训基地；广东省轻工业技师学院与德国青年、社会及教育工作国际联盟和一汽大众有限公司共建中德国际机电学院合作办学暨一汽大众校外实训基地；广州市工贸技师学院与瑞典卡尔拉得公司合作共建华南地区唯一一家卡尔拉得汽车钣金技术培训中心；广州市交通技师学院与华晨宝马有限公司共同建设培训基地；广州

广州市交通技师学院宝马班学子

市轻工技师学院与德国工商总会成立中德凯勒数控实验室；深圳第二高级技工学校与丹麦丹马士环球物流公司共建实训中心。

　　广东还通过拓展多形式对外交流渠道，推动中外职业教育深度融合。举办世界技能大赛部分参赛项目广州邀请赛，邀请巴西、日本等国家和地区世界技能大赛选手、专家进行技术交流，共同探索高技能人才培养路径；承办中英职业标准项目研讨会，推动中英两国职业教育互通互融；组织承办"亚太经合组织青年技能人才夏令营"活动，向国外青年人才展示岭南文化、技工教育亮点；协办"一带一路"框架下职业技能开发国际研讨会，加强各领域技能人才培训合作。

三、砥砺奋进：

广东技工的风雨兼程

党和政府的重视是广东技工茁壮成长的关键，不断改革创新、勇于实践是实现跨越式发展的法宝。在时间的磨砺中、在风雨的洗礼下，广东技工迅速成长。技工教育成为全国技工教育的"一面旗帜"，职业教育"扩容、提质、强服务"，深化产教融合和校企合作，技能人才队伍日益壮大，世界技能大赛舞台摘金夺银，技能人才评价工作推陈出新，践行弘扬工匠精神……一件件、一桩桩大事小事，一张张、一幅幅图片图表，一个个、一串串案例数据，为我们描绘了崇尚技能、尊重技工、劳动光荣的新时代美好画卷。

<h1 style="text-align:center">春风化雨　茁壮成长</h1>

第 45 届世界技能大赛参赛总结大会现场

2019 年 9 月 23 日，第 45 届世界技能大赛参赛总结大会在北京举行。当晚，央视网发出一则长篇消息：习近平总书记近日对我国技能选手在第 45 届世界技能大赛上取得佳绩作出重要指示，向我国参赛选手和从事技能人才培养工作的同志们致以热烈祝贺。

这则振奋人心的特大消息，凸显出党和国家领导人对于职业技能教育培训事业前所未有的关怀和重视。这不仅是对我国参赛人员的鼓励和鞭策，更是对孜孜追求卓越技能的广大劳动者和相关领域工作者的极大激励和鼓舞。

回望往昔，从政策制定到各项事业的推动，职业技能领域的工作得以发展创新、行稳致远、获得成功，一直都离不开党和国家领导同志，以及各级地方党委、政府的关怀、重视。

改革开放以来，广东技工的每一步发展、每一个成就，特别是 21 世纪前后开展的那些职业技能教育培训工程，无一不是中共广东省委、省政府严格按照党和国家领导同志的相关指示、批示精神和战略决策的指导，结合广东经济社会发展实际形成重大举措、进行科学部署的产物。

1. 智力扶贫工程

❖━━━━━━

这项工程起始于 1995 年初创建的清远市技工学校（现清远市技师学院），当时的目的是通过培养劳动技能实用型人才为石灰岩地区开辟脱贫致富道路，即"扶贫先扶智、治穷先治愚"，后来逐渐演变为智力扶贫的办学道路。在这一演化过程中，得到了前后三任省委领导的密切关注和亲临指导，使得扶贫范围逐步走出发源地，走向全省，2002 年广东省委、省政府

清远市技工学校首届扶贫班开学典礼

出台的《关于加快山区发展的决定》中，开创性地作出了正式实施智力扶贫工程并将其制度化、规范化的决定，2003 年又纳入了广东省政府的"十项民心工程"。

 历史留痕━━━━━━

三任省委书记关心，探索山区智力扶贫模式

1994 年 7 月，清远遭受了百年不遇的洪涝灾害，时任中央政治局委员、广东省委书记谢非到清远考察灾情时指出：扶贫先扶智，治穷先治愚，他提议清远市建一所技工学校。清远很快成立了技工学校筹委会，市劳动局拿出准备建办公大楼的 1000 多万元作为启动资金，投入学校首期工程建设。

1998 年 4 月 7 日，时任中央政治局委员、广东省委书记李长春到清远考察扶贫试验区，准备返回清远市区的途中，时任清远市委书记骆雁秋补充汇报清远创办技校开展智力扶贫的情况。李长春感觉到这是个带方向性的好典型，便吩咐司机调头前往清远市技工学校视察调研，并进一步提出：把贫困家庭子弟每户安排一人到技工学校培训，然后推荐到珠三角地区和扶贫区工作，这样安排一人，这户就能稳定脱贫。同时指示技校：继续扩大办学规模，探索总结出一个在全省具有示范性作用的山区智力扶贫模式。据此，与清远市对口帮扶的佛山市先后捐赠了 320 多万元在

技校办起了扶贫址。

2002 年 12 月 16 日，时任中央政治局委员、广东省委书记张德江到清远市技工学校视察并且指出："上技工学校可能改变一个孩子的命运，改变一个家庭的生活，办好技工教育对家庭、对企业、对社会都有极大的好处。"

2. 退役士兵职业技能培训工程

退役士兵培训开学典礼

2006 年 7 月，广东省委办公厅、广东省人民政府办公厅制定下发了《关于深化退役士兵安置改革实行职业技能培训促进就业的实施意见》（以下简称《意见》）。《意见》决定，从 2006 年冬季开始，政府每年从财政拿出 3 亿元专项资金，按照自愿、免费、自选专业的原则，为每名退役士兵每年提供 7000 元的培训资金，退役士兵不分城乡，接受免费职业技能培训，毕业后颁发学历和技术资

格证书并由劳动部门介绍就业。为落实好《意见》，各部门积极行动起来，共有 93 所国家级或省级重点技工学校、中等职业技术学校供退役士兵选读，其中劳动和社会保障部门管理的学校 60 所，教育部门管理的学校 33 所，提供了现代模具精细雕刻、电工与制冷、计算机广告与动漫设计、机电一体化、数控加工技术、物业管理等 130 多个就业市场上的热门专业供退役士兵选学。2007 年春，广东近两万名当年退役士兵报名参加免费职业技能培训，占 2006 年全省退役士兵总人数的 98%。此举开创全国先河，被民政部称为代表了我国退役兵安置改革的发展方向。这项利国、利军、利民之举，在社会各界引起强烈反响。

 历史留痕

让退役士兵有一技傍身

2006 年，河源市技工学校在全省乃至全国首开先河，举办退役士兵职业技能培训试点班，得到时任广东省副省长谢强华及由全国双拥办、总参军务部、总政群工办、国家民政部组成的联合调研组的充分肯定。2007 年和 2008 年连续 2 年学校在全省退役士兵职业技能培训工作会议上介绍经验，受到好评。

2007 年 3 月 1 日，粤北近千名退役士兵学员参加了在韶关市第二高级技工学校举行的职业技能培训班开学典礼。广东决定在全省不分城乡，免费对退役士兵进行为期 2 年的职业技能培训。广东各地同时有 93 家技工

2007 年 1 月 7 日，由全国双拥办、总参军务部、总政群工办、国家民政部组成的联合调研组到河源市技工学校看望试点班学员

学校的退役士兵职业技能培训班开学，全省参加培训的退役士兵共 19000 多名。各地为退役士兵培训开设的专业主要是技术含量高、就业前景好的电子与通讯、机电一体化、家电维修、电工技术、焊接技术、物业管理等。在培训期间，除进行文化理论学习外，还强化实际操作训练。

3. 百万农村青年技能培训工程

这项工程目的是加大农村富余劳动力特别是农村青年的技能培训和转移就业力度，实现农村富余劳动力由无技能到有技能、由农到非农、由农民到市民、由贫困到富裕小康的"四大转变"，统筹城乡发展，加快解决"三农"问题，加快工业化、城市化和现代化进程。

2005 年 8 月，广东省政府颁布《广东省百万农村青年技能培训工程实施方案》，在全省正式启动实施。自工程启动至 2007 年底，全省共组织 135.5 万农村青年劳动力参加职业技能培训，转移农村劳动力就业 257.5 万人。

 历史留痕

韶关开办免费培训转移就业试点班

为切实解决好贫困农村家庭子女学习就业的困难，2007 年，广东省政府在全省 6 个城市开办首批农村劳动力免费培训转移就业试点班，韶关市是其中之一。2007 年 7 月 15 日上午，韶关市农村劳动力免费培训转移就业试点班在韶关市高级技工

韶关开办首批农村劳动力免费培训试点班

学校本行开学典礼，来自南雄、乐昌的 100 名农村劳动力成为免费培训转移就业试点班学员。

首期培训班结合企业的实际情况和专业要求，精心设置专业和制订教学计划，确定了电子、机械、车缝等专业，校企结合，优势互补，通过 1 个多月的强化训练，学员们都掌握了相关专业的基础知识和技能，顺利走上了工作岗位。

当时韶关市有 55.6 万名农村劳动力，其中富余劳动力就有 16 万名。培训旨在加强政府、企业和培训单位的三方合作，做到培训一人、输出一人、脱贫一户。

4. 农村劳动力技能培训转移就业工程

此项工程是为配合广东实施"双转移"战略而开展的一项规模宏大的职业技能培训行动。2008 年 5 月，广东省委、省政府科学地提出了加快产业和劳动力"双转移"，为珠江三角洲发达地区发展高新技术产业腾出空间，同时促进欠发达地区的发展。5 月 29 日，广东省委、省政府召开推进产业转移和劳动力转移工作会议，研究贯彻落实《关于推进产业转移和劳动力转移的决定》的意见，决定用 5 年时间、500 亿元左右的资金推动产业和劳动力双转移，对欠发达地区基础设施、免费技能培训等 8 个方面进行扶持，以破解科学发展难题，推动经济发展方式转变，实现新一轮大发展和经济社会转型。以区域竞争代替平均分配，以不均衡的发展手段解决广东在发展中遇到的地区不平衡问题。农村劳动力技能培训转移就业工程让几百万农村劳动力参加了技能等级培训。

 历史留痕

中山以技能竞赛促进劳动力技能提升

中山市委、市政府高度重视"双转移"工作，将农村劳动力技能培训摆在更加突出位置，全力推进农村劳动力转移就业。2009 年，中山市在年度农村劳动力技能培训转移就业目标责任制考核评价中名列全省第一。作为推进农村劳动力培训转移就业的一个重要举措，中山积极发展包括"大嫂工作坊""社区车间"在内的各种社区就业方式，并出台了众多扶持政策，成效显著。2010 年，中山市承办全省职业技能大赛，以技能竞赛促进劳动力技能提升。

时任广东省委常委、副省长肖志恒（左二）视察创业孵化基地

5. 创建现代职业教育综合改革试点省

2015 年 1 月 27 日，广东省职业教育工作电视电话会议在广州召开。时任中央政治局委员、广东省委书记胡春华指出，要认真学习贯彻习近平总书记关于加快职业教育发展的重要指示和李克强总理在接见全国职业教育工作会议与会代表时的重要讲话精神，准确把握中共中央、国务院关于现代职业教育的功能定位、形势判断、发展要求和工作部署，从广东省经济社会发展的实际需要出发，把加快发展现代职业教育同推进经济结构战略性调整和产业转型升级结合起来，同促进经济社会持续健康发展结合起来，以创建现代职业教育综合改革试点省为抓手，大力推进产教融合、校企合作、工学结合，深化职业教育管理体制改革，优化职业教育布局和层次结构，改善职业教育办学条件，创新人才培养模式，提升人才培养质量，加快构筑具有广东特色的现代

广东省职业教育工作电视电话会议

职业教育体系。

　　全省各级党委、政府切实把发展现代职业教育摆在更加突出的位置，大胆探索、勇于实践，凝聚各方力量、汇聚各方资源，办好职业教育，培养出更多高素质劳动者和技术技能型人才，为广东实现"三个定位、两个率先"的总日标提供坚实人才保障。

直播现场

打造现代职业教育综合改革广东特色

　　广东省政府印发的《关于创建现代职业教育综合改革试点省的意见》明确提出，到 2018 年，广东省要建成现代职业教育综合改革先进省，形成具有广东特色、适应发展需要、基本达到世界水平的现代职业教育体系。加快创建现代职业教育综合改革试点省，要紧紧依靠改革与开放两个根本动力，切实发挥好政府与社会两个作用，积极促进企业与学校两个紧密结合，努力实现规模与结构、质量两个提升，精心做好技术技能人才培养与使用两篇文章，进一步提高职业教育服务经济社会发展能力。

6. "广东技工"工程

　　2019 年 11 月上旬，中央政治局委员、广东省委书记李希在主持召开常委会会议专题学习习近平总书记重要指示精神、研究部署贯彻措施的过程中，亲自点题作出了实施"广东技工"工程的决策。同年 11 月 21 日，李希书记在"全省推动制造业高质量发展大会"上指出，要实施"六大工程"，攻坚克难突破重点领域关键环节，不断开创制造强省建设新局面。其中，实施"培土工程"，以培育"广东技工"为重点塑造制造发展环境新优势。

　　2019 年，李希书记还连续两次对广东技能人才和技工教育作出重要批示：广东选手为我国第 45 届世界技能大赛代表团蝉联金牌榜和奖牌榜首位作出了重要贡献，充分展现了广东省青年技能人才的高超技能和积极向上、斗志昂扬的精神风貌；希望发扬成绩、再接再厉，推动技工教育高质量发展，大力弘扬劳模精神和工匠精神，加快建设一支知识型、技能型、创新型劳动者大军，为广东推动制造业高质量发展、实现"四个走在全国前列"、当好"两个重要窗口"作出新的更大贡献。

　　2020 年 8 月 5 日，广东省成立了"粤菜师傅""广东技工""南粤家政"三项工

程领导小组。

 **直播现场**

广东全面推进"广东技工"工程

2020年1月9日，广东省人力资源和社会保障厅在广州召开2020年全省人力资源和社会保障工作会议暨"广东技工"工程工作会议，会议指出，要全面推进"广东技工"工程，聚力实现"广东技工"工程规范化、专业化、国际化发展，打造广东工作新品牌，让"广东技工"工程引领新时代职业发展新时尚。

"广东技工"工程的总目标是，到2022年，"广东技工"数量基本充足、

"广东技工"工程工作会议

结构趋于合理、年龄梯队相对完善、技艺素养整体提升。技能劳动者占就业人员总量的超过25%。到2025年，"广东技工"规模更加宏大、结构更加优良、年龄梯队更加完善、技术技能更加精湛，技能劳动者占就业人员总量的比例居全国前列，高技能人才占技能人才比例在40%以上。

技工教育　全国标杆

栉风沐雨四十载，南粤大地谱华章。多年来，广东技工教育不断创新发展、技能人才体系建设不断完善。当前，广东正紧紧围绕国家关于加快转变经济增长方式、推进产业转型升级的决策部署，以服务产业转型升级与促进高质量就业为导向……已基本建成全国最大的技工教育体系。其中，技工院校在校生人数、高级工以上在校生占比、高技能人才年培养量、一类国家级职业技能竞赛和世界技能大赛获奖牌人数、毕业生初次就业率、年培训人数、获全国教学成果一等奖数量等九项主要指标居全国第一，被人力资源和社会保障部誉为全国技工教育的"一面旗帜"。[1]

1. 技工教育成为"广东技工"的摇篮

中国拥有全世界最全的制造业门类，能推动形成以国内大循环为主体、国内国际双循环相互促进的新发展格局，关键在于有广袤疆土和庞大人口所带来的经济体量为基础。广东技工教育拥有全国技工系统最大的体量，已成为培育广东技工的摇篮。2019 年，广东省技工院校达 163 所，其中技师学院 36 所；在校生 57.77 万人，约占全国 1/6。全省技工院校高级工班以上在校生占总数的 51%，高出全国 13 个百分点。近 3 年，技工院校社会影响力持续增强，招生实现"三连增"。

目前，全省技工院校正在创建高水平技师学院 10 所，创建全国一流技师学院 3 所，加挂国家职业训练院牌子 3 所，国家中等职业改革发展示范学校 18 所，技工院校高技能人才公共实训基地 31 个、国家技能大师工作室 28 家，居全国首位。2019年，全省技工院校教职工 3.09 万人。其中，专职教师 2.31 万人，一体化教师 1.11万人，获得国务院特殊津贴教师 25 名，具有高级及以上专业技术职称的有 3265 人，

1　广东省人民政府：《广东基本建成全国最大技工教育体系》，http://www.gd.gov.cn/gdywdt/bmdt/content/post_79795.html，2017 年。

2020 年 10 月 12 日，广东省副省长李红军（左二）莅临广东省机械技师学院调研

具有中级专业技术职称的有 7148 人，具有技师和高级技师职业资格的有 8997 人。

 政策链接

《广东省技工教育高质量发展三年行动计划（2019—2021 年）》明确提出，到 2021 年，实现技工教育高质量发展，基本形成办学理念先进、规模结构合理、办学特色鲜明、产教深度融合、与社会充分就业相适应，具有国际先进、国内一流、广东特色的现代技工教育体系，继续保持在全国的排头兵地位。

 直播现场

广东省高水平技师学院创建

2018 年 6 月 18 日，广东省人力资源和社会保障厅印发《关于创建高水技师学院的意见》的通知（粤人社发〔2018〕126 号），并遴选了广东省高水平技师学院创建单位。

广东省高水平技师学院创建标准主要体现在以下五个方面：

广东省人力资源和社会保障厅党组书记、厅长陈奕威（左二）到广东省岭南工商第一技师学院调研

——引领现代技工教育发展。精准确立办学定位，充分集聚优势资源，着力建设一流师资队伍、打造一流品牌专业，培养一流技能人才，建成国内一流的现代技师学院，引领我省技工教育实现创新发展、内涵发展和高端发展。

——打造高技能人才培养示范载体。遵循高技能人才成长规律，整合政校企资源，在创新高技能人才培养模式、协同育人机制、创新创业机制方面成果显著，成为高技能人才培养示范载体和南方高技能人才硅谷。

——创建世界技能竞赛基地品牌。瞄准世界技能人才培养标准，开展世界技能竞赛研究，打造集世界技能大赛人员选拔、选手集训、专家培养、标准对接、成果转化为一体的世界技能竞赛基地品牌，推动学校教育教学改革走在全国技工院校前列。

——树立国际交流合作标杆。主动对接职业教育先进国家和国外一流职业院校，吸引海外优质资源能力较强，国际合作内容丰富、形式多样，建成富有特色、成效显著的国际交流合作品牌，在国际上具有一定的影响力。

——建设社会服务示范平台。学校企业行业建立协同育人机制，推动产教深度融合，实现合作办学、合作育人、合作发展，打造技能人才培养、技术革新和协同创新示范平台，提高对经济社会发展的贡献度。

2. 落实立德树人，弘扬工匠精神

广东技工院校积极落实立德树人教育方针，大力弘扬工匠精神，充分发挥党的领导核心作用，深入推进基层党组织建设，加强党风廉政建设，为技工教育高质量发展提供坚强的政治保证。深入贯彻习近平总书记关于思想政治理论课建设的重要论述，不断增强思想政治课的思想性、理论性、针对性和亲和力，全力打造高素质专业化的思想政治课教师队伍，不断提升思想政治课的质量和水平。

广东技工院校思政情况

截至 2019 年，全省省重点及以上技工院校中，共有 605 个教职工党支部、6 个学生党支部；共发展 196 名教职工党员、110 名学生党员，为技工院校基层党组织发展注入了新鲜血液。2018 年，全省省重点及以上技工院校共有 573 名专职思政课教师，796 名兼职思政课教师，平均每所技工院校有专兼职思政课教师 14.4 名。

 拓展阅读

广东省召开技工教育大会暨思想政治理论课建设推进会

2019 年 5 月 9 日，广东召开全省技工教育大会暨思想政治理论课建设推进会，深入贯彻学习习近平总书记在全国教育大会和学校思想政治理论课教师座谈会上的重要讲话精神，认真落实全省教育大会的部署要求，全力推进广东省技工教育高质量发展和加强院校思想政治理论课建设等工作。

为全面落实立德树人任务，推动思想政治理论课改革创新，广东省人力资源和社会保障厅于 2019 年 7 月印发了《关于进一步加强和改进技工院校思想政治理论课建设的意见》（粤人社函〔2019〕1745 号），设立了全省技工院校思政课建设研究室。

全省技工院校思政课建设研究室主办的广东省技工院校书记（校长）劳动教育、爱国主义教育"开学第一课"集体备课活动现场

3. 首创"校企双制"办学

广东技工院校在全国率先开创"校企双制"办学。通过校企共同组建协调指导机构、共同设置专业课程、共同制定招生方案、共同组建教学团队、共同开展教学实训、共同促进学生就业等的全程合作，发挥学校育人机制和企业用人机制的耦合作用，实现校园文化和企业文化的结合、理论学习和工作实践的结合，教学内容和岗位标准的对接、人才培养和企业需求的对接，加快培育面向市场需求的高素质技能人才。2018 年，国务院办公厅专刊刊登了《广东探索"六个共同"校企合作模式大力发展"双元制"职业教育》，高度肯定了广东技工院校校企合作工作取得的成绩。

目前，广东技工院校采用冠名班、订单班、试点班、新型学徒制、合作培养技师的等方式，与企业深度合作培养高技能人才。2019 年全省省重以上技工院校中，与企业共建实习基地的有 80 所，占比 94.11%；共同开展专业建设的有 72 所，占比 84.71%；联合培养师资的有 66 所，占比 77.65%；企业参与课程改革的有 63 所，占比 74.12%；企业参与办学质量评价的有 55 所，占比 64.7%。技工院校积极牵头，参与各类行业性、专业性和综合性联盟建设，各类联盟达 30 多个，其中不乏与西门子、华为、发那科、联合利华、山特维克可乐满等多家世界 500 强企业在合作办学、共建实训基地、技术研发等方面开展深度合作，通过合作引进企业先进的管理

广州市技师学院新能源汽车维修一体化教学

理念、培养模式、技术设备，极大促进了技工院校高技能人才队伍建设。

4．服务经济发展，推进专业对接产业

广东省技工院校紧紧瞄准产业发展开展专业建设布局。2019 年，广东省技工院校有招生专业 366 个，涵盖 20 个主要行业，其中对应新一代信息技术、高端装备制造、新材料、生物医药、薪能源汽车、新能源、节能环保、数字创意、服务业 9 大战略性新兴产业领域开设的专业 153 个，专业大类的覆盖率为 100%；围绕粤港澳大湾区建设、广东省战略性新兴产业、现代服务业开设的特色专业 97 个。开设全日制技师专业 5 个。2019 年对全省 158 所技工院校及时清理连续三年及以上没有招生的"僵尸"专业 956 个。

 特别关注

广东技工院校专业建设"三个对接"

一是专业设置与产业发展需求相对接。平均每个专业与 7 个企业和行业合作。

二是专业建设与学校实际相对接。技工院校结合学校的师资队伍、专业带头人、设施设备等条件，加强专业建设。47.3% 的专业形成了专业带头人，专业带头人占专任教师的 5.5%，先进的教学设备设占总数的 93%。

三是专业标准与职业标准相对接，专业课程设置融合了职业技能鉴定的理论和技能操作，技能人才标准与国家职业资格衔接。

5．世界技能大赛引领全国

世界技能大赛被称为"世界技能奥林匹克"，是世界技能界最高赛事。世赛的成绩，可视为检验技工教育成效的试金石。在 2011 年至今我国参加的五届世界技能大赛中，广东技能健儿累计为国家赢得 15 金、10 银、12 铜和 21 个优胜奖，金牌数、奖牌数均占全国的 40%，居全国第一。特别是在 2019 年的第 45 届世赛中，广东的参赛项目和选手全部获奖，更一举拿下 8 枚金牌，撑起了中国金牌榜的半壁江山。广东工匠"天团"惊艳喀山，向世界展现了广东技工的高超水平，在这背后，是广东拥有一支实力雄厚的技工队伍，体现了广东在产业升级、人才培养等领域的

持续提升。

 权威声音

2017 年 11 月 9 日，时任世界技能组织主席西蒙·巴特利评价："广东的技工教育非常出色，我认为其他地方应该效仿和学习广东。"

前世界技能组织主席西蒙·巴特利在广州市工贸技师学院演讲

6. 对外交流国际合作成效明显

广东技工院校根据广东现代产业发展的实际需求，大力开展对外交流和国际合作办学。通过"送出去"和"引进来"相结合的方式大力开展技工院校师资对外交流培训；通过开展国际合作班，引进国外专业课程体系，与国外知名行业协会、职业资格认证机构及院校共同开展课程教材开发，搭建相关培训平台和师资培训基地等方式，深化技工院校国际合作办学。2018—2019 年全省技工院校共开展国际合作校长培训 45 人次、专业骨干教师培训 51 人次，共有 24 所技工院校开展国际交流和项目 59 项。2018 年，为落实广东省政府代表团访问瑞士工作成果，当年 6 月，广东省人力资源和社会保障厅与德国联邦劳动局签署《关于中德合作培养高技能人才的备忘录》，双方共同合作培养具有国际水平的高技能人才，取得德国 IHK 职业资格证书的学员，可到德国就业，享有当地国民同等的工作环境和薪资待遇。

7. 教学教研全国领先

广东技工院校围绕技工教育立德树人、工匠精神培育、创新发展、教育教学改革、校企合作、产教融合、技能竞赛等重点领域，开展教研科研工作。2019 年，广东省技工院校累计获教研项目奖项 4822 个，比 2017 年增长 12.9%。其中，国家级社会组织类奖项 3009 个，省人力资源和社会保障厅厅属行政事业类奖项 631 个，省级社会组织类奖项 1182 个。在省部级行政事业类和国家级社会组织类奖项中，广东省获奖项目总数 3009 个，占全国获奖总数的 41.97%。其中，一等奖奖项 318 个，占全国一等奖奖项的 43.56%，连续多年稳居全国第一。

 拓展阅读

"广东技工"工程蓝皮书
——《广东技工教育发展报告（2019 年）》正式出版

《发展报告》展现了广东省深入贯彻落实党中央国务院关于加强技能人才队伍建设的决策部署，全面推进实施"广东技工"工程，加快广东技工教育高质量发展和技能人才培养的显著成效。《发展报告》从发展形势、数据分析、"广东技工"工程任务目标、技工教育办学特色与新探索、创新典型案例、大事记六个部分，总结 2019 年广东技工教育全年的发展成果，分析研判当前技工教育发展面临的机遇挑战，提供较为详实的数据支撑与决策参考，充分体现广东技工教育事业的新发展、新局面。

《广东技工教育发展报告（2019 年）》

 拓展阅读

教科研广州在行动

广州市大力推进工学结合培养模式，基于职业资格分析确定工作与学习相结合的人才培养目标，围绕工作过程系统化开发一体化课程，有效整合优化课程资源建设，开展行动导向的教学。将企业评价和院校自身评价结合，开展教学质量过程性评价，在教学改革先行。2018 年全国首届教师职业能力大赛在广州举行。

8. 就业创业成效明显

说一千道一万，技工教育的最终成效要看莘莘学子的就业质量。广东技工院校毕业生就业有三大优势，一是技能人才需求旺盛，高技能人才求人倍率达 2.0；二是技工教育坚持就业导向，重视实践教学、技术技能训练，让学生掌握一技之长；三是校企合作的办学制度打通了"从学校到企业"的最后一公里。根据近五年的招聘

会显示，广东技工院校毕业生就业率连续多年保持在 98% 左右，很多专业的毕业生每人有 3~5 个就业岗位可以选择，毕业生就业主要分布在珠江三角洲先进制造业和现代服务业，专业对口率非常高，技能人才薪酬年均增长 10%~20%。

技校生笑迎毕业季

 **数说**

广东技工院校学生就业情况

2018 年，全省技工院校毕业生总数 16.14 万人，实现就业人数 15.91 万人，就业率高达 98.57%。技校毕业生月平均收入 4000 元以上，在大型知名企业实习期的待遇 6500 元 / 月以上，部分月薪超万元，企业认可度高，已逐步实现高质量就业、体面就业。

2019 年，全省技工院校毕业生就业人数 17.99 万人，就业率为 97.33%，不少技校的特色专业实现 100% 专业对口就业。

近年来，广东省委、省政府高度重视高技能人才队伍建设，先后出台《新时期产业工人队伍建设改革实施方案》《关于进一步加强高技能人才队伍建设的若干意见》《关于提高我省技术工人待遇的实施意见》《广东省职业技能提升行动实施方案（2019—2021 年）》《"广东技工"工程实施方案》等重要文件，构建了广东技能人才培养和职业教育新的政策体系。2019 年广东技工人才队伍的数量达 1250 万，其中高技能人才超过 400 万，规模在全国名列前茅。广东技工教育作出了应有的贡献。

提质培优　跨越发展

"古之学者必有师。"高素质技能人才的成长和培养有赖于高素质的职业教育。职业教育既关乎高技能人才队伍和现代产业建设，同时也是一项重要的民生工作。随着经济社会的发展，当前，我国已建成了世界上规模最大的职业教育体系，中职、高职已分别占我国高中阶段教育和普通高等教育的"半壁江山"，每年有近 300 万学子通过职业教育实现了技能成才。

广东是我国经济大省、人口大省，也是职业教育办学大省。良好的经济基础为职业教育的发展提供了保障和空间，也为培养广东技工打下了良好的基础。党的十八大以来，广东职业教育牢固树立"创新、协调、绿色、开放、共享"的发展理念，始终坚持"面向市场、服务发展、促进就业"的办学方向，不断改革创新、勇于实践，实现了跨越式发展，主要质量指标在全国名列前茅，为广东经济总量稳居全国首位做出了重要贡献。

1. 面向产业，推动职业教育规模化发展

2001 年中国加入 WTO 以后，广东迅速成长为"世界工厂"；没有一流的技工，就没有一流的产品。好的技工，不仅关乎产品质量、生产效率和经济效益，关乎结构调整和产业升级，更关系到一个企业的发展后劲和潜力。企业为技工"抢破头"，是一种市场经济条件下的理性选择。只要能培养市场需要的技术工人，一切有益尝试都可以探索。广东的职教体系始终紧扣支撑广东现代产业体系、实现大规模培养高技能人才、助推加快转变经济发展方式等目标不放松。

2010 年底，广东职业院校在校生、招生数分别达到 295 万人、125 万人，比 2006 年分别增长了 100% 和 90%，职业教育体制机制不断完善。为了推动职业教育进一步规模化发展，2011 年，广东省委、省政府印发了《关于统筹推进职业技术教

育改革发展的决定》和《广东省职业技术教育改革发展规划纲要 (2011—2020 年)》，对全省职业教育发展进行新的部署和推进，确立了"至 2020 年，建立现代职业教育体系，全面建成高水平集约化的我国南方重要的职业教育基地，建成职业教育强省"的发展目标。计划"十二五"期间，广东实施"五个统一"政策，深化中等职业教育体制机制改革；推进六项工程，打造南方重要的职业教育基地。

 **特别关注**

"五个统一"与"六大工程"

"五个统一"：一是统一发展规划，构建现代职业教育体系基本框架；二是统一招生平台，着力筑牢现代职业教育体系规模基础；三是统一经费投入，着力建立现代职业教育的稳定投入机制；四是统一资源配置，着力提升现代职业教育基础能力；五是统一人才培养评价标准，着力培养适应现代产业发展需要的高素质技能型人才。

"六大工程"：一是南方重要职业教育基地建设工程；二是示范性职业院校建设工程；三是职业教育实训中心建设工程；四是高端技能型人才队伍建设工程；五是职业院校基础能力建设工程；六是信息化建设工程。

广东职业教育紧紧围绕省委、省政府的规划部署，沿着面向产业和市场育才的特色之路跨步前行，不少院校主动参与到产业发展当中，以产促学。如在广东顺德职业技术学院，学校与德国亚琛工业大学共建广东—亚琛工业 4.0 应用研究中心。学校依托该中心，承接万和新电器股份有限公司 7 个生产基地的生产线升级项目。基于真实的生产

共建广东—亚琛工业 4.0 应用研究中心

项目，实施学生研究计划，将技术开发与人才培养相结合。又如广州市技工院校在"规划先行，从容建设，统筹协调"三大原则的思路指导下，于 2012 年 5 月全面启动"产业系建设"，从"服务产业转型升级"出发，主动对接产业发展，促使学校

更加注重对政府产业政策、产业发展动态、生产技术进步、企业职业活动、职业典型工作、职业规划和行为科学等方面的研究，更加注重学校专业建设的科学性、系统性、前瞻性、开放性和可持续性。

在广东省委、省政府的引领下，广东职业教育牢牢把握产业发展脉搏，历经多年的高速发展，主要质量指标在全国名列前茅，为广东经济总量稳居全国首位作出了重要贡献。截至 2019 年，广东省共有独立设置的中等职业学校 426 所（其中，技工院校 163 所）、高职院校 89 所，其中包含 14 所国家"双高计划"建设单位、11 所国家示范（骨干）高职院校、29 所省级以上示范性高职院校。广东职业教育的大发展结出了累累硕果，培养出了规模庞大的技能人才队伍。2020 年，广东省技能人才总量达 1249 万人，其中高技能人才占 32.1%，高出全国平均水平 4 个百分点，为制造业高质量发展提供强有力的人才支撑和智力保障[1]。

2. 面向未来，推动职业教育精细化发展

❖❖

近年来，基于广东职业教育发展取得显著成效的良好态势，广东省政府又进一步谋划长远，接连发布《广东省现代职业教育体系建设规划（2015—2020 年）》《广东职业教育发展条例》《关于深化产教融合的实施意见》等重磅文件，促进校企合作的激励政策，为职业教育人才培养模式改革提供了坚实的制度基础。

其中，《广东省高等职业教育"创新强校工程"（2016—2020 年）实施方案》明确指出，高职院校 5 年内要建设 57 个项目；同时提出到 2020 年，广东特色现代职业教育体系要日趋完善，要培养一批全国领先、有世界影响的一流高职院校和品牌专业，形成产教融合、校企合作人才培养的"广东模式"。

2019 年 1 月，国务院印发《国家职业教育改革实施方案》，强调要把职业教育摆在教育改革创新和经济社会发展中更加突出的位置，经过 5~10 年，大幅提升新时代职业教育现代化水平，为促进经济社会发展和提高国家竞争力提供优质人才资源支撑。为贯彻落实国家加快发展新时代职业教育战略部署，弘扬工匠精神，培养更多的大国工匠，广东省人民政府办公厅于 2019 年印发了《广东省职业教育"扩容、提质、强服务"三年行动计划（2019—2021 年）》，以"扩容、提质、强服务"为主线，

1　中国新闻网：《广东技能人才总量达 1249 万支撑制造业高质量发展》，http://www.chinanews.com/cj/2020/04-10/9153555.shtml，2020 年。

破解当前广东职业教育发展不平衡不充分问题，提升职业院校人才培养质量，增强职业院校服务经济社会发展能力，办好人民满意的职业教育。

 特别关注

"扩容、提质、强服务"主要内容

《广东省职业教育"扩容、提质、强服务"三年行动计划（2019—2021年）》以"扩容、提质、强服务"为主线，提出四方面的十条政策措施。一是以"扩容"为重点，着力增加优质职业教育资源。包括：做大做强高等职业教育；优化中等职业教育结构布局；完善职业院校招生考试制度。二是以"提质"为核心，大力培养高素质产业生力军。包括：实施高水平职业院校和专业建设计划；实施职业院校教师能力提升计划。三是以"强服务"为目标，提高职业院校社会服务能力。包括：实施"产教融合、校企合作"行动计划；实施职业院校服务发展行动计划；实施职业教育对外交流合作计划。四是强化保障措施。包括：建立健全投入稳定增长机制；落实各方职责，协同推动发展。

2020年10月，由教育部等九部门印发的《职业教育提质培优行动计划（2020—2023年）》正式发布。标志着我国职业教育正在从"怎么看"转向"怎么干"的提质培优、增值赋能新时代，也意味着职业教育从"大有可为"的期待开始转向"大有作为"的实践阶段。广东省正在加快贯彻落实国家部委行动计划，着眼未来，加快推动职业教育提升质效，向精细化方向发展。

<h1 style="text-align:center">产教融合　校企合作</h1>

　　习近平总书记在党的十九大报告中指出："要深化产教融合。"2017 年 12 月底，国务院办公厅印发《关于深化产教融合的若干意见》，明确了发挥政府统筹规划、企业重要主体、人才培养改革主线、社会组织等供需对接作用"四位一体"制度架构，推动产教融合从发展理念向制度供给落地。

　　"产业需要什么样的人才，学校就培养什么样的人才"，广东大力贯彻国家政策，着力深化产教融合，有效解决了人才教育供给与产业需求的重大结构性矛盾，促进了经济社会协调发展。

1. 制定产教融合政策

　　2018 年，广东省人民政府办公厅出台的《关于深化产教融合的实施意见》中明确，出台"产教融合型"企业认定与奖励办法，给予"产教融合型"企业在技术改造补助、企业技术中心认定、企业创新平台建设等方面予以优先支持，充分发挥企业在"产教融合"工作中的重要主体作用。

　　2019 年，广东省发展改革委、教育厅、工业和信息化厅、人力资源和社会保障厅和国家开发银行广东省分行联合制定了《广东省建设培育产教融合型企业的工作方案》，开展广东省产教融合型企业建设培育工作。2020 年 8 月，中国南方航空股份有限公司等 884 家企业被纳入广东省第一批产教融合型企业建设培育名单。

　拓展阅读

<h3 style="text-align:center">深圳成为全国首批产教融合试点城市</h3>

　　深圳市将职业教育校外实训基地建设作为市政府一项民生实事工程和促进职业教育校企深度合作的一项重要举措，内容包括：对企业建立的职业教育校外公共实

训基地按生均 1 万元的标准给予一次核拨建设经费，以每人每月 300 元的标准对基地所在企业接收的实习实训学生给予补贴等。2019 年，深圳市被国家发展改革委员会、教育部 31 等部门确定为全国首批产教融合试点城市。

2. 搭建产教融合平台

广东省探索建立由行业、企业、学校共同参与的校企合作联盟，将各方资源优化整合，以服务当地经济发展建设为宗旨，以培养专业人才为纽带，助推学校和行业企业发展，探索和实施产教融合机制建设。

2017 年 11 月，在广东省人力资源和社会保障厅的推动下，由全省 34 所技师学院、11 家行业协会和 16 家国内

广东省高级技能人才培养联盟成立

外知名企业组成了"广东省高技能人才培养联盟"，实施"联合作战"，在共育师资力量、共享教学资源、共建专业特色、共创科技项目、共促世界技能大赛参赛水平提升、共谋国际交流与合作等方面开展实质性工作。目前，广东省技工院校牵头各类行业性、专业性和综合性联盟 30 多个。

政策链接

《广东省技工教育创新发展行动计划（2016—2020 年）》中明确指出，"推动有条件的技工院校与产业性质类似的大型骨干企业以及行业协会组建技工教育校企联盟"。

典型案例

广东省机械技师学院对接广东省优势产业、粤港澳大湾区建设和广东

机械技能联盟年会

省战略性新兴产业，牵头成立了广东机械技能联盟，现有西门子、山特维克、卡尔蔡司、一汽大众、江森自控等优秀联盟单位 151 家，其中世界 500 强企业 12 家，形成"组团发展，整体推进"的"四方三层"技能联盟办学格局，构建"政府、学院、行业与协会、企业"四方共商，"学院—教学系—校企双制示范园（基地）"三层配合的运行机制，实现"人才共育、资源共建、过程共管、机制共创、利益共赢、成果共享、责任共担"的联盟合作新局面。

3．推动产教精准对接

❖

　　根据产业集群式发展的规律特点，瞄准战略性新兴产业，广东推动职业教育专业结构优化，促进交叉学科和新兴学科发展，调整优化工科专业设置，推动传统产业转型升级，以适应新技术、新产业、新业态、新模式的发展需求。

广东省岭南工商第一技师学院与一汽大众共建"联合培训学院"

　　广东省各技工院校瞄准广东省产业和企业需求，合理规划定位学校的发展方向、培养目标、专业设置和办学模式等，强化校企协同育人。据不完全统计，截至 2017 年底，全省各高级以上技工院校与 5081 家企业对接合作，较 2016 年增长 686 家，增长率 16%，其中与世界 500 强企业签订协议 233 份，与中国 500 强企业签订协议 353 份，与广东现代产业 500 强企业签订协议 552 份，与广东现代产业 500 强企业签订协议 498 份[1]，从招生、人才培养计划制订、专业设置、课程体系开发、教师队伍组建、教育教学，到考核评价，由校企双方共同商议确定，实现了校企深度融合。目前，广东省技工院校 73% 的专业与企业、行业有合作关系，平均每个专业与 7 个企业、行业合作。[2]

　　1　对全省 51 所高级以上技工院校开展调研的结果。

　　2　广东人社：《第二届广东省技工院校技能大赛演绎广东"新工匠"风采》，https://www.ddvip.com/weixin/20171128A0BTEE00.html，2017 年。

数说

广东技工教育对接产业情况

2016 年，广东技工教育开设面向战略性新兴产业的院校共有 136 所，占当年招生院校的 100%；专业 110 个，占技工院校开设专业的 63.0%；专业点共计 1212 个；招生 112215 人，占招生总数的 58.77%；在校学生 351659 人，占技工院校在校学生总数的 59.17%。

就业质量调查

2016 年，广东省技工院校针对战略性新兴产业积极开展高技能人才培养，电子信息类、装备制造类、数字创意类专业招收高级技工、技师（预备技师）数量较大，分别为 16037 人、16759 人、8604 人，占比达到 41.95%、53.62%、56.00%；总体面向战略性新兴产业的高技能人才培养招生数达到 43118 人，占比为 48.94%。

据对广东省技能人才网上 30 所技工院校应届毕业生的就业质量调查统计，2016 年对接战略性新兴产业就业的技工院校毕业生有 34527 人，其中新一代信息技术 12189 人、新能源汽车 214 人、生物 625 人、高端装备制造业 13185 人、环保 264 人、数字创意 7923 人、新能源 137 人。毕业生"双证书"率 100%，整体就业率达 95% 以上（不含创业、升学的毕业生），专业对口率为 70%。

近年来，广州技工院校以"产教融合、校企合作"为理念，以创办现代产业系为切入点，积极探索适应现代产业转型升级的复合型技能人才培养模式，取得良好的办学效果，引起职业教育界的广泛关注。[1]

机甲兽神

 典型案例

广州市工贸技师学院文化创意产业系的动漫设计与制作专业实施"项目带动、阶段培养"的人才培养模式，成功引入优质企业，建立校企合作机制，建设优质项目团队，与企业共同

1　黄远飞：《产教融合办学模式的制度创新与启示》，《湖南农业大学学报(社会科学版)》，2015年。

开发高端作品，融入产业发展主流，以此为行业企业培养适用技能人才，确立学校专业品牌。该专业学生参与制作的《机甲兽神》《开心宝贝》等企业项目，在30个以上电视频道播放。

广东省高等职业院校紧跟区域重点发展产业升级需要，利用自身的专业优势，校企共建融"产、教、学、研"为一体的特色学院和产业学院，提高服务区域产业发展的精准度和水平。

4. 推进校企合作育人

广东省职业院校和技工院校选取技术性、实践性较强的专业，全面推行现代学徒制和企业新型学徒制，推动学校招生和企业招工相衔接，明确学生学徒"双重身份"，强化学校和企业"双主体"实施。

广东省教育厅成立了高职教育现代学徒制工作指导委员会，并借鉴"互联网+"的理念建立了集企业发展平台、学生注册平台、资源共享平台、考核分析平台于一体的现代学徒制智慧平台，加强了试点工作的日常管理和绩效管理，及时了解和掌握各个地方现代学徒制学生的学习情况。经过近五年的发展，现代学徒制试点专业接近200个，深度参与的企业近200家，在读学生7000余人。2018年第一批广东省14所教育部试点高职院校通过验收，11所高职院校获第三批教育部试点立项。

典型案例

珠海市技师学院与佳能（珠海）公司、德国爱普科斯公司合作，采取"进厂入学"的模式，由企业在厂区或者员工生活区建设教学场地，举办技工教育学制班，对员工进行系统的学制教育。

从2016年开始，深圳技师学院和

进厂入学

深圳市银宝山新科技股份有限公司合办的"银宝山新模具班"，面向湖南花垣、广东河源、广西河池等地招收贫困家庭的学生。学生入学成为学院全日制学生的同时，与企业签订劳动合同成为正式员工，企业按照不低于深圳最低工资标准的水平，每月给学生发工资、缴社保。

5．推进产教协同创新

广东省职业院校和技工院校联合行业骨干企业共建重点实训室、产业创新中心和技术创新中心，共同推动技术研发、创新服务等工作，并实现成果转化。

 典型案例

中山市沙溪理工学校依托并服务中山市服装行业发展，构建"政府主导、行业相关、资源共享"的产学研科技创新体系，为当地纺织服装企业提供共性技术服务，助力企业走自主创新道路。学校纺织品检测实验室通过了国家实验室 CNAS 评审认证和广东省质监局 CMA 认证，2019 年实验室为中山市 53 家企业提供了纺织产品检测认证服务。学校创办的中山市尚艺休闲服装工程研发中心为多家知名服装企业提供品牌设计、技术开发和新技术推广服务。

匠师垂范　薪火相传

2010 年，中共中央、国务院印发《国家中长期发展规划纲要（2010—2020）》，将高技能人才列为国家六大人才队伍、十一大人才工程之一，明确提出到 2020 年底国家重点支持建成一批高技能人才培训基地、技能大师国内工作室，基本形成覆盖重点行业、特色行业的技能传承与推广网络。2011 年国家人力资源和社会保障部和财政部联合下发《国家高技能人才振兴计划实施方案》，明确"十三五"期间继续组织开展国家级高技能人才培训基地和国家级技能大师工作室项目建设工作。鼓励各级政府、行业、企业选拔生产、服务一线的优秀高技能人才，依托其所在单位建设一批技能大师工作室和人才培训基地。

紧密对接国家政策，广东省将"技能大师工作室"和"高技能人才培训基地"建设作为"广东技工"队伍培养的重点工作来抓，并科学按照职业技术特点将技能领军者分为现代技术类、传统工艺类和文化创意类等类型。

10 年来，围绕生产技术攻关，新技术应用以及新项目、新产品的开发，高技能人才培养和技艺传承共建立了国家级技能大师工作室 42 个、国家级高技能人才培训基地 42 个，"粤菜师傅"省级技能大师工作室 50 个，各地市也纷纷出台市级建设办法和意见。霎时间，技能大师工作室和高技能人才培训基地如雨后春笋般冒出来，成为高技能人才培养的重要基地，也成为展示技能人才风采的重要窗口。技能大师工作室的建立，为技能大师创造了良好的工作平台和环境，更好地发挥了技能大师在培养技能人才方面的优势作用，具有鲜明的示范效应。

1. 现代技术类技能大师工作室

❖

现代技术类技能大师工作室是主要围绕现代制造业、现代服务业而建立的技能大师工作室。这类技能大师工作室领头人主要来自科技和技能含量较高的产业和大型骨干企业，是关键领域内具有绝招绝技的技术专家，一般在工作室设在企业班组、工段、实训（研发）中心等场所。该模式直接植入生产环节，以技术革新、攻关、研发等项目为载体，以任务为导向，通过开展技术创新、同业交流、带徒传技等活动，在真实具体的工作环境中实现技术创新和高素质技能型人才的培养。企业投入是该模式最强有力的动力支撑，该模式也是目前最为关键、政府倡导的运行模式。

 人物链接

船体焊接技师陈庆城：小小电焊工也有大大的造船梦

欣赏过中国海军护航舰艇乘风破浪的风姿，体会过第一艘国产航母下水的振奋，从蛟龙号载人潜水器完成科考任务到和平方舟医院船将和平与友谊送往世界其他角落，这些成就的取得离不开千千万万造船工人的默默奉献。中国船舶工业集团广船国际的高级技师陈庆城就是其中之一。从一名普通的电焊工成长为船体焊接技师、全国劳动模范，并在2013年成立了国家级的陈庆城技能大师工作室，他用实际行动证明，小小的

陈庆城（中）为"广东技工"打call

电焊工有大大的造船梦，一把焊枪也能成就大国工匠。

1996年从技校毕业以来，陈庆城一直从事船体焊接工作。他创造了先进的焊接技术和工艺，在工作中提出合理化建议30多项、自创多项技改项目、攻克了许多重点焊接技术难关，实现了从一名普通的焊接技术工人到焊接高级技师、全国技术能手的步步跨越。他带头应用推广的新技术SG2焊，将焊接效率提高了3~6倍。由他培训的学员中有180多人次取得了高级技工、技师、高级技师资格。

2. 传统工艺类技能大师工作室

◆

传统工艺类技能大师工作室主要分布在烹饪、传统工艺美术、古典园林建筑等

行业。领军人物一般是文化传承，非物质艺术的继承人或民间艺人，积累了多年的工作经验，所创造的产品得到市场和社会的普遍认可。

 人物链接

张庆明

把书法融入砚艺的佼佼者——张庆明

2014年，肇庆市张庆明端砚设计技能大师工作室成为国家级的张庆明技能大师工作室，这源自张庆明精益求精，刻苦耐劳的精神，这让他从一名小工匠学徒变成一名国家级的技能大师。张庆明自幼喜欢书法绘画，1980年开始从事端砚设计、雕刻工作后，更是独具匠心地创新"书法入砚"的端砚创作。张庆明在吸取前辈师傅宝贵经验的同时，自己更是致力于掌握砚石的石质特性，利用端石独有的石品、花纹、石形结合创作理念来进行设计、雕刻，做到因石构图，因材施艺，创作出具有文化艺术特色的作品。张庆明执着于对端砚的创作和钻研，但依然坚持每天练习写书法，更把书法刻在了端砚上，将书法艺术融入砚雕艺术中，创作出具有个人特色的书法文字砚。

在端砚创作中，张庆明不断融入时代特色，给端砚打上时代的烙印，"首先是继承传统，然后是勇于创新。"张庆明说，不同时代的砚有着鲜明的时代特色，对于手工艺的创作来说，融入时代精神很重要，"要跟上时代的步伐，跟社会共同成长"。

 人物链接

云浮石艺人梁建坤：巧手琢石雕，创新中传承

梁建坤技能大师工作室由云浮技师学院与行业企业联合组建，工作室主持人为省非物质文化遗产（云浮石艺）代表性传承人、南粤工匠、广东省工艺美术大师梁建坤。工作室通过推行"师带徒制"，形成了工艺大师对学生手把手教的教学常态，主要训练学生美术基础、造型设计、石材雕刻、石材工艺品制作等专业技能，着重培养学生的审美能力、艺术创作、规范操作、安全环保操作等综合职业素质。

工作室自成立以来，已培养了30多名满足岗位需求的新一代能工巧匠，较好

地解决了当前石材行业技能人才，特别是工艺设计、创作人才极其紧缺的问题，为石艺行业注入了新的技术力量。工作室学员创作的 7 件石艺作品分获广东石艺创意大赛银奖、铜奖等奖项。2018 年，云浮技师学院成为第 45 届世界技能大赛"建筑石雕"项目国家集训基地，成为粤东西北地区首个承办世界技能大赛国家集训基地的院校，梁建坤大师被人力资源和社会保障部确定为第 45 届世界技能大赛中国教练。

梁建坤（右）

3．文化创意类技能大师工作室

❖

　　文化创意类技能大师工作室是主要围绕动漫产业、影视制作等而建立的技能大师工作室。目前广东有该类的工作室 10 个。

 人物链接

设计之都的技能大师——徐伟雄

徐伟雄

　　在深圳文化创意设计领域潜心钻研近 30 年的徐伟雄，于 2019 年建立了国家级的徐伟雄技能大师工作室，他是世界技能大赛平面设计技术项目中国技术指导专家组组长。多年来，徐伟雄将世界技能大赛标准融入院校课程体系，引领带动国内技工院校设计类专业的教学改革和发展，为"中华人民共和国第一届职业技能大赛"设计的吉祥物被选用。他长期致力于研究和推动平面设计行业的技术从静态图形向动态交互方向创新发展，为深圳培养了 3 名参加世界技能大赛的全国技术能手，2017 年指导选手在第 44 届世界技能大赛平面设计技术项目摘得银牌，这是迄今为

止中国在这个项目上取得的最好成绩。工作室近年来取得丰硕成果，发表论文6篇，主编出版国家级教材5部，设计项目获国家实用新型设计专利11项，教学成果获得省部级奖9项；在带徒传技方面经验丰富，成绩显著，为深圳文化创意产业高技能人才的培养和发展壮大作出了应有的奉献。

4. 院校型技能大师工作室

近年来，院校型技能大师工作室在广东发展迅猛，已经达到22个，占了广东省国家级技能大师工作室的半壁江山，这类技能大师工作室主要是由技工院校（职业院校）或高技能人才培养示范基地等载体领办、创办和联办，以技能型大师级教师为带头人，通过搭建高技能人才研修平台，以教学研究、技能技术研究、培养学生技能为目的，实现高素质技能人才的成簇、成批培养，成就了领引技能人才培养的新高度，为"广东技工"的培养作出贡献。

 人物链接

把"不可能"变成"可能"的技能大师——魏海翔

魏海翔

魏海翔技能大师工作室是2015年建立的国家级技能大师工作室，工作室带头人在企业工作十多年，是世界500强企业电气总工程师，在职业院校工作多年，具有企业管理经验和高超的企业技能技术，又有教学方法和经验。工作室坚持"大师言传身教"，培养了一大批高技能技术人才。工作室教师以丰富的企业经验和结合生产中的实际问题培训学生，让学生在毕业前就可以大量接触到企业新技能新技术，理论知识联系实际案例，提高了学生的知识运用能力，学以致用，融入生产。工作室通过每年组织并培训一批学生参加国际级、国家级、省级的技能大赛，提升了学生的专业能力、团队精神、应变能力，取得的成绩增强了学生的自信心，进一步提升了学习的兴趣。工作室培养出世界、全国、全省技能竞赛获奖选手 60 多位，包括世界技能大赛金银牌得主，实现中国在该项目奖牌零的突破，同时培养了多名全国技能冠军、全国技术能手等，获得省级以上技能竞赛奖项近百项。

魏海翔技能大师工作室以科研项目、职教课题研究为载体，提高师资队伍综合能力。依托技能大师工作室的企业科技项目、省市级科技项目，教师深入到生产实践，直接面对和解决企业生产升级、产品升级过程中遇到的各种技术问题，打通理论与实践衔接的"最后一公里"，专业技能和技术能力在实践锻炼中得到提升，科研能力和学术水平得到提高。依托技能大师工作室省市级社科、教育课题研究，教师深入研究技能人才培养方案、教学教改方法，并在日常教学中加以实施。这些经验的积累使教学内容更加丰富，课堂讲解更加生动，理论教学更加结合实际，一体化教学实施更加得心应手。工作室成立以来，工作室成员参与省市级科技项目、社科教育课题十多项，企业科技创新项目十多项；获省、市科技进步奖 5 项；取得发明专利 4 项，经济效益和社会效益显著。

国家级高技能人才培训基地一般设立在职业院校或公共实训中心，坚持贴近市场，以社会需求为导向，以校企合作为载体，以培养综合职业能力为核心，结合国家职业技能鉴定标准，不断推进培训模式、课程设置、教材开发、师资建设、培训装备和能力评价的改革创新，形成了校企"五对接"的高技能人才培训体系。

国家级高技能人才培训基地通过落实校企对接，免费为企业、职业学校服务，构建校企一体、工学结合的高技能人才培养模式，推进高技能人才的培训。通过实施企业工程师进基地、基地实训教师进企业，落实实训设备与企业生产技术工艺相结合，根据企业岗位技能需求，开发培训课程和一体化课程，形成专业课程体系。结合高技能人才培训的特点和企业岗位技能标准，以企业的工作任务为课题，将企业的新设备、新材料、新技术、新工艺融入教材。按照"功能齐全、结构合理、技术先进、示范引领"要求推进培训基地设施设备和场地建设，围绕一体化教学要求，对接企业生产过程管理要求，推动高技能人才培养一体化实训场所建设。

经济和社会发展要求职业教育努力培养数以亿计的高素质劳动者和技术技能人才。通过"技能大师工作室"的创建，搭建企业、高校高技能人才队伍建设平台，提升高技能人才队伍管理及运作效率，大力弘扬工匠精神，办好中国特色、世界水平的现代职业教育，为全面建成小康社会提供充足的技术技能人才支撑。

 **数说**

广东国家级技能大师工作室

2011—2019 年，广东省有国家级技能大师工作室 42 个，其中广东省技工院校国家级技能大师工作室有 22 家，见表 1。

表 1 广东省国家技能大师工作室情况

序号	单位	名称	地区	批准年份
1	深圳技师学院	徐伟雄技能大师工作室	深圳	2019 年
2	广东省机械技师学院	张振技能大师工作室	省属单位（广州）	2019 年
3	佛山市六子珠宝有限公司	郭建军技能大师工作室	佛山	2019 年
4	惠州市技师学院	丘建雄技能大师工作室	惠州	2019 年
5	江门市技师学院	吴恩来技能大师工作室	江门	2019 年
6	广东省潮州市高级技工学校	王鸿鑫技能大师工作室	潮州	2019 年
7	河源技师学院	曾祥滔技能大师工作室	河源	2019 年
8	惠来富林大酒店有限公司	陈汉宁技能大师工作室	揭阳	2019 年
9	广东省九江酒厂有限公司	何松贵技能大师工作室	佛山	2018 年
10	珠海格力精密模具有限公司	黄国军技能大师工作室	珠海	2018 年
11	广东省粤东技师学院	陈少俊技能大师工作室	省属单位（汕头）	2018 年
12	梅州市金苑餐饮管理有限公司	陈钢文技能大师工作室	梅州	2018 年
13	东莞市唯美陶瓷工业园有限公司	杨晓光技能大师工作室	东莞	2018 年
14	广东省技师学院	刘建技能大师工作室	省属单位（惠州）	2017 年
15	广东省机械技师学院	林金盛技能大师工作室	省属单位（广州）	2017 年
16	广东省轻工业技师学院	郑念军技能大师工作室	省属单位（广州）	2017 年
17	信宜市长城玉器工艺厂	陆克列技能大师工作室	茂名	2017 年
18	云浮技师学院	梁建坤技能大师工作室	云浮	2017 年
19	广州市机电技师学院	黄德智技能大师工作室	广州	2016 年
20	广州市白云工商技师学院	林壤明技能大师工作室	广州	2016 年
21	广州市工贸技师学院	林泽生技能大师工作室	广州	2016 年
22	中山市技师学院	魏海翔技能大师工作室	中山	2016 年

（续表）

序号	单位	名称	地区	批准年份
23	深圳市九福首饰制造有限公司	党新洲技能大师工作室	深圳	2016 年
24	广州市工贸技师学院	陈立准技能大师工作室	广州	2015 年
25	台山市伍氏兴隆明式家具艺术有限公司	伍炳亮技能大师工作室	江门	2015 年
26	端州区梁鉴棠端砚艺术馆	梁鉴垂技能大师工作室	肇庆	2015 年
27	深圳市元征科技股份有限公司	贺鹏麟技能大师工作室	深圳	2015 年
28	广东茂化建集团有限公司	柯高技能大师工作室	省属单位（茂名）	2014 年
29	肇庆市端州区张庆明端砚设计制作室	张庆明技能大师工作室	肇庆	2014 年
30	江门市技师学院	马琰谋技能大师工作室	江门	2014 年
31	韶关市技师学院	陈洁训技能大师工作室	韶关	2014 年
32	广东省粤东技师学院	郑惠丰技能大师工作室	省属单位（汕头）	2013 年
33	韶关市高技能公共实训基地管理中心	韩伟技能大师工作室	韶关	2013 年
34	广州广船国际股份有限公司	陈庆城技能大师工作室	央企（广州）	2013 年
35	广州中船黄埔造船有限公司	何道生技能大师工作室	央企（广州）	2013 年
36	广州白云国际会议中心有限公司	龙伟彦技能大师工作室	广州	2012 年
37	广东省交通城建技师学院	邓泰技能大师工作室	省属单位（广州）	2012 年
38	广州市轻工技师学院	司徒宁技能大师工作室	广州	2012 年
39	金海湾大酒店	王龙生技能大师工作室	汕头	2012 年
40	湛江市技师学院	陈学军技能大师工作室	湛江	2012 年
41	中国石化集团茂名石油化工公司	黄巨利技能大师工作室	省属单位（茂名）	2011 年
42	广东韶钢集团有限公司运输部	罗东元技能大师工作室	省属单位（韶关）	2011 年

 **数说**

广东国家级高技能实训基地

2011—2019 年，广东省有国家级高技能人才培训基地 42 个，其中广东省技工院校国家级高技能人才培训基地有 39 个，见表 2。

表 2　广东省国家级高级技能实训基地情况

序号	单位名称	地区	批准年份
1	广东省机械技帅学院	省属单位（广州）	2019 年
2	阳江技师学院	阳江	2019 年
3	深圳第二高级技工学校	深圳	2019 年
4	汕尾市高级技工学校	汕尾	2019 年
5	广州市公用事业技师学院	广州	2019 年
6	广东省粤东技师学院	省属单位（广州）	2019 年
7	广东省南华珠宝职业培训学院	省属单位（广州）	2019 年
8	珠海市技师学院	珠海	2019 年
9	清远市技师学院（原名：清远市高级技工学校）	清远	2018 年
10	云浮技师学院	云浮	2018 年
11	佛山技师学院	佛山	2018 年
12	广东省交通城建技师学院	省属单位（广州）	2018 年
13	广东省揭阳市高级技工学校	揭阳	2018 年
14	广东省岭南工商第一技师学院	省属单位（广州）	2017 年
15	珠海市职业训练指导服务中心（原名：珠海市综合性职业培训中心）	珠海	2017 年
16	汕头技师学院	汕头	2017 年
17	梅州市高技能公共实训基地管理中心	梅州	2017 年
18	肇庆市技师学院	肇庆	2017 年
19	广船国际有限公司	央企（广州）	2016 年
20	广东省南华珠宝职业培训学院	省属单位（广州）	2016 年
21	广东省国防科技高级技工学校	省属单位（广州）	2016 年
22	江门市技师学院	江门	2016 年
23	广州市交通技师学院	广州	2016 年
24	广州市机电技师学院	广州	2015 年
25	河源技师学院	河源	2015 年
26	茂名市高级技工学校	茂名	2015 年
27	东莞市技师学院	东莞	2015 年

（续表）

序号	单位名称	地区	批准年份
28	广州市轻工技师学院	广州	2014 年
29	惠州市技师学院	惠州	2014 年
30	湛江市技师学院	湛江	2014 年
31	潮州市高级技工学校	潮州	2014 年
32	茂名市高技能人才公共实训中心（国级，独立法人，独立编制） ［茂名市第二高级技工学校（茂名技师学院）实际操作，省级］	茂名	2013 年
33	广东省粤东技师学院	省属单位（汕头）	2013 年
34	韶关市高技能公共实训基地管理中心	韶关	2013 年
35	广东省轻工业技师学院	省属单位（广州）	2012 年
36	广东省机械技师学院	省属单位（广州）	2012 年
37	广东省职业技能鉴定中心南海基地	省属单位（广州）	2012 年
38	广东省技师学院	省属单位（惠州）	2012 年
39	中山市技师学院	中山	2012 年
40	深圳技师学院	深圳	2012 年
41	广州市技师学院	广州	2012 年
42	广州市工贸技师学院	广州	2011 年

技惊天下　举世瞩目

世界技能大赛享有"世界技能奥林匹克"的美誉，是迄今为止最高等级的世界性职业技能赛事，代表着职业技能发展的世界先进水平。中国代表团 2010 年加入世界技能组织，参赛五届累计获得 143 枚奖牌，其中 36 枚金牌、29 枚银牌、20 枚铜牌和 58 个优胜奖。其中，广东技工累计为国家赢得 15 金、10 银、12 铜和 21 个优胜奖，广东的奖牌总数占中国队奖牌总数的 38%。一次又一次征伐，一回又一回拼搏，收获了一枚又一枚奖牌。

盘点五届参赛历程，广东省取得骄人成绩的背后，是广东省委、省政府的坚强领导，是广东省技能人才和技工教育工作的厚积薄发，也是全省人力资源和社会保障系统攻坚克难、全力备战的不懈努力。

1. 历经五届世界技能大赛，广东技工惊艳国际舞台

（1）开启广东技工走向世界技能大赛之门

第 41 届世界技能大赛，广州市工贸技师学院学生李蓦（左一）和基地培养选手魏骏杨（中）为首次出征世界技能大赛的中国夺得 2 个优胜奖

2011 年 10 月，第 41 届世界技能大赛在英国伦敦举办。中国首次派出选手参赛，6 名选手夺得 1 银 5 优胜奖的佳绩。广州市工贸技师学院学生李蓦和 CAD 项目基地培养选手魏骏杨作为"六名国手之二"参加了比赛，夺得网站设计和 CAD 机械设计 2 个项目优胜奖，打开了广东走向世界技能大赛的大门。

 直播现场

获奖归来

2011 年 12 月 20 日，时任中央政治局委员、中

央书记处书记、中央组织部部长李源潮，时任中央政治局委员、广东省委书记汪洋，在广州会见参加第 41 届世界技能大赛获奖归来的中国选手和技术指导专家。李源潮称赞他们为中国工人赢得了荣誉，勉励大家发挥传帮带作用，带动更多的工人学知识、学技能、比本领，为科学发展多作贡献。

（2）实现世界技能大赛金牌零的突破

2015 年 8 月 16 日，第 43 届世界技能大赛在巴西圣保罗闭幕，制造团队挑战赛项目斩获首金，实现中国队金牌零的突破。闭幕式上，3 名意气风发的中国小伙子登上了世界技能大赛的最高领奖台。那一刻，他们胸前的金牌格外耀眼，他们欢笑着，奋力挥舞国旗。

制造团队挑战赛项目，是此次大赛 50 个项目中唯一的 3 人团队项目，涉及设计、加工制造、装配调试 3 个领域，难度最大，奖牌含金量最高。

（3）广东"工匠天团"惊艳喀山

2019 年 8 月，在俄罗斯喀山结束的第 45 届世界技能大赛上，中国代表团获得 16 金 14 银 5 铜 17 个优胜奖，再次位列金牌榜、奖牌榜、团体总分第一。广东省 22 名选手参加 20 个项目的比赛，获得 8 金 3 银 1 铜 8 个优胜奖，向世界展现了广东青年技能人才的高超水平。8 名来自广东的金牌得主组成的工匠"天团"惊艳喀山，在这背后，体现的是广东拥有一支实力雄厚的技能型劳动大军，是广东在产业升级、人才培养等领域的持续提升。

广东选手斩获金牌的 8 个项目，既有相对传统的混凝土建筑、砌筑、时装技术等项目，也有更具现代产业特色的数控铣、数控车等项目，以及更紧贴智能化趋势的综合机械与自动化、制造团队挑战赛、移动机器人

第 45 届世界技能大赛颁奖现场

广东省人力资源和社会保障厅党组书记、厅长陈奕威（左二）到机场迎接我省参加第45届世界技能大赛选手载誉归来

等项目。其中，混凝土建筑项目首次参赛便勇夺金牌，数控铣项目更是实现了"三连冠"。这种均衡的获奖分布充分体现广东产业工人技能的全面性，也充分印证了广东产业升级正在取得新进展。

 拓展阅读

广东省机械技师学院连续三届成为金牌大户

在第43届世界技能大赛上，广东省机械技师学院荣获2金2铜，实现我国世界技能大赛金牌零的突破。在第44届世界技能大赛上，广东省机械技师学院的6名选手参加了5个项目的比赛，他们不畏强手，顽强拼搏，荣获2金2银1铜的优异成绩，成为全国"参赛项目最多、参赛人数最多、金牌数最多、奖牌数最多、竞赛成绩最好的技工院校"。在第45届世界技能大赛上，广东省机械技师学院6名选手参加了5个项目比赛，斩获4金1铜：数控车、数控铣、综合机械自动化、制造团队挑战赛4个项目荣获金牌，塑料模具工程项目荣获铜牌，数控车金牌选手黄晓呈获得了中国代表队国家最佳选手奖，再次刷新了他们参加世界技能大赛奖牌榜的成绩。

2. 以赛促赛，广东职业技能竞赛舞台宽广

为夯实技能基础、为世界技能大赛培养最优秀的技能选手，广东省人力资源和社会保障厅不断完善技能竞赛培训和选拔体制机制，以世界技能大赛为引领，参照世界技能大赛办赛理念和标准，高标准举办省级赛事，技能培训和技能竞赛管理水平大幅提升，有力推动了全省高技能人才队伍建设高质量发展。

2016年11月19—23日，第一届广东省技工院校技能大赛举行，竞赛设有工业机器人应用与维护、现代物流、电气自动化、计算机网络技术、汽车技术等5个项

目。自 8 月报名启动，经过对全省 106 所院校上万名参赛者层层选拔产生的 90 个代表队、162 名学生进入决赛。

第四届广东省技工院校技能大赛

2017 年 11 月 21 日，第二届广东省技工院校技能大赛在广州市机电技师学院开幕。全省 108 所技工院校经选拔产生的 269 个代表队、379 名选手（含来自国内外 89 个企业的 101 名企业选手）参加 10 个项目的桂冠角逐。竞赛设工业机器人应用与维护、电气自动化设备安装与维修、计算机网络应用、电子商务、影视制作、汽车维修、模具设计、机电一体化、制冷设备运用与维修和平面设计共 10 个竞赛项目。

2018 年第三届广东省技工院校技能大赛设工业机器人应用与维护、3D 打印技术应用、"粤菜师傅"、健康护理等 15 个比赛项目，共计有 112 所技工院校上万名参赛者参与了初赛选拔，最终有 225 支代表队、409 名选手进入决赛。

2019 年第四届广东省技工院校技能大赛共设现代制造业综合技能、智能制造技术、物联网技术应用等 20 个比赛项目，共计有 128 所技工院校上万名参赛者参与了初赛选拔，最终有 284 个代表队、506 名学生进入决赛。

从 2020 年起，经国务院批准，人力资源和社会保障部将举办全国职业技能大赛，致力于打造全新的、综合性的国家职业技能竞赛品牌。中华人民共和国第一届职业技能大赛于 2020 年 12 月 10—13 日在广州举行。广东还以大赛为平台，推动技工院校与企业在大赛组织实施、技术支持、赛事直播等方面开展深度合作。通过

以赛促教、以赛促学、以赛促建，推动广东省技工教育高质量发展。

 直播现场

中国第一届职业技能大赛"倒计时 50 天"启动仪式

中华人民共和国第一届职业技能大赛吉祥物与标志

2020 年 10 月 20 日，中华人民共和国第一届职业技能大赛"倒计时 50 天"启动仪式在广州举行。启动仪式上，发布了体现"新时代、新技能、新梦想"主题、弘扬"劳动光荣、技能宝贵、创造伟大"时代风尚和精益求精工匠精神的全国职业技能大赛标识，同时发布了大赛吉祥物"扬扬、悦悦"及口号"技行天下，能创未来"。

吉祥物取名为"扬扬"和"悦悦"。广州又名羊城，"扬"谐音"羊"，吉祥物具有昂扬进取、积极向上的气质，故取名"扬扬"；"悦"谐音"粤"，既表示喜悦开心，也有"国赛举办地在美丽的广东"的含义。"扬扬"和"悦悦"都身着工装，手持工具和图纸，是技能人才的卡通代言，他们热忱欢迎全国的技能健儿来到广州同台竞技交流，共走技能成才之路，共抒技能报国之志。

3. 世界技能大赛转化，广东技工引领世界技能大赛成果应用

技能大赛是培养和选拔高技能人才的重要载体，也是拓宽高技能人才队伍的重要途径。借鉴世界技能大赛先进的理念、技术标准、评价标准，加大技工教育创新发展，改进技能人才培养模式，提高培养质量，大力培育支撑中国制造、中国创造的高技能人才队伍，是摆在当前的重要任务。

发挥世界技能大赛高端引领作用，促进技工教育与世界先进标准对接，将世界技能大赛的先进理念、标准和要求转化到技能人才培养过程中，为开发新一批国家技能人才培养标准和一体化课程规范提供新思路。

2012 年 6 月，广州市工贸技师学院率先设立"世界技能人才培养研究中心"，以 CAD 机械设计等 10 个项目为研究对象，对世界技能大赛的相关资源进行全面系

统研究，找到了可以转化到技能人才培养的嫁接点，包括世界技能大赛项目的技术标准融入相关专业的课程开发设计，世界技能大赛项目的知识与技能融入相关专业课程的课程标准，世界技能大赛的训练题目或比赛题目转化为相关课程的学习任务，世界技能大赛评分系统为教学评价提供

广州市工贸技师学院编著的世界技能大赛成果转化丛书

借鉴，集训资源转化为教学、学习资源等等。

2018 年，广东省人力资源和社会保障厅举办了世界技能大赛先进事迹巡回报告会。一个月内，在广东省 15 个市展开了巡讲，12 名世界技能大赛获奖选手分享了自己在技校的学习经历和备战世界技能大赛的奋斗经历，除场内的"技能成就梦想"主题演讲外，各地丰富多彩的外场展示、视频转播、在线互动也吸引了众多参与者。据不完全统计，活动期间，逾 15 万人参加了场内场外、线上线下活动，在全省掀起了一股技能超旋风，在社会上引起了巨大反响。

 **数说**

广东承接"世界技能大赛成果转化研究课题"从五方面着力

2019 年，受人力资源和社会保障部职业能力建设司委托，广东承接"世界技能大赛成果转化研究"课题。经过一年的努力，课题组从五个方面着力：一是通过调查研究，系统分析并梳理我国开展世界技能大赛成果转化应用的现状，并汇集了一批立足于世界技能大赛成果转化的经验作品。二是借鉴国内外经验，总结分析国内各地区转化世界技能大赛成果的经验与不足，提出我国世界技能大赛成果转化的总体思路、技术路径。三是选取世界技能大赛成绩突出的典型技师学院，选取代表性专业，基于世界技能大赛标准的专业开发和课程建设，开展教学实践，评估世界技能大赛成果转化成效。四是立足世界技能大赛标准转化与技能人才培养、培训结合，探索世界技能大赛标准向技能竞赛、技能人才培养模式、技能人才培养标准等转化的路径；探索世界技能大赛标准向国家职业技能标准、国家职业技术规范转化，对接国家标准与世界技能大赛标准。五是探索中国技能与世界技能的协同发展，推动

中国先进产业技能标准和技能人才培养标准国际化，提出我国世界技能大赛成果转化的战略构想。

2020年2月，世界技能大赛中国（广州）研究中心成立（下称"中心"），成为国家人力资源和社会保障部批准设立的全国四所世界技能大赛研究中心之一（另三所分别位于天津、上海、重庆）。"中心"依托广州市职业技术教研室（人力资源和社会保障部技工教育课程研究中心）设立，充分整合广州地区技工教育、职业培训、技能竞赛等综合优势。主要职责是开展世界技能大赛标准转化为国家技能人才培养标准、世界技能大赛标准推广应用、世界技能大赛成果转化案例以及世界技能大赛选拔集训、激励表彰等方面研究，推动技工院校教师能力提升和相应专业与课程建设。

世界技能大赛先进事迹巡回报告会现场

展望未来，我们要在"如期举办""影响广泛""出新出彩"的背景下，积极做好世界技能大赛转化工作，发挥"世界技能大赛杠杆效应"，以2022年上海世界技能大赛为契机，立足发展实际，建立世界技能大赛标准和行企标准的双向转化机制，加强长远谋划和顶层设计，用苦干实干托起技能中国梦，努力开创新时代职业技能事业发展新局面，将世界技能事业推向新的发展阶段。

人才评价　推陈出新

人才评价是人才发展体制机制的重要组成部分，也是人才资源开发管理和使用的前提。2016—2018 年，中共中央、国务院先后印发了《关于深化人才发展体制机制改革的意见》《新时期产业工人队伍建设改革方案》《关于分类推进人才评价机制改革的指导意见》等文件，提出创新人才评价机制，突出品德、能力和业绩评价，发挥多元评价主体作用，建立科学化、社会化、市场化的人才评价制度，改革职称制度和职业资格制度。人力资源和社会保障部印发《技能人才队伍建设实施方案（2018—2020 年）》《关于改革完善技能人才评价制度的意见》，提出改革完善技能人才评价制度，建立职业技能等级制度，加强职业标准和新职业开发，贯通高技能人才与工程技术人才职业发展，推进企业自主评价和第三方评价等多元评价改革。

结合实际，广东省从落实国家职业资格目录的清单式管理、建立职业技能等级制度、规范专项职业能力考核、贯通高技能人才和工程技术人员评价等方面，创新人才评价模式，落实人才评价政策，为人才的涌现和成长提供了一片沃土。

1. 落实国家职业资格目录的清单式管理

进入 21 世纪，广东省委、省政府实行就业准入制度，全面推行职业资格证书和毕业证书并重的制度，逐步落实国家职业资格认证体系。到 2007 年，技能鉴定涵盖的职业（工种）622 种（个），全省共有 800 万人次参加职业技能鉴定，625.7 万人次取得国家职业资格证书。1998—2007 年，鉴定和获证人数连续 10 年居全国第一。

2019 年，广东省落实人力资源和社会保障部关于改革完善技能人才评价制度的意见，严格实施国家职业资格目录，目录之外一律不再开展许可和认定职业资格。同时，不断完善技能人才多元评价体系，在目录范围内继续组织 34 家企业开展技能人才自主评价。全省鉴定 70.3 万人次，获证 44.1 万人次，新增技师、高级技师

3.3 万人次，同比增长 25.4%，技能人才结构不断优化。

2．建立职业技能等级制度

根据国家职业资格制度改革部署要求，广东省稳妥推进技能人员水平评价类职业资格分批退出国家职业资格目录，落实职业资格评价制度与职业技能等级认定制度相关政策衔接，引导评价单位将技能人才评价工作重心过渡到职业技能等级认定。广东省人力资源和社会保障厅在广东省开展企业、技工院校职业技能等级认定试点工作，审核确定了中船黄埔文冲船舶有限公司等 68 家企业、广东省技师学院等 50 家技工院校和 11 家社会培训评价组织为广东省职业技能等级认定试点单位。在完成第二批企业职业技能等级试点基础上，全面推开地级以上市承接职业技能等级认定工作。

在人力资源和社会保障部统一部署下，结合广东实际情况，以"企业—技工院校—社会评价组织"三步走的形式，统筹推进职业技能等级认定的开展。截至 2020 年 8 月中旬，广东省多家具有行业代表性的大型企业开展并完成首批认定工作，已有 18857 人参加职业技能等级认定，10844 人合格，其中 9738 人证书信息已获部鉴定中心审核通过。

 数说

广东省颁发首批职业技能等级证书

2019 年 11 月 8 日，广东省首批职业技能等级证书颁发仪式在深圳市人才园举行，标志着广东省技能人才队伍建设开启新征程，对于拓展技能人才成长通道、推动职业技能提升行动深入开展具有深远的意义。中国海洋石油集团有限公司、中广核核电运营有限公司率先完成广东省第一批职业技能等级认定自主评价任务，共 103 名企业在岗职工获得广东省首批职业技能等级证书，大部分获证员工来自深圳市，充分发挥了深圳作为中国特色社会主义先行示范区的引领作用。

为落实《国家职业教育改革实施方案》，2019 年教育部部署启动了"学历证书＋若干职业技能等级证书"（简称 1+X 证书）制度试点工作，分两批开展了包括工业机器人操作与运维等 16 个职业技能等级证书的试点工作。广东共有试点 349 个，约占全国试点总量的 6.6%。相关试点学校将"1+X"证书制度与专业建设、课程建设、教师队伍建设等紧密结合，重构人才培养方案；同时推动教师、教材、教法"三教"改革与实习实训基地建设等紧密结合，通过双元育人、课证融通、育训结合，提升职业教育质量和学生就业能力。

深圳市龙岗职业技术学校是首批 1+X 证书制度试点学校之一。2019 年 12 月 19—20 日该校进行汽车专业领域"汽车运用与维修职业技能等级证书"首场试考，包括汽车电子电气与空调舒适系统技术（初级）和汽车车身漆面养护与涂装喷漆技术（初级）两个模块。参加考核人数 62 人，有 59 人考核总分在 75 分以上，合格率达到 95.16%。

广东省颁发首批职业技能等级证书

3. 规范专项职业能力考核

广东省人力资源和社会保障厅结合"粤菜师傅""广东技工""南粤家政""乡村工匠"等重点工程，稳妥推进技能人员水平评价类职业资格分批退出国家职业资格目录，落实专项职业能力考核项目有关评价标准、规范和题库的开发工作，组织开发了一批具有当地特色的专

年轻的"粤菜师傅"

项职业能力考核项目，并规范开展认定评价。

2019年4月26日，广东省人力资源和社会保障厅发布了广府风味菜烹饪、广式点心制作、广东烧味制作、客家风味菜烹饪、客家风味点心制作、大埔小吃制作、潮式风味菜烹饪、潮式风味点心制作、潮式卤味制作、潮汕卤鹅制作10个"粤菜师傅"专项职业能力考核规范，主要考核常规的工艺技能和乡土本地菜肴制作。至此，广东省"粤菜师傅"烹饪技能标准基本建立，具备中式烹调师、中式面点师国家职业资格评价及专项职业能力考核的多层次评价标准。

截至2020年6月，广东省已建立了81项专项职业能力考核规范。

4. 贯通高技能人才和工程技术人员评价

2020年1月3日，广东省人力资源和社会保障厅召开省高技能人才与工程技术人才职业发展贯通试点总结暨首批高技能人才取得职称证书颁证会。珠海格力精密模具有限公司总经理黄国军是一名有着27年工龄的老工匠、技能大师，本次他顺利通过贯通评审，获得"正高级工程师"技术职称。

"作为一名普通工匠，今天被评定并授予'正高级工程师'技术职称，我明显

高技能人才黄国军通过贯通评审获"正高级工程师"技术职称

感受到，技能型人才比以前更受重视了！"黄国军说，高技能人才与工程技术人才职业发展的贯通，将促进广东省技能人才队伍的发展，推动企业实现高质量发展。

为贯彻落实人力资源和社会保障部《关于在工程技术领域实现高技能人才与工程技术人才职业发展贯通的意见（试行）》文件精神，2019 年 5 月广东省人力资源和社会保障厅印发了《关于在工程技术领域实现高技能人才与工程技术人才职业发展贯通的实施方案》，旨在打破高技能人才与专业技术人才职业发展的壁垒，促进两类人才深度融合，加快培养一支素质优良、技艺精湛、具有工匠精神的复合型人才队伍，最大限度激发两类人才创新创造创业活力，为广东省经济社会高质量发展提供人才智力支撑。

数说

广东高技能人才与工程技术人才职业发展贯通

广东省人社厅推行高技能人才与工程技术人才贯通政策，结合全省各行业人才队伍实际，2019 年选择机电、轻工、食品、电力 4 个专业领域先行开展高技能人才申报工程技术职称试点。

试点开展以来，全省共 652 名高技能人才申报，经评审，共有 531 名高技能人才取得工程技术职称，其中正高级 2 人，副高级 123 人，中级 204 人，初级 202 人。

5. 抓"双区"建设契机，推进粤港澳技能人才评价

2020 年广东以粤港澳大湾区建设和支持深圳建设先行示范区为契机，抢抓机遇，深化改革，转变职能，完善服务，构建技能人才多元评价体系。以粤港澳大湾区建设为"纲"，借助部省合作机制优势，巩固深化粤港澳职业技能评价交流合作成果，拓展"一试多证"项目。在职业技能等级制度框架下，积极拓展港澳地区合作空间，探索通过职业技能等级证书对接模式，进一步推动大湾区技能人才职业资格互认，扩大互认范围。支持深圳先行先试开展职业技能等级认定试点工作。支持深圳率先实现对相关领域港澳职业资格的认可及引进国际证书，加快建立与国际接轨的技能人才评价体系。同时，以同等力度助力广州，推动广州、深圳龙头企业人才评价标准上升为国家职业技能标准。

 数说

抢抓"双区"建设机遇，拓展粤港澳国际"一试四证"

2020年广东省职业技能服务指导中心拓宽互认方式，将美容师粤港国际"一试三证"拓展为粤港澳国际"一试四证"，截至2020年7月，已有243名内地居民通过一次考试获取粤港澳三地及国际4个证书。在此基础上还积极扩展"一试多证"考核范围，以美容师、美发师为基础，主动协商港方探索新增"中式烹调师"合作项目。与香港工联会签署合作协议共建大湾区技能人才培养评价模式。"一试三证"人才评价模式被评为2019年全国人才工作创新优秀案例。同时，抓好港澳地区13个职业（工种）的职业资格鉴定考试，2019年全年考试62批次，854人次参加，501人合格。联合香港工联会共同举办厨艺大赛，首次将赛事纳入省级一类竞赛，进一步树立品牌效应。

工匠精神　广为流传

　　中国人向来崇尚"一技傍身"，历史上就有众多能工巧匠。天下难事，必作于易；天下大事，必作于细。或许，不是人人都能凭借一技之长而名闻天下，但只要不断锤炼一技之长，每个人都能奏出自己职业生涯的华彩乐章。技能不仅是一种谋生手段，还是一种事业追求、一种工作荣耀、一种生命守望，只有大力弘扬工匠精神，才能在劳动者中营造恪尽职守、精益求精的良好氛围，鼓励优秀的技工人才锐意创新，追求极致，用一流的产品回报社会。

1. 《技行天下》，媒体为劳动者选秀

　　源于英文 show 的"秀"字，形象生动，是近年来当下荧屏综艺节目的关键词。打开荧屏，几乎密密麻麻都是"秀场"。但什么样的偶像，才是优质的偶像？当下及今后，我们需要什么样的偶像选秀节目？又该如何倡导和培育健康的偶像文化？广东卫视的《技行天下》作为一股清流，完美地回答了这个命题。

《技行天下》海报

　　2012 年，《技行天下》正式开播。一经播出，即引发了强烈的社会反响。这档选秀，承载着广东省人力资源和社会保障厅和广东广播电视台的共同心血，在广东卫视的荧屏点燃了技能之梦。7 年时光，让全国观众看到了可以比肩世界先进国家的技能人才培养成果，也见证了一个省份的技能力量被持续激活。独特新颖的节目

《技行天下》世赛篇

形式，吸引更多青少年投身到技术工作学习当中，并且成为拥有一技之长的有用之才，为中国发展贡献自己的力量，真正实现技能改变生活、改变命运。

《技行天下》每一季的节目都会选取六个行业工种，然后通过招募挑选各行业内的精英人才进行比拼。每个行业的比赛都会录制90分钟的时间，进行充分展示，让观众们全方位地了解各个行业的状况和行业精英的风采。《技行天下》的主角都是普通的劳动者，通过展现从每一个工种中提炼出来的、既具专业性又具观赏性的技术工种比赛，以及通过讲述每一位参赛者身上的动人故事，给广大电视观众传达"技能改变人生"的励志理念。

真实的人物，真实的事件，用技能改变人生讲述真实的故事。我们可以从一期期节目的主题中读懂《技行天下》的创意脉络。2014年《技行天下》秉承着"从群众中来，到群众中去"的思路，精心挑选了服装设计师、汽车钣金工、木工、餐厅服务员、动漫设计师、快递员六大颇具群众基础且各有看点的职业类型。2017年10月，《技行天下》的镜头对准在阿联酋阿布扎比举行的第44届世界技能大赛赛场，以真实场景再现了"惊心动魄"的竞赛场面。围绕《中国制造2025》《粤港澳大湾区发展规划纲要》等国家发展战略，用镜头记录时代匠人的风采，致敬家国兴盛背后每一个坚守岗位、默默付出的技能人才。以《湾区匠人篇》呼应，2020年7月、8月广东省连续出台的"乡村振兴"和"南粤家政"，走近粤菜师傅、南粤家政人员、先进制造业工程师等能工巧匠的工作与生活，讲述他们为实现美好生活，为湾区建设而拼搏的故事。

 技工楷模

石化仪表届的"妙手神医"

暴沛然，这是一个特别的名字，更是一位特别的工匠。2018年，他在《技行天下》第一集《能源擎动》中亮相。节目一经播出，在企业职工中引起热烈反响。他

扎根现场30多年，先后攻克丁二烯压
缩机P2101轴温使用中断路、S-Zorb装
置程控球阀使用寿命短、动力锅炉主
给水调节阀内漏等60多项仪表技术难
题，是一位众所周知的仪表维护维修专
家。他所在的创新创效工作室累计发明
了26项实用工具，实施了99项创新成
果，创新成果层出不穷，近5年来共收
获79项成果，其中工具类18项、生产
问题改善类61项，有46项获得奖励。
他积极以师带徒、传授技艺，仅2017

暴沛然（右）

年，就为公司仪表专业的技能人员和技术人员培训多达120学时，培养出的一批技
能人才已成为各级业务骨干。

2."南粤工匠"，弘扬劳模精神和工匠精神

◆

劳动教育是新时期党对教育的新要求，是中国特色社会主义教育制度的重要内
容，意义重大。党的十九大报告指出，要建设知识型、技能型、创新型劳动者大军，
弘扬劳模精神和工匠精神，营造劳动光荣的社会风尚和精益求精的敬业风气。2018
年9月10日，习近平总
书记在全国教育大会上发
表讲话时指出：要在学生
中弘扬劳动精神，教育引
导学生崇尚劳动、尊重劳
动，懂得劳动最光荣、劳
动最崇高、劳动最伟大、
劳动最美丽的道理，长大
后能够辛勤劳动、诚实劳
动、创造性劳动。这是国
家领导人立足新时代对于

南粤工匠刘明德分享自己的故事

共和国年轻一代最重要的召唤。

为了贯彻落实党的十九大精神和习近平总书记重要讲话精神，培育和践行社会主义核心价值观，激励各行各业为新时代建功立业，从2016年起，广东省开展了"寻找身边的南粤工匠"学习宣传活动，每年从全省上百名优秀工匠候选人中评选出20名"南粤工匠"。同时为了弘扬劳模精神和工匠精神，还组织南粤工匠进校园活动，工匠们朴实的工作经历，生动典型的事例诠释了敬业、精业、奉献的真谛。一颗"匠心"让学子感受到的是一丝不苟、坚持、执着、追求极致；一身"匠技"让学子体会到的是技能成才、技能报国的高尚品质。

 技工楷模

"90后"劳动模范

钟栋鹏

2016年4月，钟栋鹏被"中国宋庆龄基金会汽车人关爱基金"组委会授予"中国汽车行业最美汽车人"；2016年"五一"期间，广州电视台新闻频道推出五大"广州工匠"系列报道，钟栋鹏赫然在列。时光回溯，2009年钟栋鹏作为广州市技师学院应届毕业生入职广汽丰田，当起了一名技术工人，至2014年5年时间，钟栋鹏以"匠者"之执着与创新，实现了从一名技校生到问鼎中国工人至高荣誉的华丽转身：2014年被人力资源和社会保障部、中国机械工业联合会授予"全国机械工业劳动模范"，2015年被国务院授予"全国劳动模范"。在平时工作中，他不断积累工作经验，不断加强各项技能。为总装二科设备制定了一系列的标准化作业，以及点检项目的规划等。个人技能方面，他熟悉机械加工、电气焊、电器维修、全气控设备设计与维护、日系机器人编程以及西门子、三菱、丰工PLC编程。现持有高级维修电工、高级FX系列可编程控制器设计师等各种操作证书。在该区域设备可动率维持在99%以上。近年来，先后在公司新车型导入的其中机器人涂胶轨迹追加、升降机接车位置调整等几个项目中担任技术支援的工作。

3. "工匠学院"，搭建产业工人终身学习平台

❖━━━━━━

技行天下，广东有坚实的人才基础。大力弘扬劳模精神与工匠精神，广东有

务实的工业文化，以实际行动走在前列。2018 年 5 月 22 日，广东省总工会成立广东工匠学院。作为广东省首家工匠学院，"广东工匠学院"紧扣时代主题，把"建设知识型、技能型、创新型劳动者大军，弘扬劳模精神与工匠精神"作为重要使命和担当，将终身学习贯穿于职工及产业工人职业生涯全过程，搭建产业工人教育培训"立交桥"，努力打造与广东社会经济发展相适应的高技能人才。

广东工匠学院揭牌活动

 直播现场

广东工匠学院承担 2019 级广东省劳模工匠本科班
线下教学组织工作

为庆祝新中国成立 70 周年，2019 年 9 月 28 日上午，由省总工会、省教育厅主办，2019 级广东省劳模工匠本科班开学典礼在华南理工大学校园举行，94 名广东省劳模工匠正式成为本科班学员。这是全国省级工会主导开办的第一个劳模工匠本科班。秉着"办出广东特色、劳动特色和工会特色"的工作目标，针对劳模工匠学员的特点和实际需求，广东省劳模工匠本科班采用线上线下相结合、不脱产的方式进

高凤林为 2019 级广东省劳模工匠本科班学员讲开学第一课

行教学，教学方法和形式灵活多样，进一步提高教学质量，真正做到助力劳模工匠成长、关爱劳模工匠发展。广东工匠学院作为省总工会的直属院校，承担线下教学的组织工作。中华全国总工会兼职副主席、全国劳模、大国工匠高凤林，代表中华全国总工会向开学典礼的举办表示热烈的祝贺，他与学员们分享了自己从一名技校毕业生、扎根车间一线 38 年苦练技艺、成长为大国工匠的奋斗经历，以及对于工匠精神的自我体悟，赢得了大家的阵阵掌声。

　　培育、践行工匠精神，开拓创新树立品牌。改革开放 40 年来，广东正以敢为人先、开放包容的精神，积极地实现理论与实践的结合，走出一条新路子，让广东技工成为推动广东经济高质量发展的品牌动力。

 拓展阅读

珠三角工匠精神展示馆在佛山市南海区建成开馆

　　2018 年 4 月 26 日，总面积近 2 万平方米的珠三角工匠精神展示馆在佛山市南海区建成正式开馆。该馆是广东最大的工业类主题展馆，是展示珠三角制造业创新发展的第一门户，也是全国最大的工匠精神展示馆。展馆的主展区由序厅、百年征程、工业目录、创新佛山、品牌南海展厅组成。其中，百年征程展区以 100 多个大事件、100 多张老照片、100 多份老报纸、100 个珠三角创新"第一"，重温珠三角工业文明的百年征程，再现珠三角坚守工匠精神、推动制造业发展的前世今生和辉煌成就。而工业目录展区则收录了珠三角九座城市的工业发展状况，用"工业目录"的方式，系统展示珠三角完备的工业体系，呈现九座城市、百万家企业锻造十万亿工业产值的创新实践。

珠江三角洲工匠精神展示馆

4. 技能自信，高歌迈进新时代

以高技能人才建设为目标的"广东技工"工程已深入人心，"广东技工"工程掀起了广东知识型、技能型、创新型高技能人才队伍建设的热潮。这一切得益于"广东模式"的打造：

规划先行。广东省委、省政府高度重视技能人才队伍建设，将人才培养和人才队伍建设作为制造业强省的重要支撑，并纳入经济社会发展规划，纳入创新驱动发展、振兴实体经济等重大战略。

坚守阵地。广东充分发挥技工院校培养技能人才主阵地的作用。目前广东省已基本建成全国最大的技工教育体系，技能人才总量和高技能人才数量均居全国第一。

推崇技能。重视职业技能提升，培育和弘扬工匠精神。大力培育"创新能手""世界技能大赛标兵""粤菜名厨"和"家政好手"，持续开展职工在岗培训，实施"广东技工"技能圆梦行动。突出"一校一品牌、一系一特色、一课一精品"，树立技能典型，打造技能明星，营造劳动光荣、技能宝贵、创造伟大的社会风尚。让更多人走上技能成才之路，自信人生，各美其美。

开放合作。引进国际先进办学模式，对标国际先进的办学理念、办学模式，走出去、引进来。借鉴德国"双元制"模式，创新推行"校企双制"。引进新加坡"教学工厂"模式，推动全省普遍开展"校中厂""厂中校"共建生产实训基地等校企合作模式，有效提升技能人才国际化水平。

 **特别关注**

加快培养高素质技能人才队伍

2020年4月10日，在广东省人民政府新闻办公室举行的新闻发布会上，广东省人力资源和社会保障厅党组成员、副厅长、一级巡视员杨红山介绍了广东省技能人才培养情况和下一步工作新举措。杨红山介绍道，广东省一直高度重视技能人才培养工作，取得显著成效。接下来，广东省人社厅将全面贯彻落实省委、省政府"制造业十九条"，加快培养造就一支高素质技能人才队伍。

一是全面推进实施"广东技工"工程。重点实施服务现代产业发展、技工教育大发展、职业技能提升、创新评价激励机制、广东技工技能菁英培育成长、技能就业创业、工匠精神培育弘扬等七大行动，打造一支规模宏大、技能精湛、追求卓越

广东省人力资源和社会保障厅党组成员、副厅长、一级巡视员杨红山答记者问

的"广东技工"队伍，让"广东技工"与"广东制造"共同成长。到 2025 年，技能劳动者占就业人员总量的比例居全国前列，高技能人才占技能人才比例 40% 以上。

二是创新高技能人才培养机制。针对广东省制造业高质量发展对高技能人才的需求，将积极推动体制机制改革创新。一方面，大力推动技工教育高质量发展。在全省范围内加快优化技工院校区域布局，创建 10 所高水平技师学院，围绕制造业产业集群，开发智能制造、集成电路、新材料等领域相关专业。深化产教融合，推动技工院校与华为、西门子等 85 家世界 500 强企业的深度合作，完善校企双制办学模式，推行企业新型学徒制，培养一批制造业领域技能大师和创新能手。另一方面，大规模开展职业技能培训。重点实施新生代产业工人培养等十大工程，面向企业职工、农民工、下岗分流人员等重点群体，广泛开展岗前培训、在岗技能提升、转岗转业培训，按规定给予培训补贴，力争今年培训 200 万人次以上。同时，在疫情防控期间，大力开展送政策、送资金、送技工到企业活动。

三是大力激发技能人才活力。进一步优化技能人才成长环境，提升技能人才社会地位和待遇水平；加快推行职业技能等级认定制度；贯通高技能人才与专业技术人才职业发展立交桥；提高高技能人才在各类表彰奖励中的比例；创新"技行天下"电视节目，树立"广东技工"典型，打造技能明星，激励广大青年走技能成才、技能报国之路。

"自信人生二百年，会当水击三千里"。以精益求精的工匠精神激励广大青年，让技能成才、技能报国成为时代强音，让尊重劳动，崇尚技能蔚然成风，广东一定能在制（智）造强省的征程上不断创造新的辉煌。

四、群英荟萃：

广东技工的杰出代表

看似寻常最奇崛，成如容易却艰辛。每一次成功的背后都留下艰苦奋斗的足迹，每一份成绩的背后都藏着不为人知的努力，正如一首歌所唱"不经历风雨，怎么见彩虹……"。广东培养了无数技术精湛、水平高超的能工巧匠、专家大师，为社会主义现代化建设输送了一大批技术、技能人才。我们仅从中挑选了部分广东技工杰出代表，他们的人生历练和成长故事告诉我们，奋斗，是奋斗者的座右铭。

勇夺首金的追梦少年

——记世界技能大赛冠军林春泷

林春泷

编者按： 林春泷，中国空空导弹研究院十一分厂加工中心二级操作师。广东省机械技师学院优秀毕业生，第43届世界技能大赛制造团队挑战赛金牌获得者。全国技术能手，中国航空工业杰出青年，2020年"全国向上向善好青年"推选活动中获"爱岗敬业好青年"称号。

世界技能大赛被誉为技能界的"奥林匹克"。2015年，第43届世界技能大赛颁奖赛场上首次听到"中国"声音，林春泷和他的队友成功"夺金"，为中国实现奖牌"零"突破。如今，这位95后"匠人"已经成长为航空工业导弹院的技术骨干。

浪子回头　少年追梦

◆

"非学无以广才，非志无以成学。"回想起为中国拿下第 43 届世界技能大赛制造团队挑战赛项目金牌的时刻，林春泷感受最深的就是：技能人生的路，总算走对了。

林春泷家在广东揭阳农村，自打初中迷上网络游戏，导致中考落榜后，他选择走进社会，踏上打工路。做过印刷工人，学过会计。然而，"没有学历，没有一技之长，没人看得上你。"屡屡碰壁后林春泷幡然醒悟，在 2012 年来到了广东省机械技师学院，就读机电一体化专业。

"见到机械设备就莫名兴奋。"林春泷说，自己从小就喜欢机械，小时候自己拆收音机，把遥控赛车拆了做汽艇。以前上课，他瞌睡连天，到了技校课堂，"瞌睡虫"再没找过他。他沉下心，参加学校计算机辅助设计培训班，钻研学习普车、普铣和电装等操作技能。认真学、爱好学、有目标学，使得林春泷入学第一学期便取得全班第一名的好成绩。

2013 年，学院在全校范围内进行数控竞赛班选拔。抱着在全国数控技能大赛省赛上得第一就可以获得 1 万元奖励的目的，林春泷报名了。

"当时，1 万元对我来说，可是个很大的数目。"林春泷说，没想到，经过层层选拔，自己还真的被选上了。

那个暑假，林春泷一直留在学校参加数控铣培训。经过半年的训练，林春泷的技术有了质的飞跃，思想也沉淀了下来——"刚开始，是为了 1 万元奖金。后来发现，学到技术技能比 1 万元钱重要多了。"

2014 年，广东省举行第 43 届世界技能大赛制造团队挑战赛项目选拔赛，抱着"试一试"念头的林春泷，结果力拔头筹，成功进入第 43 届世界技能大赛制造团队挑战赛项目的中国集训队。在第 43 届世界技能大赛入场券的争夺中，稳定的心理素质又让林春泷有了超常发挥，全国赛第一的他成功拿到了唯一一张该项目的世界技能大赛入场券。

这场在巴西举行的世界技能大赛，项目比赛过程并不是那么轻松。制造团队挑战赛项目分产品制作和意外项目两项考核。尽管在比赛中，数控加工部分的重要尺寸比平时训练时大了 1 倍，但"卓越技能，为梦而战"的信念如火焰般在林春泷和

林春泷（中）和他的队友

他的队友心中熊熊燃烧，经过4天鏖战，4天打拼，林春泷和伙伴们加工的零件近乎完美，为祖国夺取了一块宝贵的金牌。

当五星红旗冉冉升起的那一刻，林春泷心潮澎湃，真正体会到"祖国"两个字的深刻内涵。

技能报国　精益求精

❖

绝大部分获奖选手在比赛结束后都会选择留校任教，但林春泷载誉归来后，毅然选择加入航空工业导弹院。他拜"大国工匠"鲁宏勋为师，加入其班组。

"只要扫两眼，我就能记住图纸上的形状和尺寸，再精密复杂的零部件我也能把它生产出来。"

林春泷不光记忆力惊人，"刀工"更是了得。数控操作对精度要求很高，一般要求误差 0.01 毫米以内，相当于一根头发丝的六分之一。林春泷却能用事先编好的电脑程序对机床进行控制，通过人工调试、切削加工等，保证零部件的精度。

即便技艺高超，从学校直接到车间，世界冠军林春泷还是不敢掉以轻心，"比赛是看谁做得更好，有些小的误差不影响高分。生产却不行，有一点误差，这个活儿就废了。"

宝剑锋从磨砺出。林春泷有一次发现，有个零件每次加工完都会造成偏差，需要人工重新测量、修改坐标才能继续加工。他尝试编写了一段程序，改为机床在每次加工前自动校准坐标，重新定位，提高了效率。

一个人之所以能够成为"工匠"，就在于他对自己产品品质的追求，只有进行时，没有完成时。林春泷正是这样一个"完美"追求者。他不惜花费大量的时间和精力，反复改进产品，努力把产品的品质从 99%，提升到 99.9%，再提升到99.99%。

"对于'工匠'来说，产品的品质只有更好，没有最好。"林春泷说，师父鲁宏勋身上体现的正是这样的"大国工匠"精神，他一直深受感染，也以此鞭策自己不断学习进步。

唯有奋斗　不负韶华

十九大报告中提出"建设知识型、技能型、创新型劳动者大军，弘扬劳模精神和工匠精神，营造劳动光荣的社会风尚和精益求精的敬业风气"。林春泷就是在技能浪潮中那个乘风破浪的人。

"我想去深造，现在知识更新太快了，不学习很快就会落伍。"林春泷正在准备专升本考试，给自己继续充电。他的目标是像师父鲁宏勋那样成为一名"大国工匠"。当然，这需要知识、阅历和经验的积累，相信时间能给林春泷机会慢慢沉淀。

回首自己的人生选择，林春泷的语调轻松而又坚定："今后会更加努力，以我的伯乐鲁宏勋大师为榜样，不断提高自身能力和综合素质，以充沛的精力、刻苦钻研的精神，争做高技能人才，为中航工业的发展尽职，为中国航空事业的发展尽忠。"

追风男儿的逆袭之路

——记世界技能大赛冠军张志坤

张志坤

编者按： 张志坤，广东省机械技师学院教师兼教练、高级技师，第43届世界技能大赛数控铣项目金牌获得者。全国技术能手、国务院特殊津贴专家、世界技能大赛申办形象大使。

2015年8月16日，第43届世界技能大赛数控铣项目选手张志坤以近乎完美的表现惊艳在场的专家和评委，然而两小时后出现"神反转"，该项目所有选手成绩被宣判无效。10天后，世界技能大赛组委会首次直播颁奖，张志坤以超高分一举夺魁，金牌失而复得。

"问题少年"懵懂读技校

1995 年，张志坤出生在广东揭阳普宁的一个客家家庭，上幼儿园时，父母赴东莞打工，他和姐姐弟弟三人由爷爷奶奶抚养，成为众多留守儿童中的一员。

儿时的张志坤不大爱与人交流，看似沉默文静，却十分有个性，比同龄人更加叛逆，凡事不肯认输，父母没少为他的学习操心。"别人考八九十分，他只考四五十分。"父母每次打电话回家，总不忘叮嘱他和弟弟："要好好学习，不要乱跑"。作为哥哥的他嘴上答应，转头又不见人影，经常在外面游荡、上网玩游戏，是大家眼中的"问题少年"。

就这样，张志坤"混"到初中毕业。2010 年 9 月，在家人的安排下来他来到广东省机械技师学院。"成绩太差，出来打工年龄又太小，只好先学一门技术。"在父亲张金龙看来，将孩子送入技工学校，就是为了学一技之长，这样今后也能自食其力。

与许多刚入技校的孩子一样，张志坤对所学的数控铣专业一片茫然。临行前，父亲语重心长地嘱咐他说："孩子，要好好学习，不能再像以前一样。"看着父母日益苍老的容颜，张志坤也暗下决心，不能再让父母失望了。

来到技校后，学校严格管理、狠抓文化基础学习，完全出乎张志坤的想象。但由于知识功底薄，张志坤感觉到如同在听天书。"不知道为什么，就是听不懂，又不知道问谁，只好放任自流了。"

追风男儿世界技能大赛勇夺金

一年后，世界技能大赛海选点亮了张志坤的兴趣和热情。

学院面向全校海选，组建竞赛集训班，为各类各级竞赛储备参赛选手。第一次选拔，张志坤名落孙山，但他体内那股不服输的潜能又被激发起来，"我一定要进集训班！"他鼓起勇气给教练李业校发了条信息，"老师，请给我一次机会，我进集训班后一定会认认真真学习，不会让您失望"。第一次碰到毛遂自荐的学生，教练组的老师们商量后，决定给他一个机会，让他"跟班试读"。

一门双冠军，中国技能"双子星"张志坤（右）、张志斌（左）兄弟

集训班成了张志坤发力的起点。尽管他对课堂上老师所授的内容一知半解，但他珍惜这难得的机会，一抛往日的羞涩，主动向老师和同学请教，并尽最大的努力去学。"起初就是模仿，别人怎么做，我就依样画葫芦，然后慢慢消化。"

在别人看来"不爱说话、性子犟"反倒帮了他，使他能静下心来钻研知识，学习技能。在集训班，他学习的是数控铣，要求会编程、画图、加工。张志坤经常一人在车间、在教室、在宿舍自行练习这些技能。他还定下任务，每晚画几幅图才能睡觉，有时甚至熬到凌晨两三点。放寒假回家，也窝在家里画图。"突然就像换了个人似的"，李业校教练如此形容。

自此，张志坤"找到了感觉"，身体内的小宇宙被点燃了。2012 年底，他参加了第五届全国数控大赛广东省选拔赛，首次见识大场面，很紧张，节奏没掌握好。但由于平时训练扎实，他还是如愿成为广东省代表团成员之一。此后的一个月时间里，他"啃"下一本本厚厚的理论书，并获第五届全国数控技能大赛数控铣项目学生中技组第二名。

日复一日的训练，面对冰冷的数控铣床，在别人看来是枯燥无比，但在张志坤的眼里，那个"铁疙瘩大块头"是他最亲密的朋友，他喜欢听加工过程中刀具切削金属的声音，他愿意花更多精力去钻研，去读懂"朋友"。别人睡 8 小时，他只睡 6 小时，每天要进行 8~10 小时的练习。"技能是积累经验的过程，要多动手去做才能领悟其中的精髓。"功夫不负有心人！2014 年 6 月，张志坤获得第 43 届世界技能大赛全国选拔赛数控铣项目第四名，成为集训队中的一员。接下来再通过层层选拔考核，他获得了第 43 届世界技能大赛数控铣项目的参赛资格，代表中国参赛。

受张志坤影响，弟弟张志斌也入读了广东省机械技师学院，在学院世界技能大赛文化的浸润下，弟弟张志斌勤学苦练，一举获得第 44 届世界技能大赛塑料模具工程项目金牌，他与哥哥一起成为闪耀"世界技能奥林匹克"的"金牌兄弟"！

盛名之下潜心育桃李

"站在赛场上的时候没想很多，就是想着享受比赛，然后发挥出自己的水平就够了。"在第 43 届世界技能大赛数控铣项目后，张志坤仿佛已完全忘却了刚刚那场没有硝烟的战争。可实际在比赛中，来自各国的数控铣选手需要处理 3 块不同材料制成的零件，每块的大小甚至还比不上一台最新的华为手机，就是在这方寸之间，误差却要控制在 0.015~0.04 毫米，以考核选手对尺寸的把握和对精度等级的限制。

如今的张志坤，已是"全国技术能手"、数控铣高级技师、享受国务院政府特殊津贴的专家、申办第 46 届世界技能大赛的形象大使。

"如今我成为一名光荣的技工学校教师，我要做好传道授业解惑，帮助更多的学生实现技能成才的梦想，我希望五星红旗能多次在世界技能大赛的赛场升起。"

"鲲鹏展翅九万里，长空无崖任搏击"，张志坤的"坤"鹏之志还在延续。

原型小子的出彩青春
——记世界技能大赛冠军黄枫杰

黄枫杰

编者按： 黄枫杰，广州市技师学院青年教师、第 44 届世界技能大赛原型制作项目金牌获得者。广州市技术创新能手、广东五四青年奖章获得者、全国技术能手、全国优秀共青团员。广东省五一劳动奖章获得者、全国向上向善好青年、广东省劳动模范，入选"岭南英杰"工程后备人才。

在广州市技师学院江高校区世界技能大赛原型制作项目中国集训基地，教练黄枫杰正在紧锣密鼓地训练集训选手。身为教练，黄枫杰在手把手传道授业过程中时有感触，似乎回到了当年征战世界技能大赛的峥嵘岁月。"我享受于完成多种复杂工艺后的成就感。每一个作品都承载了我们匠人的思想、情感和对生活的感悟。我

186

一直相信，追求极致，技术也能成就出彩人生。"黄枫杰说。

时间回溯至 2017 年 10 月，第 44 届世界技能大赛在阿布扎比巅峰对决。最终，中国以 15 金高居金牌榜首位。黄枫杰代表中国首次参加原型制作项目就摘得桂冠，为中国赢得该项目首金。那年，他年仅 21 岁。

成就匠心向大国工匠迈进

黄枫杰的故事绕不开世界技能大赛。

第 44 届世界技能大赛，原型制作项目是我国首次出战的比赛项目，黄枫杰的压力可想而知。原型制作是产品迈向生产线的关键步骤，是对产品外观是否合理的检验，包含设计、3D 打印、铣床、车床、手工打磨、抛光、喷漆七大工序。比赛要持续 3 日共 22 小时，首日出师就不利。"图纸模型三分之一的尺寸缺失，第一步就被卡住了，我和专家团队制定好的比赛计划直接落空。把问题反馈到裁判组，再次获取尺寸数据，原计划 3 小时敲定的设计建模环节，直到下午才搞定。"紧接着状况颇多，尺寸缺失、材料临时变更、机床使用规则改变……一波三折的赛事反而让他更加专注。最终，黄枫杰提前顺利完成了整个流程，且多个关键技术点优于他国选手。

其杀手锏是"一刀准"。"一刀准意味着精准度丝毫不差。他完全可以做到，第一刀下去后经测量调校，第二刀凭感觉进行精准切割。"赵晓霞说。在赛场上，这一绝活一亮出，其他选手的机床技术便黯然失色。其"一刀准"绝活练就的初衷来自央视"大国工匠"栏目一位钳工师傅带来的震撼。"钳工师傅做出来的零件精度能达到 0.01 毫米，这种追求完美、力求极致的精神就是工匠精神。我们都是'匠人'，我也应该能够做到。"黄枫杰无数次地上机，无数次积累，熟能生巧，练就绝活。

而取得世界技能大赛冠军，让他对工匠精神有了更深刻的领悟。2017 年 11 月 21 日，李克强总理接见参赛的中国代表队。总理勉励大家要争做大国工匠。现在黄枫杰正朝着这个目标而努力。

留校担任教练继续攀登

人生路遥，志在千里。黄枫杰时常念起儿时的记忆。"爷爷算是我的启蒙老师。

小时候家里有一台农用拖拉机，爷爷不仅是使用拖拉机的好手，还是拆修好手，也经常帮其他人修理，在我们村是有名的技术能手。"从小耳濡目染，他对机械产生了浓厚的兴趣，一技傍身的愿望如种子般在心里萌芽。他将这一纯粹的记忆视作自己的初心。在他看来，工匠精神最重要的是传承，一棒接一棒。

"作为世界技能大赛参与者，我有责任和义务将世界技能大赛精神传递；作为一名技工教育工作者，我有责任和义务将世界技能大赛精神融入日常的教学与集训工作中。"留校后，他即刻切换角色——做一名快乐而执着的教育匠人。

他马不停蹄地投入到第 45 届世界技能大赛校内集训工作中，以亦师亦友的身份，带着世界技能大赛的竞技状态和精神，引领学院原型制作项目梯队选手刻苦训练，起早贪黑，出题测试，亲身示范，分享经验。

2019 年，只比学生大 3 岁的他以新的身份带领学生重返世界技能大赛赛场。这一次，他作为教练，体验了站在赛场外的紧张和激烈。在他和其他团队教练的指导下，学生杨明道、梁耀锋、文俊凯包揽了第 45 届世界技能大赛原型制作项目全国选拔赛前三名。文俊凯代表中国参加在俄罗斯喀山举行的第 45 届世界技能大赛原型制作项目比赛，最终取得优胜奖。

作为每天朝夕相处的徒弟与朋友，耳濡目染的文俊凯深有感触："世界技能大赛金牌选手每天与我们朝夕相处，这种感觉是不一样的，总有一种隐形的精神给予我们力量。"

筹建大师工作室助力学院高端发展

拥有过高光时刻，如何再迎来铿锵的青春篇章？黄枫杰的答案是：回归初心，切莫沦陷于荣誉，秉持工匠精神，继续做自己喜欢做的事。

2018 年，黄枫杰与团队大力推进筹建和申报原型制作技能大师工作室，将大师工作室定位为：学院专业深化与企业产业紧密对接的窗口，高端引领专业建设，着重发挥其专业深化建设、高技能人才培养、技能创新、技术攻关、技艺传承等功能。

黄枫杰及团队合力开展"产、学、研"相结合人才培养模式研究；对接世界技能大赛，引入世界技能大赛标准，探索与产业和专业结构对接的方法、途径，结合专业特点制定可行性机制，立足产业、企业对人才的需求，适时调整专业的建设方向，指导实施并动态研究行业、典型企业对原型制作高技能人才质量标准的要求；围绕产业人才定位需求，研究以企业为主导的评价机制，打造高技能人才"工学评"一体化研修平台；依托技能大师工作室的技术优势和设备优势，深入企业，以关键技术为核心，将企业岗位需求与学生可持续发展相结合，遵循学生职业成长发展规律，构建基于工业设计及首板（手板）企业生产流程的课程体系。

黄枫杰（右）指导选手

原型制作技能大师工作室与华南理工大学副教授熊志勇及其团队在"制造"与"智造"合而为一的创新理念上产生了火花。黄枫杰作为学院技术代表，与熊志勇的研发团队携手合作。经深入企业及研究机构调研智能导盲市场需求及研发情况，团队开始着手研发智能导盲犬。历经3个多月的研制，一款外形时尚精致的导盲犬应运而生。

原型制作技能大师工作室还与美国公司合作。2018年11月，比尔及梅琳达·盖茨基金会在北京举办"新世代厕所博览会"，旨在共同加快推广创新清洁卫生技术。黄枫杰应邀参与制作污水处理器模型。最终，这款产品模型获得媒体和参展商的一致好评。

却顾所来径，诸多感慨；眺望前方路，任重道远。黄枫杰清楚意识到，要战胜失败，更要超越胜利。还有很多比他优秀又更努力的人，他就更没有理由放慢前进的脚步。

对于他而言，更大的考验，才刚刚开始；更多的精彩，才刚刚上演。

砌筑新秀的绣花功夫

——记世界技能大赛冠军梁智滨

梁智滨

> **编者按：** 梁智滨，广州市建筑工程职业学校实习指导老师，第44届世界技能大赛砌筑项目金牌获得者，荣获"广州市技术创新能手""南粤工匠"等称号。

出生于中国建筑之乡——吴川，梁智滨对"搬砖"有着天然的亲近感。怀揣着"给父母建一栋又大又漂亮房子"的梦想，初中毕业后，梁智滨和他的堂哥、表弟等20多人一起报读了广州市建筑工程职业学校。梁智滨每天坚持10小时训练，沉迷在反复的砌墙和拆墙之中，所砌墙面垂直度、平整度误差在1毫米以内，泥瓦工摇身一变成了艺术家。

一砖一瓦见真功

砌砖工，俗称泥瓦匠，每天搬砖砌墙，似乎是一项再普通不过的工作，对于刚刚 19 岁的梁智滨来说，这条路走下去并不容易。但是，这个农民家庭出身的孩子，却有着其他人不能及的勤劳和刻苦。

学习砌墙的初期，他每天要重复"一铲灰、一块砖、一挤压"这三个简单的动作 300 次以上。为了不影响手感，在练习时梁智滨坚持不戴手套，他的指甲缝里常常掺入青白的石灰，手上也磨起了泡、结出了茧。

值得庆幸的是，梁智滨遇到了一位懂砌筑技能，又有砌筑大赛经验的教练林晓滨。在接下来的时间里，梁智滨在教练的指导和严格要求下，每天都要坚持 10 个小时的砌筑项目训练。在这"魔鬼式的训练"中，每周进行 5 次以上的砌墙、拆墙，是梁智滨日常最基本的训练频率。要完成一堵长 2 米、高 1.5 米的砌墙，有时需要花上八九个小时的时间，如果测量分差不符合，又得立即拆了重来。如此这般，他在那段时间里砌了 400 多堵墙。

一天的"绣花功"在一瞬间就要推倒重来，让梁智滨心里很不是滋味。测量分差，不管是水平测量，还是垂直方向和角度测量，都不允许出现 1 毫米的分差。此外，在墙体的清洁度以及艺术美观上也有严格的要求。

在梁智滨看来，奋斗并不是挂在嘴边的大道理，经过一段时间的苦练和钻研，在他那双被砖块磨出厚茧的粗糙大手下，四四方方的砖块渐渐地可以组合成各式灵巧的形状和图案，从含苞待放的莲花、展开尾屏的孔雀到旋转扭动的广州塔……众多复杂的图案都能被梁智滨镶嵌在墙面上。

"工匠精神就是做事做到最好，要确定目标，做得不好就要重新再做。"梁智滨是这么理解，更是这么做的。他在训练时努力追求高质量和零误差。

"你有什么绝活儿？"如果请 20 岁的梁智滨来回答这个问题，他会说"砌墙"。这个在旁人看来很不起眼的工作，梁智滨却将它研究到了极致。

少年壮志逞英豪

功夫不负有心人。在入校的第二年，梁智滨凭借平时磨炼出来的过硬功夫，在学校举办的砌筑技能竞赛中一举获得第一名。

2016 年 9 月，梁智滨代表学校，参加了在山东举办的第 44 届世界技能大赛砌筑项目全国选拔赛，以第二名的成绩入选国家集训队。梁智滨也因此一路过关斩将，通过十进五、五进二、二进一全国选拔赛的层层考验，以第一名的成绩取得世界技能大赛砌筑项目正式参赛选手资格。

2017 年 10 月，19 岁的梁智滨在阿联酋阿布扎比举行的第 44 届世界技能大赛上，以不超 1 毫米误差的垂直度、平整度、清洁的墙面外观以及对时间的准确把握，砌了三面墙，最终凭借墙的"高颜值"，获得了砌筑项目世界冠军。

梁智滨说："我只是抱着试试的心态，没想到这竟成了我人生的转折"。

继往开来薪火传

只有奋斗的人生才称得上幸福的人生。从阿联酋阿布扎比回来，梁智滨接到不少建筑公司或企业抛来的橄榄枝，希望能到他们公司工作。甚至有企业出价百万，只要求梁智滨加入。可是，梁智滨却一一婉拒，他选择一面继续进修工程管理专业，一面留校担任砌筑项目教练。

梁智滨清楚地认识到，自己虽然在动手技艺方面有了一定的成绩，但自身理论知识还存在许多不足之处。只有不断地学习，拓宽自身知识，才能把自己的经验更准确地传授给师弟师妹们。

回想当初要为父母建一栋房子的梦想，梁智滨说："我的这个想法已经可以实现了，但我现在有个更大的梦想，就是能为祖国培养更多的技能人才。"

这么多年来，每到一个地方，梁智滨最感兴趣的都不是景点，而是各种造型的墙，从北京故宫的宫城砖墙，到广州越秀古色古香的传统建筑砖墙。他希望徒弟们出师之后，他能带着团队一起去做古建筑修复。

梁智滨说："我们做比赛的砌墙和平时大家理解的砌墙可是两个不同概念，我们是在搞艺术。画家可以在纸上画出一座山，我可以在墙上砌出一幅画。"即使砌筑技艺已经获得最高荣誉，但他对自己的获奖作品仍然有些遗憾，他认为很多细节还能做得更完美。梁智滨表示，在他心目中还没有一件完美的作品，他要做的是追求零误差，这还需要继续锤炼。

对 20 岁出头的梁智滨来说，以世界冠军为起点的砌筑"工匠"之路才刚刚开始。

"工人院士"的激情岁月
——记大国工匠周创彬

编者按： 周创彬，中广核工程有限公司调试中心副总工、研究员级高工、高级技师。扎根核电，荣获"全国技术能手"称号、"全国五一劳动奖章""广东省劳动模范"等荣誉，"中华技能大奖"获得者。

刚届天命之年的周创彬入行已整整三十载，不少人劝他："老周，你已功成名就，何苦老亲自跑一线？"周创彬总是淡淡地回答："对着设备干活，我心底踏实，也有成就感！"而谈到流行的"成功秘籍"，老周说，那些激情燃烧的岁月，都要从一段许多年前的梦幻知识之旅开始。

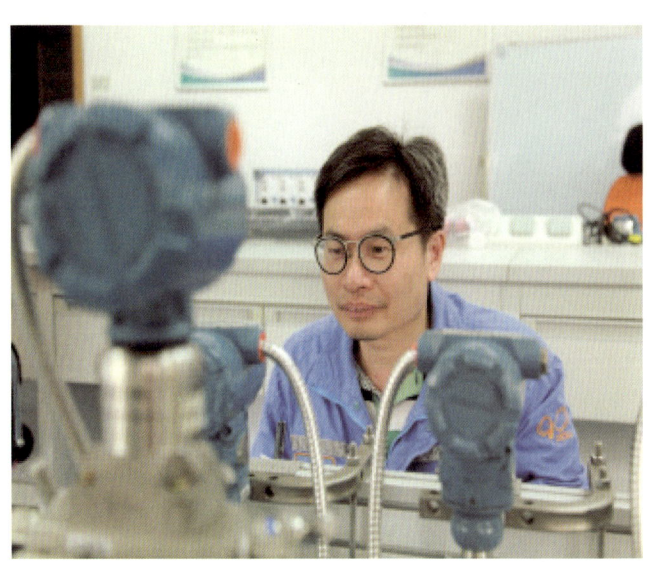

周创彬

青春献给核电梦

午后，农家少年周创彬光着脚丫奔跑在乡村的田野间，一位文质彬彬的教师向他走来。老师借给小创彬一套厚厚的科普书籍，小创彬一打开书页，就被那里面的内容深深吸引了，书里有牛顿、爱因斯坦等科学家的传奇故事，也有奥妙无穷的科技之谜……周创彬尽享知识之旅，科学的种子在他幼小的心灵里萌芽了，后来，他又对核电知识产生了浓厚的兴趣，旁人眼中复杂难懂的 γ 射线、核裂变，在他

周创彬接受媒体采访

看来却充满了"魔力"和趣味。

1987 年，周创彬成功考上北京核工业学校核电站运行专业中专班；1991 年，他又来到了我国核电工程的重镇——大亚湾核电站从事现场操作工作。从此，他就在核电设备调试运行领域扎下了根。

大亚湾核电站被誉为中国核电工程的"明珠"，这里有复杂高端的核电机组，也有来自五湖四海的"学霸"和高工。压力大、起点低，怎么办？周创彬认为，科学精神的本质就是要勇于挑战，他默默地调整好心态，以刻苦自学的精神啃下了一块块硬骨头。

钻过层层的管廊、爬过狭隘的管道、下过罕有人至的地坑，在老师傅指导下，周创彬很快就熟悉了大亚湾每一个工作触角和技术环节。惜时如金的他自觉选择了"白加黑"的奋斗模式。夜幕降临，工友们卸掉一身疲惫开始休息，周创彬则拧紧了闹钟的发条，在白炽灯下备战自学考试。他的目标是华南理工大学，而当他到华工备战时，住所十分简陋。夏夜蚊虫飞舞，屋内环境喧哗嘈杂，同住的室友有人打牌，有人看电视，只有周创彬一个人在低矮的书桌前伏案到深夜。室友的牌局仍在继续，声音却小了很多；电视的音量也逐渐被调轻。周创彬终于完成了实验报告，停下笔来，这才意识到肚子空空如也，他忙得竟连晚饭都还没吃！

最终，周创彬以优异成绩毕业了。1997 年，他又成功通过国家核安全局统一安排的考试，顺利拿到核电站操纵员执照，迈入了职业生涯的新阶段。取得操纵员执照后，他主动请缨，先后在大亚湾 1 号机组、岭澳核电站 2 号机组、岭澳核电站二期工程等重难点工程中担当重大技术专项工作，以披坚执锐的勇气，取得了一次次新的技术突破。

2004 年，岭澳核电站 2 号机组第一次实施完整的"十年大修"，周创彬负责的一回路水压试验是特大型核安全相关的高难度试验项目，也是首次在国内核电商运机组，过程复杂，且只有短短四个月准备时间。周创彬顶着压力，圆满完成了总体运行程序的编写，并对其中多项技术难题提出创造性的解决方案，相关成果获"国防科技进步三等奖"，专家评价说："它填补了国内大型核电机组无水压试验运行程序的空白！"

为了实现这一技术跨越，周创彬组织编写了约 500 页的总体运行程序，仅所用的专用文件包就多达 138 份，要用 12 个文件夹才能装完。特别令人震撼的是，相关技术程序都用法语编成，完全不懂法语的周创彬，硬是在短期内凭借过硬的技术功底，啃下来整套操作程序！经此一"考"，周创彬也成长为调试运行领域的专家型技术领军人才。

"创师傅"的攻坚战

"1 号机组的化学容积控制箱水位出现异常！还在不断上涨！""先暂时稳住容积控制箱的水位！"1998 年的一天，夜班时分，刺耳的安全警报打破了大亚湾的宁静。

"核电站主控室的操纵员就好比飞行员，安全责任重大，不能有丝毫的放松！"事故突发，周创彬很快进入了"如履薄冰"的战时状态。

从容指挥暂时稳住容积控制箱的水位之后，周创彬又细致认真地向有关人员反复求证，并查阅系统流程图，寻找产生异常的原因。

熬了个通宵，在经过仔细研究和溯源式的追踪后，周创彬和同事激动地喊了出

来:"找到了,就是这个原因!"他们终于揭开了产生异常的真正谜团,并以有效措施保障了核电机组正常运行。

"如果错过这个时机,操纵员就很难再有机会捕捉到这个安全隐患,后果不堪设想。"专家领导对周创彬临危时极度专业和严谨的表现赞不绝口。

累积了多年的业务口碑,周创彬也成了中广核人口中资历深厚、带领团队攻坚克难的"创师傅"。"创造和创新,人人渴望,但离开了严和细,创字也就无从谈起!"每逢遇到重要的技术攻关节点,周创彬都会向团队里的新人郑重传授自己的甘苦心。

以严谨和细致的态度,在"创师傅"周创彬带领下,技术团队深入各基地一线,进行核电站冷试、热试技术重大创新,并屡次成功破冰,将我国核电调试技术领域的创新水平提升到了国际先进行列。以岭南澳核电站二期工程为载体,在国内首次开发核电站数字化运行程序,攻克核电站数字化操作难题;华龙一号调试关键技术研究中,又发明了国内调试领域的首个英国专利……

在打赢了一场场艰苦的攻坚硬战后,一支创新型、知识型的核电工程调试工程师队伍,正快速崛起。而这支队伍的"领头羊"——"创师傅"周创彬,他的额上已夹杂着辛劳而得的白发,他的内心却依旧怀抱赤城,甘之如饴!

"陶瓷工匠"的绿色之梦

——记大国工匠刘一军

刘一军

编者按：刘一军，蒙娜丽莎集团股份有限公司副总裁，广东省（蒙娜丽莎）建筑陶瓷工程技术研究开发中心主任，高级工程师。第六届全国建材行业十大科技创新人物，全国劳动模范。

走进蒙娜丽莎集团的陶瓷生产一线，宛如走进了一座美丽的现代工业花园。检测、打包、码垛……均由机器人高效完成，车间内干净敞亮的绿色通道和自然景观的装饰色调，则将工业空间打扮得靓丽又清新……而这座绿色花园的"缔造者"，正是刘一军。

可谁又能想到，集众多荣誉于一身的刘一军，他的传奇职业生涯，竟始于一张20多年前已经泛黄的火车票。

南行记

1996年，西北工学院的高才生刘一军做了一个影响他一生的决定：南下广东！一张小小的车票，引领他来到"南国瓷都"之美誉的佛山，并加入蒙娜丽莎集团。仅仅2年时间，他就练就了过硬的技术本领。

1998年，蒙娜丽莎公司完成民企改制，刘一军担任了新成立的研发部经理。当时的佛山陶瓷业，由外省专业人员担任技术和生产管理的案例还相当罕见，刘一军的任命消息在业内引起了不小的震动，一些质疑声音也随之而来。

"公司唯才是举，我只有研发出更好的产品才能对得起这份信任！"刘一军暗下决心，要以更精熟的技术证明自己。

复合微晶玻璃怎么做品质更高？从瓷质彩釉砖到水晶砖，关键点的技术难题在哪里？渗花抛光砖和微粉抛光，哪一种产品的抛光效果更理想？企业的每代产品研发，都倾注了刘一军和团队大量的心血。实战，也成为淬炼这支年轻硕博军团的最佳方式。

2004年，刘一军再挑重任，出任集团主管技术研发生产的副总裁，成为管理者代表。站在更高的战略层面，他矢志于建筑陶瓷的绿色制造研究开发和技术管理工作。他主持完成的国家"十一五"科技支撑计划重大项目"陶瓷砖绿色制造关键技术与装备"，完全依靠自主创新的工艺技术和装备，有效解决了薄型化配方、成型方法、生坯强度等难题，在国内首创900毫米×1800毫米×（3.5~5.5）毫米大规格陶瓷薄板成套技术并成功产业化，技术打破了国外对干压大规格陶瓷板相关技术垄断的消息传来，刘一军和团队成员都感到十分振奋。接着，他们又一鼓作气，自主研发了大规格干压陶瓷板产业化等行业领先技术，填补了国内多项工艺的空白。

谈到创新的秘诀，刘一军认为，关键仍在于学习。他本人工作十分繁忙，仍拼命挤出时间跟踪最新的工艺理论，2011年，刘一军获得了陕西科技大学材料学的工学博士学位。多年来，他以科学理论指导工艺实践，专业水平跻身于行业尖端，拥有陕西科技大学客座教授、硕士研究生导师，西安建筑科技大学博士研究生导师、中国陶瓷工业协会陶瓷幕墙与装饰料分会秘书长、中国建筑材料联合会科技教育委

员会委员、中国硅酸盐学会陶瓷分会建筑
卫生陶瓷专业委员会副主任等多个社会学
术职务和身份。

刘一军深知，陶瓷产业的未来取决于
高素质的人才，"碧梧引得凤凰来"，在刘一
军的感召下，一大批国内优秀的硕博人才
迅速聚拢在陶瓷工艺创新的磁场，蒙娜丽
莎集团已成为行业高科技人才的新高地。

公司的青年科研骨干介绍说，他们对
于刘一军的业务水平和管理能力，是打心

刘一军

里敬服。每一种原料的每一个性能，以及各个性能之间的关系，刘一军都能信手拈
来，他还亲自跟踪参与各项实验的过程，一遇到问题，就会迅速发动集体智慧，攻
坚解决。

在良好的科研氛围助推下，多年来，刘一军带领公司技术研发团队先后主持了
国家、省、市级科研攻关项 7 项，开发的新产品、新技术通过省、市级科技成果
鉴定 48 项；荣获省、市、区各类科技进步奖 28 项；共获授权发明专利 54 件、实
用新型专利 11 件、PCT 申请 4 件，获美国授权发明专利 1 件、日本授权发明专利
2 件、欧盟授权发明专利 1 件；主编、参编著作 5 部。获得了国务院政府特殊津贴、
全国轻工行业劳动模范、佛山市节能减排先进个人、佛山市领军人才等多项殊荣。

绿色梦

近年来，我国大力倡导生态文明和绿色发展的新理念，陶瓷行业首当其冲，成
为"绿色风暴"的中心。佛山作为华南地区的陶瓷工业重镇，也提出了"扶持壮大
一批、改造提升一批、转移淘汰一批"的产业提升与环保整治目标。传统陶瓷企业
一旦触犯环保红线，就会面临关停的严惩。众多佛山本土的陶瓷企业纷纷选择外迁，
蒙娜丽莎和刘一军团队却迎难而上，在绿色转型中寻找新的产业生机。

企业的底气来自刘一军和团队多年来在绿色工艺方面的雄厚积累。刘一军参
与的国家级重大项目"陶瓷砖绿色制造关键技术与装备"的开发，可节约原材料
52%，综合能耗节约 43%，污染物排放减少 60% 以上，有效促进了陶瓷行业的节能

减排和绿色转型升级，获得了全国建材行业科技进步一等奖、广东省科技进步二等奖，并入选中华人民共和国成立六十年周年成就展。

另一个由刘一军主持开发的"新型大规格轻质陶瓷板"项目，则结出了轻质陶瓷板专利技术的硕果，产品之轻盈，甚至可在水平漂浮。该技术一推出，就引起了业界惊叹，既大大减少光废渣的浪费，又降低了原料消耗，获得了中国专利优秀奖。

此外，刘一军还和硕博团队整合新技术、新工艺和新材料，聚焦消费市场的升级，成功生产出雪花白、微晶石、美感白等绿色新产品。这几款产品低碳、环保、颜值高，获得了消费者的大力好评和追捧。顶住环保转型的压力，蒙娜丽莎的业绩逆势飘红，成为助推绿色经济的新力量。以绿色创新发展为指导，刘一军牵头主编了《陶瓷板》国家标准和《建筑陶瓷薄板应用技术规程》的行业标准，并积极参与《陶瓷板、砖》国际标准制定，蒙娜丽莎集团因此也成为国家建筑卫生陶瓷标准化技术委员会（SAC/ TC249）的建陶行业唯一副主任单位。

"传统陶瓷工业是资源密集型产业，面临原料供应紧张，特别是优质原料日益枯竭的困境，只有以绿色发展为引领，研发生产出新型环保产品，才能推动产业的可持续发展，为中国陶瓷赢得国际话语权！"镜头前的刘一军总是信心满满，正是这股自信，让当年的他背负行囊，为事业一路南行；也正是这股自信，激励着已功成名就的他逐梦绿色，用高品质的 china（陶瓷）为 China（中国）代言！

"石化标兵"的执着追求

——记大国工匠高东斌

高东斌

编者按： 高东斌，中海油惠州石化有限公司炼油七部生产监督班长。全国技术能手、广东省岗位技术能手标兵、集团公司首届基层标兵。入选国务院国资委发布的中央企业"百名杰出工匠"。

　　心在一艺，其艺必工。秉持着一颗不变的匠心，用一流的心性锻造一流的技艺，用一流的技艺成就一流的梦想，高东斌敢于做梦，勇于逐梦，将情怀和业绩写入了中国石化事业的光辉史册。追求极致，凝聚成工匠精神的底色，这是高东斌的态度；

追求极致，走一条心无旁骛的道路，见证着追梦者高东斌的足迹。

一辈子只专注做一件事的"傻人"

众多建设世界级石化基地的逐梦人中，高东斌，无疑是最执着、最亮眼的一位。高东斌是个认准一件事就不回头的人。"也许我真的很傻。因为傻，所以我这辈子只专注做一件事。"

2007年，近不惑之年的他做了件让身边的人疑惑难解的事。他南下广东大亚湾，开启了人生的一段全新旅程，加入中国海油第一个炼油项目——惠州炼化一期项目。

在这之前，他获得的荣誉多不胜数："全国青年岗位能手""辽宁省优秀共产党员"……可以说，他是个名人，前途一片光明。但执拗的东北汉子就一句话："干了快20年，就想亲身参加一回千万吨级规模的炼厂建设，那样才叫圆满。"

高东斌（左）

什么是圆满？在高东斌眼中，圆满就是有了平台练就巅峰技术。它不在一朝一夕，唯有日复一日地锻打、持续不断地钻研，才能成就绝活。炼油监督技术必须全神贯注、耐住寂寞、守住心智。刚到大亚湾，高东斌就赶上惠州炼化一期项目进入机械竣工收尾阶段。他不提任何条件，成为一名低调的操作工，每天弯着腰，和一群年轻人在不足 60 厘米高的 200 多层塔盘中穿梭。反应器内部最高温度达 40℃，工作服被汗水浸透了再晾干，晾干了又浸透。晚上回到家，高东斌也没闲着，整理白天巡查发现的问题。他知道，投料试车前的检查工作是装置投产的基础，必须做扎实。

和机器拼精度，和时间拼速度，和标准拼态度

❖ ————

"天下大事，必作于细。"凭借着多年的一线工作经验，高东斌常常能发现许多别人注意不到的问题。比如通过计算，高东斌发现预加氢汽提塔、脱戊烷塔两个塔底泵的冷却水回水管线过细，可能导致轴承温度过高，影响泵体安全运行，如果将直径 20 厘米的管线更换为 50 厘米，即可避免这一问题。项目投产前，类似的合理化建议，高东斌提出 20 多条。

布满茧子的双手见证了高东斌在匠人路上的工艺淬炼、心智磨炼和人生历练的积淀，也见证了他技艺练就极致历程中累累的困难。虽在炼油厂干了多年，高东斌还是第一次接触芳烃装置。面对复杂的控制系统，高东斌没有退缩，寡言的他给自己排了一个学习时间表，倒班宿舍四面墙都被贴上了装置流程图，每学完一部分内容，就要求自己画出这部分流程图的全部细节，一次不对，就画两次，直到全部正确为止。炎夏的海滨城市，酷热的海风无数次见证了这个中年汉子的汗水和执着。

2016 年，惠州炼化二期项目即将投产，高东斌再次请缨到施工现场。旁人只看到年近半百的他需要爬塔、钻罐查隐患，干着年轻人都吃不消的高强度工作。他却只看到这套新装置里有许多新工艺、新设备是没见识过的，正好趁机多学一点。

2017 年 6 月 30 日，惠州石化二期项目现场，经高东斌再次确认现场情况后，他发出指令："投料！"16：18，惠州炼化二期项目首套开工装置——180 万吨 / 年催化重整装置成功投料。5070 项问题整改、近 3000 个仪表调试点、371 个管线打压包、800 多个日日夜夜……这套装置的几乎每一台设备、每一条管线都留下了他的足迹。

梦想之光照进现实

❖

腰间带得纯钢斧，要斫蟾宫第一枝。回顾"任性"南奔的这 10 余年，不善言辞的他经常会憨憨一笑："值！"

2007 年他高标准做好国内最大重整芳烃联合装置施工建设和各项生产准备工作，及时发现和处理多起事故隐患，确保了装置一次开车成功，创造国内一流的开工记录。

2016 年他参与惠州炼油项目二期重整装置建设，通过合理统筹施工顺序，提前开工 3 个月，创效 7000 万元，装置能耗、物耗等指标处于国内一流水平。

2017 年底，他成为中国海洋石油集团公司仅有的两位第二批技能专家之一，站在代表操作技能最高的 W1 级别。他提出和参与技改项目 15 项，创造效益近亿元；解决生产难题 11 项，避免重大经济损失。

他管控安全出色。2015 年至今，参与处理装置隐患 18 个，避免非计划停工 8 次。仅 2016 年发明的在线打压法，就破解了一期重整装置注氯线堵塞难题，实现不停工疏通，避免经济损失 500 万元。

梦想之光正照进现实。2017 年，大亚湾石化区实现产值突破千亿元。2018 年，大亚湾石化产业发展蹄疾步稳，炼化一体化规模跃居全国第一，实现产值 1627.5 亿元，增长 59.7%。随着埃克森美孚、中海壳牌在大亚湾合作建设的三期项目进度加快，大亚湾石化产业又将朝着建设世界级的绿色石化产业基地迈出坚实的一步，这里面，是高东斌们数十年如一日对极致的坚持，最终结出不负光阴的梦想果实……

知识工人的传奇人生

——记大国工匠罗东元

罗东元

编者按： 罗东元，广东韶关钢铁集团有限公司电工高级技师。全国十大高技能人才楷模、全国劳动模范、中华技能大奖获得者、第十届全国人大代表。

　　作为共和国的同龄人，韶钢人罗东元不仅是新时期知识工人的杰出代表，更是业界传奇般的存在。他的性格里有着异于常人的坚韧和执着，学习和创新是罗东元最好的名片。几十载光阴，充分见证了罗东元奋斗的奇迹，他用实干巧干的魄力和锐意进取的精神傲骨，以敢为人先的胆识、发奋攻坚的坚韧为魂，创造了"韶钢模式"，给韶钢铁路运输带来了翻天覆地的改变。

志向有多大，舞台就有多大

说到韶钢，罗东元绝对是绕不开的一个名字。谁也无法想象，这个精通钳、焊、管、油漆工等多个工种技能，熟悉电气控制、逻辑电路、电工制图等专业技术理论，拥有多项国家级、省级奖项和专利的技术骨干，给多家知名大学授课的高级技术人才，竟然只是一个高中学历的普通工人。

翻开罗东元的履历，这个 26 岁才进入韶钢的年轻人，高一学历，没有任何技术技能培训的经历。一开始他只能从普工干起，什么苦活累活都做。下乡 8 年，他坚持自学无线电，这也为他从普工转为电工打下了坚实的基础。之后的 10 余年，他又以惊人的毅力，系统地自学了无线电、电工基础、电工工艺、机械制图、电器制图、逻辑电路等十几门专业技术理论。他善于把困难积极转变为成长的奠基石，把每一次磨炼变成成长的阶梯。

敢于质疑，创新不止

有人说，罗东元的性格里有着异于常人的坚韧和执着。罗东元敢于挑战权威，他的创造发明和技术成果既体现了他对传统的、标准电路的深刻理解，又体现了他自己鲜明的特色，对洋设备和普遍认同的技术，敢于持怀疑的态度，并勇于进行改良创新。

1993 年，我国引进某国的"JD 型车上转换装置"，原冶金部组织在全行业推广使用。但罗东元在杭州推广现场发现，这项国外技术并非完美：在主要运行方向上，只能靠车上的司乘人员在运行中扳动路边铁架上的手把来动作道岔，这不但危险，而且如果车辆是推送作业，前方第一连结员就要早早攀爬在车厢边的铁梯上等待扳动手把，前方无人守望，存在安全隐患。回到韶钢，罗东元带领一批技术骨干对已购回的这套装置进行了彻底的改造，保留了机械部分，电路部分则全部采用自己的新设计。1993 年 11 月 3 日，这项使韶钢成为世界上唯一实现非集中区道岔全自动控制方式的新技术在罗东元的改造研发下诞生了，被命名为"铁路道岔全自动转换装置"。经多次实践检验，装置安全高效、性能稳定。

1994 年 10 月，原定在武钢举行的全国冶金重点企业运输科技工作会议改在了韶钢。原来，专家们听说韶钢运输部有个罗东元，所做的几个项目十分了得，都想来看个究竟，在韶钢道岔全自动控制现场，专家们看呆了，现场取消了扳道工，机车却能够灵活自如运行，并随时按照要求操纵前方的道岔，完全是工矿企业内铁路大量分散道岔自动化控制的新途径。而这个令专家们惊叹不已的项目正是"铁路道岔全自动转换装置"。

从 1995 年 5 月起，罗东元将他在国内独创的"公路铁路联锁式自动道口信号装置"先后应用在韶钢厂区内 19 处道口，在无人看守道口自动报警技术方面，实现了重大突破。该项技术首创了公路方向和铁路方向同时具备报警和联锁检测的新功能，控制系统和轨道电路更适应工矿企业的特殊环境。该项成果于 1999 年 11 月获国家经贸委科技进步三等奖。

罗东元研制的新型工矿企业电气集中系统，实现了全面的综合性的大规模创造性开发，为韶钢铁路运输实现自动化、现代化作出了重大贡献。他独立完成了作业区型和站场型的大规模、超大规模逻辑控制电路的设计；首创了"电子开关式直流轨道电路"和"电气集中安全型电子式轨道电路"；控制台、分线盘、电源屏等多项配套设备也是创新设计。

时间是奋斗历程最好的记录者。多年来，罗东元累计提出和设计了 100 多项技术革新项目。

罗东元的钢铁情缘

《知识工人罗东元》

精神财富，薪火相传

　　一个人足以影响一个团队、一个企业。我们欣喜地看到，罗东元的精神正在薪火相传，韶钢发展的动力源源不断。

　　10多年来，罗东元把所学到的知识和经验毫无保留地传授给所在的班组，带出了一支全国独一无二的能够自己设计、自己施工、自己维护、自己日常检修的工矿企业铁路运输"全能"团队。近年来，韶钢依靠加强管理和科技进步，大力发展循环经济，实现了又好又快的科学发展。在探索钢铁企业可持续发展过程中，以先进技术支撑循环经济的发展，建立起发展循环经济的管理机制和保障体系。技改工程在韶钢的大发展中发挥着重要作用，技术进步给铁路运输带来了翻天覆地的改变，几代铁路工人的夙愿通过罗东元等后浪们的双手得以实现……

　　风风雨雨数十载，罗东元伴随着共和国一路走来，从青春年少到白发古稀。正是有了千千万万的"罗东元"，重任在肩不负时代所托，才有了我们今天的岁月静好、盛世中华。这是工匠精神的最好传承，是奋斗的最美价值，正如罗东元所说："有什么比这种奋斗更能体现人生价值呢！"

"跨界能手"的抗疫之战
——记行业翘楚陈建国

陈建国

编者按： 陈建国，广汽部件技术中心工艺工程部部长。2003年荣获"湖北省劳动模范"称号，2006年进入广汽部件系统工作，已带领团队突破了60多项汽车技术难题。

问渠那得清如许，为有源头活水来。作为工匠精神的践行者，陈建国一直秉持多年不变的初心，坚持对卓越产品品质的追求，带领团队面对技术难题始终迎难而上，用行动展现汽车匠人的精神风貌，用忠诚诠释共产党人的担当精神，为自己的人生谱写出一首奋斗之歌！

陈建国调试口罩生产设备

新的使命，从"零"开始

2020年2月5日，深夜。

一阵急促的电话铃声撕破了夜的宁静。正在休假的陈建国接到了广汽集团的任务，组织研制防护口罩生产线。广汽集团在疫情最严峻的时刻，主动扛起疫情防控政治责任，当机立断：买不到口罩，就自己造！这项跨界生产的重任交由广汽部件技术中心组织研制，而口罩生产设备的组装调试研究工作自然落到了集团下属广汽部件技术中心工艺工程部部长陈建国的头上。

对工作近30年的陈建国来说，接到的任务无数，但是这一次，他的心里是最没有底的。

1988年，他初入汽车制造行业，因为表现出色，获得湖北汽车集团、湖北省"优秀共产党员"及湖北省"劳动模范"等称号。

2013年至今，他在广汽部件技术中心带领项目组突破了60多项技术难题，搭建电子换挡器系统平台，填补了广汽集团在汽车电子换挡器领域的空白。他不是铁人，胜似铁人。为钻研汽车部件开发，保证产品质量，他曾在炎热的天气下连续工作7天7夜，在一个多月时间内解决了近百副模具的问题，保证了整车开发的进度……

陈建国大半辈子都是跟汽车打交道，研发汽车部件与开发口罩虽然是风马牛不相及的两码事，这一次，全新的任务，从"零"开始，和时间赛跑，他能完成任务吗？

凝心聚力，硬核跨界

来不及多想，陈建国连夜开始了远程指挥。他精挑细选了八名骨干员工组成"党员突击队"，像医护人员一样在疫情面前逆行出发，去专业口罩设备厂学习口罩设备成型、焊接及机械、电气等相关技术知识。同时，他马不停蹄地同步成立了开发项目内部小组，明确职责分工。"困难比你想象中的更糟糕，我们前3天几乎没有休息。"肩上的压力让他无法入眠。

工夫不负有心人。在没有口罩生产设备制造经验的情况下，陈建国与团队迎难而上，夜以继日地工作，仅用了不到 1 天的时间，他们就快速掌握了口罩生产设备的组装和调试技术。

5 天攻克了口罩核心工艺难点，完成了第一台自主开发口罩生产线的组装及调试工作。

2 月 10 日，广汽集团首台口罩生产设备完成现场安装调试。

2 月 13 日，广汽集团开始了试生产。此后，马不停蹄地加速进行第二条、第三条口罩生产线的组装、调试……

为了节省时间，陈建国在现场弄了个木板铺上薄垫，累了就躺在上面休息一下。2 月 14 日，气温骤降 10℃，陈建国建议大家回家拿取防寒衣物，但为了不耽误口罩设备生产，团队成员没有一个人回家，更没有休息。

全力以赴，攻坚克难

寒冷的天气阻止不了陈建国团队加快设备组装的进程，但是在带料调试生产线

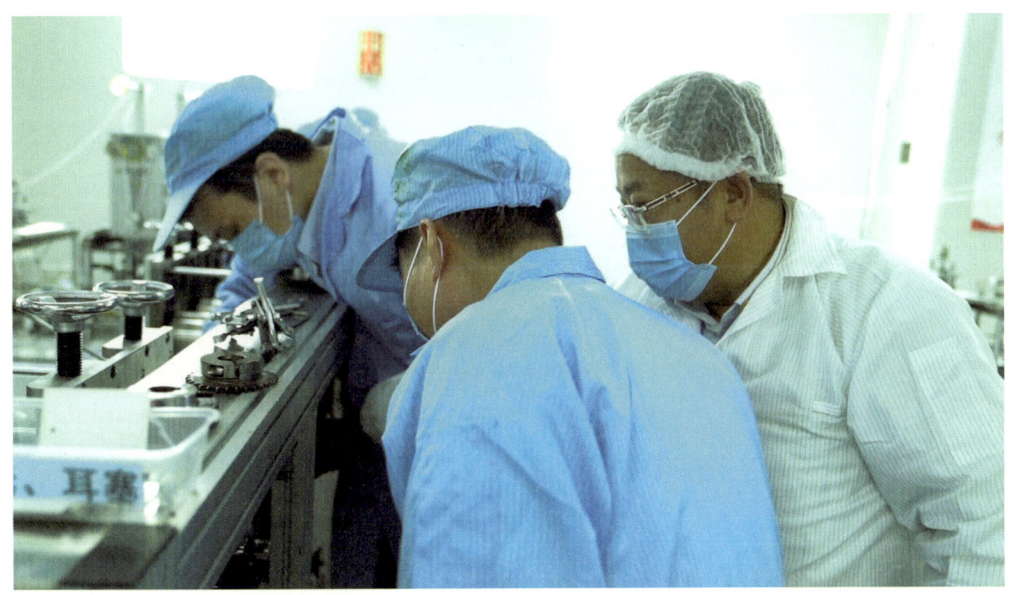

调试口罩生产线

的过程中，陈建国又遇到了新的问题。耳带焊接是口罩生产线上的重要工艺，口罩本体成形后有轻微变形上翘，导致成形后流出耳带焊接机焊接过程中，耳带焊接位置不一致或焊接偏位，最终导致耳带焊接断裂强度无法满足标准要求，同时也影响生产效率。陈建国对点焊头进行反复品质确认，最终在显微镜下观察发现耳带焊接头的加工工艺没有达到要求，由于焊接头的间隙太小，焊接后经常粘住口罩，将口罩带起来，无法正常工作。找到问题的症结后，他立刻赶到电火花处理厂，将原来的 160 个焊接头全部重新进行数控加工、电火花、磨床打磨和淬火处理，回来后再用砂纸打磨。终于，攻克了口罩本体通气阻力过大和本体送料稳定性的技术难题。

2 月 19 日晚上，陈建国又遇到了个巨大的难题。他在调试口罩设备时，按照图纸的要求将托盘安装在链条上，却发现最后一个托盘与第一个托盘的间隔太大，在生产输送的过程中无法循环地输送口罩。这时候已是凌晨 1：00，如果不赶紧将设备调试出来，将影响第二天的设备出货。焦虑的陈建国将图纸看了一遍又一遍，回想着是哪个环节出了问题，尝试了各种方法，耗尽了 5 小时都未能解决这个问题。他和工程师们已疲惫不堪，但一步也不敢走开。天快亮时，他灵光一闪，数了数托盘的数量，发现托盘的数量是 37 个，于是将左右 2 条链条全部拆下来，各增加 1 段链条，将托盘数量增加至 38 个，当最后一个托盘安装链条后，留下的间隙和前面的一模一样，位置刚刚好。陈建国松了一口气，又一个难关攻克了。这一次，年过半百的他又是两天两夜未曾合眼。

千锤万凿出深山，烈火焚烧若等闲。2 月 20 日，广汽集团终于实现了口罩的正式批量生产，日产高达 25 万只！当天就向广州市慈善会捐赠了 100 万只自制口罩，将这份守护传递给奋战在一线的医务人员、公安干警、基层社区干部和防疫志愿者等。一个月来，陈建国带领团队制造调试了 41 条口罩生产线，并通过不断完善，使生产节拍从原来的 1.3 秒提升到 1 秒，所生产的口罩用于优先支援防控疫情的一线人员。

从汽车零部件的钻研到口罩生产设备的攻坚，看似不可能完成的任务，在陈建国每一个平凡的坚持中、夜以继日奔跑的信念中、共产党员义不容辞的责任担当中，给党和人民上交了一张满意的答卷！

地铁安全的"技术卫士"
——记行业翘楚张重阳

编者按：张重阳，广州地铁首席技师，先后获得广州市劳动模范、广东省劳动模范、五一劳动奖章、全国五一劳动奖章等荣誉。广东省首批劳模创新工作室带头人，牵头的多项科技创新成为全国首创。

"广州地铁一天的客流量有多少？"

"报告首长，今年以来，我们的日均客流量接近 820 万人次。"

2018 年 10 月 24 日，岭南的秋色正浓，习近平总书记来到广东考察，并亲切接见了各行各业的先进人物代表，广州地铁首席技师张重阳幸运地位列其中。总书记凝神听取了张重阳关于广州地铁运营情况的汇报，并不时仔细询问关键的数据。张重阳觉得倍感振奋，他的内心涌动起一股巨大的暖流，深夜抢修、白日"充电"，入职广州地铁以来的一个个难忘场景如蒙太奇镜头般浮现在眼前……

张重阳

"百炼成钢"多壮志

在广州地铁，张重阳是当之无愧的"技术权威"，可谁能想到，闪光的荣誉背后，这位"技术大拿"却并非科班出身，起初只是在化工厂从事仪表工作，刚来到

广州地铁时，对复杂的技术问题也是"两眼一抹黑"。从迷茫的"职场新人"到技术创新的领头羊，张重阳说，他整整"修行"了17年。

"师父，五羊邨地铁站打磨设备的加压油缸突然爆裂了！"凌晨3：00，张重阳接到徒弟的紧急求助电话，他马上披衣而起，顶着寒露赶到了现场。

仔细察看了油管内部，快速确定了维修方案，并指导徒弟采取精密措施抢修。直到早上6：00，当天的首班地铁安全驶出，张重阳这才放心地离开了地铁站。

自2003年从事地铁机电设备检修工作以来，昼夜颠倒的工作模式早已成了张重阳的常态。在广州地铁内部，张重阳和他的团队，也被称为"地铁安全的守夜人"。广州地铁的运营里程数位居国内第三、世界前十，而客流强度更是高居全国首位。面对如此庞大的客流量，安全维护的压力重如泰山，"做一名合格的地铁安全守夜人，除了要会吃苦，还得有一手过硬的技术绝活！"

入职之初，为了补足技能知识的短板，张重阳曾自学了微机原理、电子电气能课程，在熟练掌握了相关理论后，再结合机械检修的实践融会贯通，他就像打通了"任督二脉"一般。在获得了充分的经验积累后，他又聚焦实际的技术难题，大胆展开了技术创新和攻关。

为了精熟掌握钢轨打磨车这一高端进口的自动化设备，他利用业余时间苦学英语，足足用了两年时间，终于将这一"洋货"的全部性能烂熟于心，接着又以本土化的创新，牵头设计制作了"钢轨打磨车电动冲洗道床装置"，连外国专家都叹服不已；为了节约采购成本、破解地铁2号线新型屏蔽门的控制板故障"谜题"，他和同事对着一块板琢磨了七八个月，以缜密的技术分析和推理在海量的资料里反复寻找蛛丝马迹，终于获得了关键性的技术数据……

长年累月的实战创新，大大提升了广州地铁的安全技术水平，张重阳牵头的多项科技创新成为全国首创，其中他参与研发的全国第一套机器视觉检测系统和"三遍打磨工法"等技术，还成功解决了长期困扰一线工人、生产厂家的难题，荣获了多项国家实用新型专利。

张门子弟满俊才

根据广州市政府的规划，到2023年广州市城市轨道交通通车里程预计将达到800千米。这条绵延数百千米的"地下交通大动脉"由无数紧密高端的机电设备支撑，每一台设备的安全运营，都离不开一支高素质的专业技术运营维护队伍。

入行 17 年，张重阳带出了 20 多个徒弟，而每一个徒弟，在张重阳悉心教导后，还要经过 5~8 年的实战检验，才能真正"独当一面"。人才培养如此不易，张重阳说，每一个徒弟都是"掌上明珠"。从最基础的操作维护到难度更大的修理设备及高阶的工装研发，从图纸、模

张重阳带领青年技能团参观维修车间

型上的反复推演到近距离接触昂贵的先进设备，张重阳都是手把手传授，将多年累积的"独门秘籍"毫无保留地用于"传帮带"。

教授弟子的过程也并非总是那么一帆风顺。徒弟们悟性能力不一，真可谓"千人千面"。有的徒弟悟性高，但韧性不足，张重阳就严厉地指出："任何事情都要从细节做起，你这么浮躁，怎么能行？"有的徒弟入门时动作反应有些迟钝，张重阳又是极讲效率的人，弟子压力大，额头直冒汗。张重阳就走到他身边，鼓励他："莫急嘛，小伙子，你的活干得很细致，多练手，速度自然就能上去了。"看似平常的一句话，却驱动着弟子们斗志昂扬。

而徒弟们膜拜的，既是张重阳精熟自如的技术造诣，也是他身上独具魅力的人格。据张朝阳的弟子们回忆，每天晚上，等电客车收回后，张重阳都要亲自督促弟子的工作。"小李，你赶紧用特种作业车将轨道和接触网检测多打磨几遍""小王，你们组负责设备检修，记住，每一段轨道，每一个网格都不能放过！"深夜的地铁隧道，已是万籁俱寂，除了设备的声音，就只回荡着张重阳疲惫到沙哑而仍在叮咛的嗓音。

张重阳是严师，也是"慈父"，他对徒弟们的关心，早已溢出了技术传授的范畴，而达于更加广阔的职业成长和生活空间。在地铁隧道工作，环境自然是艰苦的，比如钢轨打磨作业，会产生较多的灰尘。为了给徒弟们营造更健康的工作环境，张

点赞"广东技工"

重阳想尽办法为钢轨打磨"减尘"。

在担任广州市人大代表后，他又为基层技术工人的福祉和利益四处奔走发声，积极争取社会对技术人才的关心和关注。

张重阳的真心，换来的是技术团队倾心凝聚的"战斗力"。作为广东省首批劳模创新工作室的带头人，张重阳和他的徒弟们，自 2011 年来累计完成技术攻关 79 项，工具装备开发 124 项、测试台 27 项，申请实用新型专利 7 项，创造了数以亿元计的经济效益。

在他的带动下，广州地铁集团先后创建工作室 33 个，被誉为全国城市轨道交通行业人才培养的"黄埔军校"。

粤点泰斗的"诗和远方"

——记行业翘楚何世晃

编者按：何世晃，南粤点心大师。中国烹饪大师终身成就奖得主、首批中国烹饪大师之一、中国餐饮业60位功勋人物之一。2007年荣获"全国餐饮业特殊贡献奖"，2009年荣获"中国餐饮业功勋人物"称号（全国60名）。

何世晃是为数不多的既会做点心又会做大菜的大师。"十八般武艺样样精通"的他作为广东粤点联谊会的核心，总是带头干、带头学，对"新人"也尤为照顾。在后辈眼里，他就是"超人"，走到哪里都自带光芒。

精心学技，终成大师中的"大师"

来到广州，一定要去"饮早茶"。一句"得闲饮茶"是广州人最亲切的问候。不同于一般茶楼，纯粹喝茶，广州早茶则丰富得奢侈，茶，只是个借口，点心，才是隐藏在茶水背后的真正主角。1958—1992年，广州有句很流行的话叫"饮茶上九楼"。这个九楼是指南方大厦九楼，是当时人们"饮茶"的"打卡圣地"，而这里，也是何世晃当年工作的地方。他研制的创意点心"透明马蹄糕""盐焗鸡蚬角""冰玉蛋糕"等闻名遐迩，是很多人"叹茶"必点的点心。

何世晃

何世晃14岁进入"南亚居"做学徒，做得最多的工作是"打面"，一天要做50斤面，虽然枯燥无味，但他从不抱怨，每次都是用心去"打"，他深信坐得住"冷

蟹盖猪油包

板凳"方能"花香蝶自来"，这为他日后做面打下了坚实的基础。一年半后，何世晃来到了当时大名鼎鼎的大同酒家工作。勤奋的他白天学习做点心，晚上学习做粤菜，他总是比别人做得更多更细，一天工作十几个小时是常态。很快，何世晃便师从赫赫有名的"点心状元"罗坤师傅。师傅的倾囊相授，让何世晃迅速掌握了粤点制作的关键要领。1988 年，第二届全国烹饪大赛在北京举行，广东派出三名选手赴京参加点心大赛，何世晃是领队兼总教练，最后他们以 5 金 4 银的优异成绩，赢得了团体冠军。何世晃不仅享誉羊城，更是闻名全国，成为粤点界的一代名师。

传承不守旧，创新不忘本

不断推陈出新的何世晃主张点心制作应当"传承不守旧，创新不忘本"。他常说："如今做粤菜粤点师傅，不能古板地按照旧时代的形式化，打好传统点心的制作功底，举一反三，创意自然就来了。"

粤点有"四大天王"——虾饺、干蒸、叉烧包与蛋挞，"四大天王"之首就是虾饺。上乘的虾饺，皮白如冰，薄如纸，半透明，肉馅隐约可见，吃起来爽滑清鲜。而何世晃制作的虾饺会比普通虾饺多一种味——海味，这是别家没有的。他用瑶柱粒和去了骨的鸡爪炖汤，等汤冷却成啫喱状再掺于虾饺馅料里面，吃起来口感更好，完全没有虾肉的腥味跟肉的油腻，吃在嘴里多汁又香味诱人。

何世晃还让推荐指数五颗星的广东名点"蟹盖猪油包"失而复得。以前做这个包需要两个人一起做，制作难度极高，慢慢地市场上就没了它的踪迹。"不甘心"的何世晃通过改良它的制作工艺，克服了工艺难度高、口味过于油腻的弊端，不仅更符合现代人口味，也只要一个师傅就可以完成制作，让几乎失传的"蟹盖猪油包"得以重出江湖。

以诗咏点，全国第一人

"遥看黄山近似窝，杏味引得蜂儿歌。昔日秋令方能赏，今朝四时不话多。"知道这首诗所咏何物吗？它所描写的是广东人非常熟悉的粤点——芋角。这首七言诗是何世晃 72 岁时所作，更让人难以置信的是，何世晃小时候只上过 6 年私塾，72 岁才开始学写诗。

"如何让人对粤点有深刻的记忆，如何能将粤点更好地传承？"这是退休后的何世晃常常思考的问题。突然，何世晃灵光一闪：何不用诗歌为粤点"量体裁衣"！于是，他一鼓作气写了 80 首打油诗，一首诗描述一种点心。后来，何世晃从 80 首诗中挑选出 30 首，专门请原中新社广东分社社长钟征祥给予意见。钟征祥建议他如果要出书最好改为七言绝句，还建议他参考诗词专业书以严谨规范写作。这就意味着何世晃写的所有诗歌都要进行修改乃至重写，而且当时的书店还找不到相关参考书。不愿放弃的何世晃到处托人找资料，经过苦苦寻觅，何世晃的徒弟帮他找到了中国古典诗词合辙押韵的书籍。那一段日子里，何世晃潜心学习，如痴如醉，将 80 首打油诗全部"改头换面"。世上无难事，只要肯登攀。当他拿着一批新作再次请教钟征祥时，钟征祥吃惊地说："您是怎么学的，下了不少工夫吧？现在这批诗平仄

《粤点诗集》

押韵都有了，称得上是七言诗了。而且，近百年来没有人为点心菜肴赋过诗。你算第一个。"2010 年，这本全国首创的咏颂粤点的《粤点诗集八十首》终于呱呱落地了；2011 年，何世晃再出《粤菜诗集》，用他自己独特的方式记录下广府饮食文化，也让粤点粤菜为更多人所知，被业界誉为"粤点活字典"。

现在，何世晃已为广州饮食业培养了数千人才，主厨级别的就有近百人。为了技术传承，让广式点心继续发扬光大，身为广东粤点联谊会会长的他，尽管已是 80 多岁高龄，还是经常和大家一起组织粤式点心的学习和交流活动。《经典粤点技法》是何世晃累积一生经验与成就写成的一部粤点制作秘籍。他毫无保留地把秘诀用文字记载下来，交付给后辈。正如他常说的那样"点心培育我们，我们回报点心"。

"明星农民"的田野生活

——记行业翘楚全王新

全王新

编者按： 全王新，廉江市良垌镇兴旺农业机械专业合作社社长。曾被评为"廉江好人"、湛江市"最美村干部""全国20佳农机合作社理事长""广东省劳动模范""全国农业劳动模范"，同时是廉江市、湛江市、广东省党代表，广东省农村创业青年优秀带头人。

出身贫困农民之家的80后全王新，早年曾独闯深圳，想"跳出农门"。攒到第一桶金后，他沉下心来，思考未来方向，终决定回乡踏实创业，带领乡民挖掘现代农业的"富矿"。以科学的农业知识为指导，结合前瞻性的产业视野，全王新扎根农业10多年，将乡村振兴的"大论文"写在了田间地头里、稻香蛙鸣处！

致富经

2002 年，22 岁的全王新怀抱着"不做老板做农民"的热情回到家乡的田野。彼时，全王新已在深圳打拼多年，视野和阅历都提升了不少，但家乡的现状却令他一度颇为沮丧：村里的青壮年大多已进城"淘金"，留守的劳动力明显不足，种植粮食和农产品的经济效应不高，以致土地丢荒、收成单薄……缺人、缺钱、缺科技，全王新意识到，农村要发展，农业要兴旺，非得走现代化、产业化、机械化之路不可！

2009 年，全王新在廉江率先兴办农机合作社。合作社采取了土地资源集中、机械耕作发展的新模式，实现了从播种、收割、管理、加工到运输的全程机械化。很快，农业生产的效率提高了，社员的荷包变鼓了，风吹金穗，浪涌稻花，农民的日子红火了，信心和热情也节节高升。

随着集体经济收入的稳步提升，近年来，全王新又不断加大农业的科技投入。如今的稻田上空，农用无人机翱翔，仅一天就可完成 200 亩农田的喷洒农药任务，比人工作业的效率高出百倍！

技术创新之外，全王新还立足于现代农业经营管理体制的探索，以市场经济为对标，从 2015 年，他带领社员尝试构建"三农综合体"，以"立足农村、依靠农民、发展农业"的现代发展理念为指导，率先构建起全产业链条、高附加值、品牌化效应的先进农业经营模式，打出了一套"公司＋农户＋农业经理人＋产业链＋互联网"的组合拳，带动当地 1250 多户群众及 50 多户贫困户实现年人均可支配收入 1.8 万元。其主导创办的廉江市兴旺农业发展有限公司被认定为广东省农业龙头企业，廉江兴旺农机合作社被评为全国农机示范社，中塘村还成了广东省新农村建设示范片区。

荣誉加身，全王新成了湛江乃至省内的"明星农民"，但他真正在意的，仍是农业的发展和农民的利益。村里的农副产品深加工厂投产后，他坚持为农产品价格保驾护航，确保农民利益；荔枝丰收之年，他不辞辛苦，奔赴广东高州、广西、越南等地，多方联系收购企业，解决农民后顾之忧；村里的五保户、残疾人、单亲家庭等困难户，还可享受免费机耕。他是真正将农民放在了自己的"心坎"上。

名声越大，责任越大，质疑的声音也会随之而来。全王新担任廉江市良垌镇中塘村党支部书记、村委会主任、经济联合社的社长后，也曾有老人对这位年轻后生

全王新在田间

产生过质疑，但几年下来，眼见村民盖了小楼买了小车，村办企业也办得有声有色，老人们都对全王新竖起了拇指：这个最美村干部，是个带领乡村创富增收的一把好手！

生态论

良垌镇风光秀丽，盛产各类果蔬，还是廉江市的荔枝大镇。每到夏季，这里荔香馥郁，佳木茂盛，一派田园好风光。"绿水青山就是金山银山"，以生态文明理念为指引，结合国家美丽乡村建设和文旅产业发展的政策红利，全王新引导村民精心构筑着美丽富饶的"理想国"。

在环境建设方面，全王新与良垌镇政府签订环卫承包合同，将村里的每处屋巷都打扮得干净靓丽。同时，还自掏腰包用于装修村委会办公室、道路绿色等基础设施建设。

近年来，为发展生态经济和红色旅游，全王新还积极促成修建"中塘革命纪念馆"，全面提升农村的人文内涵。

经过几年的努力，中塘村的软件、硬件设施水平都取得了长足进步，村容村貌焕然一新，文明新风蔚然成型，昔日落后的中塘村初步建成了"宜居、宜业、宜游"的美丽乡村新样本。

为丰富绿色经济的内涵，全王新还带头种植火龙果、紫色番薯，并规划种植桑树，发展养蚕等生态农业项目，取得了良好的产业经济效应。每到夏季，中塘村吸引着许多游客慕名而来，采摘荔枝龙眼，体验绿色健康、趣味盎然的乡村休闲之旅，有不少村民也依靠乡村旅游实现了家门口就能就业创收的愿望。

以美丽乡村建设为契机，村里的投资环境越来越优良，在全王新的大力推介和奔走下，不少乡贤返乡并以"企业＋集体＋项目"的方式，投入300多万元创办3

个农业经济项目。仅仅这些项目，每年就可为集体带来至少 15 万元经济收入。生态文明和绿色经济及其外溢产生的产业效应，真正为农村的现代化发展注入了源头活水。

荔枝树下，佳果又飘香。站在村口，全王新翘首等待着又一拨返乡的游子。这几年，村里一些在外打拼的青年人听说家乡的变化后，纷纷返乡，从事绿色经济的相关产业，昔日荒芜的田园乡村重新焕发出勃勃生机。夕阳暖暖，村庄又起炊烟，欢笑夹着人语依依，全王新的脸庞上也绽放出了笑容，他的脚步是轻快地，他的心里充满了希望……

甘为人梯的巾帼英雄

——记工匠之师杨珍

杨珍

编者按： 杨珍，佛山市技师学院装备制造系副主任，全国人民代表大会代表。从事技工教育已经24年，多年奋斗在教学一线，多次在全国两会上为技工教育建言献策。

她，是一名工匠。她秉承着工匠精神的守、融、创，追求卓越和完美，用精准精湛、创新创造的标准，执着地诠释着一颗匠心。

她，更是工匠之师。走在通往工匠之路的技工院校学子们，是"中国制造"走向"中国智造""中国创造"的主力。她坚守教师岗位，用传承、传授、传扬托起冉冉升起的工匠骄阳。

　　她，就是杨珍。

刻进城市血脉中的"工匠精神"

❖————

　　广东省佛山市南海区，地处粤港澳大湾区腹地。作为改革开放先行区，南海曾以"六个轮子一起转"创造县域经济发展的"南海模式"。经过多年发展，南海形成以制造业、民营经济、中小企业为主的经济特点，市场经济活力十足，连续5年排在中国综合实力百强区第二名，拥有11个产值超200亿元的制造业集群，全区市场主体数量超28万户。

　　这座拼搏的城市有着无数在自己的工作岗位上执着专注、创新进取的普通工匠们，他们用匠心和匠艺在编织着这座城市的梦，"工匠精神"注定要印刻在这座城市的血脉中。我们故事的主人公，是这群工匠中最耀眼的一个，她，就是"工匠之师"——杨珍。

　　第一次见到杨珍的人，无法把眼前这个笑起来明媚如冬日暖阳，静下来似拂堤杨柳的温婉女子与她背后赫赫"战绩"联系起来。其实，了解她的人都知道，杨珍是一个内心对职业教育充满着深沉的爱，行动上又十足"拼命三郎"的人。深夜一两点睡、清晨六点多起来对她来说几乎是常态，睡觉做梦都梦到图纸。她常说："我最关注的是工匠精神，工匠精神要植入到每一位装备制造学员心中，内化成为粤港澳大湾区企业、社会、城市发展的重要价值观，从而推动粤港澳大湾区实现高质量发展。"

　　作为教师，杨珍桃李满天下。十几年时间里，她培养了1名"世界技能大赛"铜牌获得者、1名"全国五一劳动奖章"获得者、6名"全国技术能手"、11名"广东省技术能手"、3名"佛山大城工匠"、12人获得"佛山市高技能突出贡献奖"。每一个工匠的培育，每一枚奖牌的获得，都是杨珍汗水和付出的最好勋章。

　　2010年，第四届全国数控技能大赛决赛选址佛山举行。经层层遴选，杨珍被划入了教练员候选名单。当时她的孩子才6岁，没人照顾。作为母亲，她犹豫过，却也深知不能辜负组织的那份信任。杨珍毅然投身竞训工作，尽全力展现南海技工院校人才的能力与风采。她充分利用自己的优势，分析研究训练中的重点、难点及关键技术问题的把握控制及相应措施，多次以创新突破常规、改变工艺。那段时光，佛山、广州、江门三个集训地留下了太多杨珍辅导学生，奋战到深夜的身影。

杨珍在上课

时间洒在哪里，哪里就开花结果。在她指导训练下的团队代表广东省出征竞赛大获全胜：两名选手获得第一名，其中一名选手荣获全国"五一劳动奖章"，两名选手均获得"全国技术能手"称号。此后，她作为学院竞赛教练团队负责人，指导团队代表国家参加第 42 届、第 43 届世界技能大赛等多项赛事，无不收获优异成绩。

"工匠之师"的梦想

愿乘长风破浪行。这几年，佛山坚定不移发展制造业，产业结构正加快转型升级。产业转型，人才是关键，迫切需要职业教育创新改革，做好产业发展的"动力泵"。此时，杨珍又有了新的挑战和平台——从一线教师转型到教学管理岗位。新岗位的她，就像一个登山者，在培养工匠人才的山峰上不断攀越，她的足迹，见证了这些年在成果转化、校企合作、人才培养上的每一次创新和拼搏。

德国职业教育走在世界前列。杨珍便争取机会积极赴德国等职教先进地区认真学习经验，并牺牲寒暑假将所学内化后传授给同事们，积极开展课改以适应企业转型升级的需要。她经常说这句话："职业教育至少要往前看 3 年，起码做到学生从象牙塔走入社会，所学知识不会落后于时代。"企业最熟悉市场需求。杨珍便将企业交流与实践变成了"必修课"，隔三岔五就往对口企业跑，听取企业意见，把校企合作培养方案真正落到实处，让职业教育更"接地气"。为了提高教学有效性，杨珍带队开展校本教材编写工作，将世界技能大赛成果转化为教学资源，耗时 3 年，完成了《数控铣工一体化》等 6 本高质量教材的编写工作。

2016 年，3D 打印技术在科技舞台上大放异彩。觉察到市场潜力巨大，在"3D打印技术应用"这一专业还没纳入《全国技工院校专业目录》内时，杨珍大胆提出开设相应专业。2017 年，该专业首年招生便成就"大热门"，专业建设办得如火如荼。

　　2018年，作为人大代表的她，立足"老本行"聚焦职教发展问题，走访多家企业和职业教育院校，组织召开专题座谈会，赴各地调研，听取政校企三方建议，形成了《建议继续深化现代职业教育发展，助力制造业转型升级》和《关于提高技术工人待遇，加强高技能人才培养激励机制的建议》两份高质量报告，提交全国人大。

　　初心在方寸，咫尺在匠心。杨珍说："我有一个梦想，并且坚信在南海一定能实现。那就是，为职业教育献言献策，在职业教育史中留下自己的名字。"无数工匠和工匠之师像杨珍一样，坚守各自的战线和岗位上，不忘初心，钻研技艺、构筑梦想，他们正书写着属于自己、属于人民、属于这个时代的不朽篇章！

坚守本心的那个少年
——记工匠之师刘建

编者按： 刘建，广东省技师学院高级实习指导教师，全国模范教师，2013年创建"刘建技能大师工作室"，2017年通过"国家级技能大师工作室"核定认证。广东省技师学院智能制造大师工作室主持人、广东省爱国奋斗模范、惠州仲恺高新区技师协会会长。

刘建

"我还是从前那个少年，没有一丝丝改变，时间只不过是考验，种在心中信念丝毫未减⋯⋯"2020年，"宝藏歌曲"《少年》火爆网络，歌词直击人心，让人思绪万千。下面我们要讲的这位，正是在人生的舞台上，无畏质疑、无惧挑战、乘风破浪、勇敢做自己的"那个少年"——刘建。

"弃本读技"的那个少年

2003年8月29日，正是广东省技师学院的新生报到日，突然全校"炸了锅"，为啥？原来高级维修电工班来了一个叫刘建的新生，居然是一个从大学"逃出来"的孩子。

从初中起，刘建就对"电"产生了浓厚的兴趣，经常动手拆装一些小电器，自学了一点维修技术。2002年，刘建考上了鞍山科技大学。入校不久他就因帮一位师兄修好了全自动洗衣机而风靡全校。但后来发生的一件事让刘建对"远方"有了些迷茫。一位即将毕业的师兄电饭锅坏了，师兄找了半天也找不出原因。而刘建却凭借之前的维修经验，立刻判断出是保险坏了，他换了个新保险，电饭锅就"起死回生"了。这件事让刘建很难受，一个马上就电子专业毕业的本科生却连保险损坏的故障都找不出来！这里能实现自己当电气工程师的梦想吗？

刘建指导学生进行实操训练

一系列的困惑让追梦的刘建惶惶不安。一个偶然的机会，刘建在网上看到新闻说"广东等经济发达地区缺少上百万技能人才，高技能人才的年薪能达到十万元以上。"这可真是山重水复疑无路，柳暗花明又一村啊！刘建彻底动心了：离开大学，到广东学技能去！

排除一切阻力，来到广东省技师学院学技能的刘建，如鱼得水。细心又好学的他靠着一股"牛劲"，迅速成长。2004 年，已在校外实习的刘建，只回校集训了一个星期，就参加了第一届全国技工院校技能大赛广东选拔赛。提前一个小时完成实操比赛的刘建，获得了学生维修电工高级组第一名，并在之后的全国决赛获得"雏鹰奖"。

"从不安分"的那个少年

成绩优异的刘建留校任教了。走上三尺讲台后的他特别注重培养学生解决实际问题的能力。经过一段时间的教学，刘建觉得，目前学院培养的人才与企业的用工要求仍存在一些距离。于是，这个敢于突破条框禁锢、敢于打破一贯认知的"不安分"的"探路者"开始利用业余时间到企业为其提供技术服务，以了解企业对技能人才的真正需求。目前，由刘建主持或参与的企业技术攻关项目累计有 100 多项，直接或间接产生的经济效益 500 万元以上。不仅让企业提高了设备的自动化程度、节能减排、减少成本，还降低了工人的劳动强度。刘建的技术得到了业内的高度认可，他在珠江三角洲的企业里声名鹊起。

在与企业"亲密无间"的同时，刘建没有忘记自己的教师身份。为企业提供技术服务的初心就是促进教学改革。刘建认为，教学改革不是一个人能解决问题的，需要一个团队。于是，在学院的支持下，刘建开始培养教师团队，毫无保留地向队

刘建为广东技术师范大学的学生培训

友传授自己在企业"摸爬滚打、风生水起"的经验。现如今,刘建主持的国家级大师工作室研发智能制造教学设备10余款,申请专利19项。他们还培养出5个学生创业团队,最高的一个团队创业估值约3000万元。刘建带领师生创业团队打造的"机电工程师的摇篮"项目参加广东省"众创杯"创业创新大赛技能工匠争先赛荣获金奖。刘建说:"我是个穷孩子,是技能改变了我的人生,我要帮助更多的人改变命运,只要帮助他们扎实掌握一门立身的技能,就没有什么不可能!"

"执着创新"的那个少年

逆水行舟,不进则退。爱较真敢碰硬的刘建在教学机电一体化知识后发现,电气图纸的视图和电气原理图的设计是个难点,很多学生学习完机电一体化专业后仍看不懂图纸,设计不出电气原理图;有些学生对经常用的电气元件还算熟悉,但对于新的图纸或电气元件就无从下手了。

为了解决这个问题,刘建用了10多年的时间不断地探讨、研究、改进,并结合一线教学和长期为企业服务的经验,创造性地提出了机电一体化快速学习教学体系。这套体系对于快速建立机电思维,培养学生的自学能力、动手能力等有非常好的效果。十年后,刘建再一次走进了大学的课堂,但这一次,他不再是学生,而是在讲台上为十多所大学的大学生进行机电一体化快速培训的讲师。

无疑,刘建成功了,他的梦想实现了,他已经成为杰出的电气工程师。但永远不满足于现状的刘建,绝对不会停下追梦的步伐,"广东技工——工匠摇篮"项目是他的下一个梦想。2020年8月14日,"国家级刘建技能大师工作室广东省惠州监狱工作站"揭牌仪式在惠州监狱举行,刘建和他的团队将为刑释人员回归社会再就业开辟"直通车",为预防和减少刑释人员重新违法犯罪、构建平安有序、和谐稳定社会而努力。"眼前这个少年,还是最初那张脸,面前再多艰险不退却","少年"刘建用他的逐梦之路告诉我们,只要坚守梦想、永葆"少年气",定能乘风破浪,创造无限可能。

"王者焊粉"的奋斗人生
——记工匠之师刘仔才

刘仔才

编者按： 刘仔才，中国能源建设集团广东火电工程有限公司焊接工程公司焊接实操技能指导教师、高级技师。全国劳动模范、被国务院授予"中央企业技术能手""中央企业青年岗位能手"称号，被团中央授予"最美青工"称号。

在很多唱歌 App 里，评分或等级都有 SSS 等级，SSS 代表最高级。刘仔才，就是焊接界的 SSS 级。作为一名焊接教练，刘仔才心有初心使命、肩有责任担当、胸有家国情怀，立志要让中国的核电技术成为国家名片。

勤学苦练，新手变"明星"

2004 年 7 月，刘仔才从广东省韶关市技师学院毕业后进入广东火电工作。焊接是一个"苦力活"，护镜后飞溅的火花、炙烤着脸庞的高温、焊接产生的气味、被火花烫伤的危险，以及焊接时抓不住重点，蹲下去没多久就感到腰酸腿疼，焊把在手中不听使唤等挫败感让刘仔才遭遇了初入职场的困惑。巨大的压力下，刘仔才想过退却，但还是选择了"坚持，坚持，再坚持"。他给自己定了"三没事"：烫伤了没事、太热了没事、不能回家没事。渐渐地，刘仔才找到了感觉，手中的焊把也越来越听使唤了。

可到了工地后，刘仔才发现，在施工现场干活完全不同于培训车间。有时在高空，有时在地下，有时遇到的焊接位置特狭小，得蹲着、跪着甚至趴着才能施焊。公司是按件计酬的，很多同事都不愿意干那些费时又难干的活，但刘仔才从不挑活。就这样，前 3 年他一直扎根工地，别人不想干的活他干，各种困难位置的焊接他都去尝试，逐渐练就了一手绝活。

2007 年，刘仔才被选中进行核电工程焊接工作。勇挑重担的他一接手工作就遇

刘仔才悉心指导学生

到了难题：一段管道紧贴墙和地，有些焊缝根本看不到，而工期只有 40 天。刘仔才陷入了沉思，他想起老师傅说过的"镜面焊法"，但他从未接触过，难度也极高。因为镜子里的左右与现实中相反，对着镜子焊接容易出现偏差。刘仔才决定试一试。为了练习"镜面"焊，他用一卷卫生纸模拟管道，在卫生纸前面放一面镜子，然后看着镜子在纸上面写字，以此来熟悉"镜面"焊的正反左右顺序。最终，迎难而上的刘仔才顺利以镜面焊法提前完成地沟管道焊接作业，保障了整个工程的施工进度。

不积跬步，无以至千里，不积小流，无以成江海。经过日积月累的勤学苦练，刘仔才的焊接技术突飞猛进。在 2012 北京"嘉克杯"国际焊接技能大赛中，刘仔才一焊成名，凭借"摇摆焊法"勇夺钨极氩弧焊的第一名，成为焊接"明星"。

倾囊相授的"大国焊匠"

成为业界的"王者焊匠"后，很多企业都向刘仔才抛出橄榄枝。此时的刘仔才被公司调到广东火电阳江核岛项目部任焊接教练。华丽转身为"园丁"的刘仔才发现，一百个大学生好找，一百个高级焊工难寻。他毫不犹豫地放弃高薪，选择留下。

幕后英雄向来不易。刘仔才坦言，当教练的压力比接到核电工程攻关任务时还要大。刘仔才为每个学生创建了个人档案，因材施教，不仅将自己的宝贵经验向学生悉数相传，还将大摇摆焊法、镜面焊法等绝活向弟子倾囊相授。为了让学生适应现场越来越刁钻的困难位置，刘仔才创新出"极限训练法"，收集施工现场可能存在的困难位置类型进行专项训练，提高训练针对性。刘仔才偶尔也会"耍大牌"，对一些想偷懒的学生"无可奉告"。他认为，老师可以给学生建议，但答案还是要让学生自己去找。尤其核电施工整体质量要求非常高，如果焊接出现质量问题，焊工将被核电系统列为黑名单。所以必须培养学生的精品意识，将每一件产品当精品，力求做到最好。有志者，事竟成。刘仔才已培养出 300 多名独当一面的新生代焊工，他的得意门生佘峰也在时隔 5 年后的 2017 国际焊接大赛中获钨极氩弧焊青年组个人一等奖。

敢于担当，乘风破浪的"优秀党员"

2015 年刘仔才正式加入中国共产党，2017 年他被选为党的十九大代表。党员的

身份让刘仔才充满了力量，工地一线哪里有难题，哪里就有他的身影。有一次，刘仔才参与的深圳岭澳核电焊接项目需要焊接一种不锈钢的大罐，而且是用一种以前他不常用的焊接技术。由于焊接过程中不锈钢容易变形，很多人都达不到焊接效果。于是，刘仔才便主动到这个"吃劲"的岗位上劳筋骨、苦心志，一干就是半年多。最后他的焊接工艺合格率达到 100%。面对突如其来的新冠疫情，刘仔才率领广东火电"匠心筑梦"焊接先锋队在不到半个月的时间内，完成了中山嘉明电厂 5 号锅炉低压蒸发器全部 1506 个焊口的焊接任务，打赢该项目复工复产"第一仗"，用自己的"辛勤指数"换来企业的"成功指数""安全指数""幸福指数"。

当选党的十九大代表后，刘仔才对自己的事业有了全新的认识。为了使基层群众能够及时学习体会十九大精神，刘仔才马不停蹄地完成了 24 场宣讲任务，把十九大精神、党和国家领导人对基层群众的密切关注、"一带一路"建设的宏伟蓝图以及自己的心得体会毫无保留地进行了分享，足迹遍布了大江南北。

愈是深深地扎下，愈是高高地伸展；愈是同泥土为伍，愈是有云彩做伴。刘仔才劳模和工匠人才创新工作室已正式挂牌成立 2 年了，从一名普通焊工到电焊教练，刘仔才的愿望就是培养出更多更高水平的焊工，打造更多更高质量的高端设备，继续用创新和实干把这份工作干得更好！

"金牌院长"的拳拳之心

——记工匠之师冯为远

冯为远

编者按： 冯为远，现任广东省机械技师学院党委书记，人力资源和社会保障部技工教育与职业培训教材委员会委员、全国技工院校高技能人才培养联盟副理事长。先后荣获"南粤优秀教育工作者""全国技工院校杰出校长""全国技工院校改革创新突出贡献奖校长""全国机械行业教育卓越贡献人物""全国教育系统先进工作者"等荣誉。在他带领下，学院选手参加4届世界技能大赛荣获"8金2银4铜1优胜奖"，培养了18位世界技能大赛获奖选手，成为全国荣获金牌数最多、成绩最好的技工院校。

　　每当冯为远经过学院金牌广场，走上新铺就的世界技能大赛"金牌之路"，看到矗立的"技能之光"雕塑，凝视上面那块闪闪发光的"零的突破"金牌时，脑海里，学院世界技能大赛夺金之路那一幕幕扣人心弦的画面，就会浮现在他眼前……

流着泪挥动一面大大的五星红旗

❖————

　　巴西当地时间 2015 年 8 月 16 日晚，第 43 届世界技能大赛颁奖典礼在巴西圣保罗体育馆隆重举行，我国荣获 4 枚金牌。其中，广东省机械技师学院参与的制造团队挑战赛项目夺得首金。这是我国自 2010 年加入世界技能组织以来，在世界技能大赛上实现的金牌"零的突破"！当看到学院制造团队挑战赛项目林春泷、钟世雄两位选手和队友玉海龙身披五星红旗冲上最高领奖台，冯为远激动地从看台上跳起来，欢呼着，用力挥动着一面大大的五星红旗。刹那间，会场上一面面五星红旗汇成了红色海洋，一阵阵"中国""中国"的欢呼声此起彼伏，回荡在圣保罗的夜空。

　　欢庆之余，冯为远还心存焦虑。因为学院参赛的数控铣项目成绩暂未宣布。这是一个技术性强、竞争激烈的项目，参赛队达 27 个，是本届参赛国家最多的项目之一。虽然官方公布了学院选手张志坤以 99.7 分获得第一名，但不足 2 小时后，却因"需要二次检测"而暂被撤下。

　　这是一个不眠之夜。激动、焦虑、期盼等情绪交织在每个人的心中。

　　回国后的 8 月 26 日晚上 10：00，学院选手、教练在校收看世界技能组织视频颁奖仪式。当听到世界技能组织主席西蒙·巴特利宣布第 43 届世界技能大赛数控铣项目金牌获得者是"CHINA！张志坤！"时，全场欣喜若狂，高呼着跑到操场上举旗庆祝。这是一枚迟到的金牌，这是一枚再次证明中国现代制造和中国技能人才实力的金牌。

　　至此，我国在 43 届世界技能大赛共斩获 5 枚金牌，实现了世界技能大赛金牌"零的突破"，意义非凡。正如世界技能大赛中国代表团团长、人力资源和社会保障部职业能力司张立新司长指出，世界技能大赛金牌"零的突破"，就在于改变"学而优则仕""重学历，轻能力；重理论，轻实践"等传统社会观念，树立技能报国理念和职业英雄典型，这一改变，必将产生深远的影响。

难忘的喀山 A3 馆

冯为远曾亲自带领学院三届选手到不同国家参赛，其中他最为难忘的是俄罗斯喀山会展中心 A3 馆。巧合的是，学院参赛的数控车、数控铣、综合机械与自动化、制造团队挑战赛和塑料模具工程 5 个项目集中在这个场馆进行，这 5 个项目都是"高、尖、精、新"的现代制造业项目。如数控铣项目，要求的加工精度非常高，达到 0.015~0.04 毫米，相当于成年人头发丝的十分之一。

莫斯科当地时间 2019 年 8 月 27 日晚上，第 45 届世界技能大赛颁奖典礼隆重举行，学院斩获"4 金 1 铜"，金牌数占全国的四分之一，创造了连续三届每届均获 2 枚以上金牌的"三双连冠"的世界技能大赛传奇。当看到选手们一个个冲上世界技能最高领奖台，竞赛团队热烈拥抱、欢呼雀跃。承载着这一光荣使命的 A3 馆，也被不少媒体和观摩人员称为"广东机械金牌馆"。

是啊！喀山 A3 馆多个先进制造类项目的获奖，正是我国近年来产业转型升级的重要战略成果的缩影，充分体现了中国制造的雄厚实力，标志着我国技能人才培养水平已跻身国际先进行列。

赛后，当世界技能组织副主席史蒂芬先生来到学院考察，他对冯为远竖起大拇指说："一个学校，在一届世界技能大赛中获得了 4 枚金牌，而且是高端的装备制造类项目。这个获奖纪录，被中国人创造了。"

然而，夺金不是唯一目的，把世界技能大赛成果转化到高技能人才培养当中才是初心。目前，学院已成立"世界技能大赛成果转化与高技能人才培养研究中心"，牵头并参与人力资源和社会保障部世界技能大赛塑料模具工程、数控车、汽车维修以及机电一体化等项目成果转化；并对接世界技能大赛标准，开设了综合机械与自动化专业，开发了 19 个专业核心课程，编写 32 套工学一体化教材，推动学院人才培养质量不断提升。

来自中南海的声音

2019 年 9 月 23 日，国庆 70 周年大阅兵前夕的首都，彩旗飘扬，鲜花盛放，处处洋溢着欢乐祥和的气氛。

冯为远书记怀着无比喜悦的心情，从广州来到北京，参加我国第 45 届世界技

能大赛参赛总结大会。会上，胡春华副总理宣读了习近平总书记重要指示，以及李克强总理的批示。学院 6 名选手受到党和国家领导人的亲切接见。

这次，习近平总书记对我国选手在第 45 届世界技能大赛中取得优异成绩和我国高技能人才对社会经济发展的重要作用给予高度肯定，提出要大力发展技工教育。这既是对学院技能人才培养工作的高度认可，更是对技工教育人的最好激励！

近年来，广东省机械技师学院受到人力资源和社会保障部、广东省表彰 4 次，省政府记大功 2 次，获评"全国职业教育先进单位"，成为全国技工教育的一面旗帜。冯为远也被评为"全国教育系统先进教育工作者"，还被同行亲切地称为"金牌院长"。

闪闪金牌路，痴痴毕生情。从"零的突破"和"双双连冠"，再到"三双连冠"，竞赛团队一路走来，初心未改。在喀山闭幕式上一位记者问冯为远："当初是什么原因让您带领学院参加世界技能大赛？"他回答说："我从事技工教育 30 多年，深深体会到，通过参加世界技能大赛，紧紧瞄准世界先进产业发展方向，对接世界技能大赛标准，转化世界技能大赛成果，努力提升技能人才培养水平，才能更好地促进技工教育创新发展和高质量发展，才能培养出具有国际视野的高技能人才，才能更好地激励广大青年走技能报国之路，才能更好地推动社会经济发展。"

今天的冯为远，更加坚定了沿着这条道路继续走下去的信心和决心。

接受表彰

五、第45届
世界技能大赛
中国基地（广东）风采

1

广东省机械技师学院
数控铣项目

学院与行业、政府、企业等四方联动，科学规划集训基地，先后投入3000万元，购置各种仪器设备累计20台套，拥有4台德马吉DMU50多轴加工中心、10台大连加工中心等一批先进的设备，基地配置有数铣实训区、三坐标检测区以及专家室、教练室、讨论室，成为集技能大赛、选手集训、技术培训、职业指导为一体的高技能人才培养创新示范区。

学院成立了集训基地管理机构，做好基地场地管理、服务和保障工作，保障项目集训基地有序、有效、有质地运作。在第43届世界技能大赛中，学院选手张志坤首次斩获了数控铣项目金牌。2017年10月，学院选手杨登辉在第44届世界技能大赛数控铣项目中代表国家参赛，再次获得该项目金牌，并荣获中国代表队最佳选手奖。2019年8月，学院选手田镇基在第45届世界技能大赛数控铣项目中再次获得该项目金牌，现实了数控铣项目三连冠。

2

广东省机械技师学院
数控车项目

第44届、第45届世界技能大赛数控车项目中国集训基地均在广东省机械技师学院。2017年，学院选手陈智民在第44届世界技能大赛数控车项目中获得银牌；2019年，学院选手黄晓呈在第45届世界技能大赛数控车项目中获得金牌，并荣获中国代表队最佳选手奖。基地设备齐全，拥有16台大连数控车CKA6150，配备FANUC数控系统和SIEMENS数控系统；3台DMG数控车削中心，1台机床型号为CTX alpha 500，是第44届世界技能大赛数控车项目指定机型；两台CLX 350，是DMG公司推出的新型车削中心。检测设备有4台海克斯康三坐标和3台蔡司三坐标，还有高度测量仪2台。

3

广东省机械技师学院
制造团队挑战赛项目

基地设备包括普通铣床、普通车床、数控铣床、焊接、钻床、剪板机、折弯机、DMG（五轴）加工中心、普铣、普车等第45届世界技能大赛指定设备。

学院选手钟世雄、林春泷在第43届世界技能大赛制造团队挑战赛项目中获得金牌，詹志远、刘培桐在第44届世界技能大赛制造团队挑战赛项目中获得铜牌，陈鑫鹏、曾祥博在第45届世界技能大赛制造团队挑战赛项目中再次获得金牌。

4

广东省机械技师学院
塑料模具工程项目

学院曾承担过第42~45届世界技能大赛塑料模具工程项目集训基地工作，所培养的选手李伟国在第42届世界技能大赛上获得优胜奖，选手黄灿杰在第43届世界技能大赛上获得铜牌，选手张志斌在第44届世界技能大赛首次获得该项目金牌，选手卢森锐在第45届世界技能大赛上获得铜牌。塑料模具工程项目集训基地现有竞赛工位16个，配备16台数控加工中心和12套装配设备，另有专家室、教练室、设计室、讨论学习室和检测室等功能区。

扫一扫，更精彩

5

广东省机械技师学院
综合机械与自动化项目

　　为满足世界技能大赛选拔和集训要求，学院与行业、政府、企业等四方联动，科学规划集训基地，先后投入1200万元，购置各种仪器设备累计60台套，按照世界技能赛项标准场地、行业生产作业和工艺流程的规范分为"5区5室"：车削区、铣削区、装配区、自动化控制区、三坐标检测区，以及选手室、专家室、教练室、讨论室和工具室，成为集技能大赛、选手集训、技术培训、职业指导为一体的高技能人才培养创新示范区。

　　基地选手方汉宏曾在第43届世界技能大赛中获得综合机械与自动化项目铜牌，唐培强代表国家在第44届世界技能大赛综合机械与自动化项目中获得银牌，郑玉辉在第45届世界技能大赛综合机械与自动化项目中一举击败劲敌，获得该项目首枚金牌。

6

广东省技师学院
电子技术项目

　　电子技术项目集训基地占地680多米^2，场地完全依照世界技能竞赛电子技术项目现场建设，具有21套与世界技能大赛技术要求完全一致的训练设备和仪器工具，有1台激光雕刻机、4台机械雕刻机、1台元器件AOI检测仪、1套竞赛集训软件。总投入约1500多万元，是电子技术项目国家、省级比赛、训练及师资培训场地。场地各功能分区、训练设备及仪器工具，以及选拔、集训方案，参赛标准及淘汰机制，均采用的是世界技能大赛集训基地管理模式。自2015年以来，获得了世界技能大赛电子技术项目1枚金牌、2个优胜奖。

7

广东省技师学院
工业机械装调项目

工业机械装调项目主要根据企业对工业机械设备制造、改进、维护、维修等职业或岗位的能力要求为基础，以第 44 届世界技能大赛工业机械装调项目技术要求为标准，主要涉及设备或自动化系统的拆卸、加工、安装、检测、维护、维修、调试等工作内容，这些工作一般由团队或个人单独完成，所以要求技术人员有很好的工作组织、自学管理、沟通协调的能力，要有解决问题、参与计划和设计、手工加工、机械加工、安装、调试、报告、维护、维修、检测的能力。

8

广东省轻工业技师学院
商品展示技术项目

学院连续 2 届被国家确定为商品展示技术项目中国牵头集训基地，基地占地约 6000 米^2，对接世界技能大赛专业技术标准和流程，建有调研、设计、实操、教学体验等实训室及生活场所 21 间，各种设备设施材料种类约达 300 种，满足选手体能、心理、饮食和住宿等训练所需，满足世界技能大赛技术训练及大型赛事承办要求。

基地注重培养高技能人才，先后培养了国内近 20 个省市的专业师资力量，为国家培养了国家级专家教练 12 人、翻译 2 人，10 人世界技能大赛工作突出被省委、省政府通报表扬，5 人分获广东省技术能手称号、三八红旗手称号。在第 44 届、第 45 届世界技能大赛中，2 名选手分别获得全国选拔赛第一名，4 名选手进入中国集训队。选手罗丽萍荣获第 45 届世界技能大赛商品展示技术项目银牌。

扫一扫，更精彩

扫一扫，更精彩

广东省轻工业技师学院
美容项目

广东省轻工业技师学院美容基地设立于 2016 年 5 月，是第 45 届世界技能大赛美术项目中国集训基地。美容项目基地占地约 2000 米²，建立了美容美体、美甲、化妆设计等实训室 8 间，具备承办各类美容赛事的能力，满足选手培养和训练的需求。基地培养出全国商业技能大赛美容全能项目金奖郑美燕。

广东省交通城建技师学院
货运代理项目

第 45 届世界技能大赛货运代理项目中国集训基地设立于 2018 年 8 月，货运代理赛项要求选手完成路径设计、客户沟通、保险、报关、成本与效益、投诉处理等操作。基地具备组织货运代理竞赛选手集训、承办技能竞赛等功能，承办过第 4 届广东省技工院校技能大赛国际货运代理项目决赛、第 46 届世界技能大赛货运代理项目广东省选拔赛等。基地还通过开展师资培训，提供交流学习平台，依托世界技能大赛载体，培养货运代理人才，深入促进产教融合。

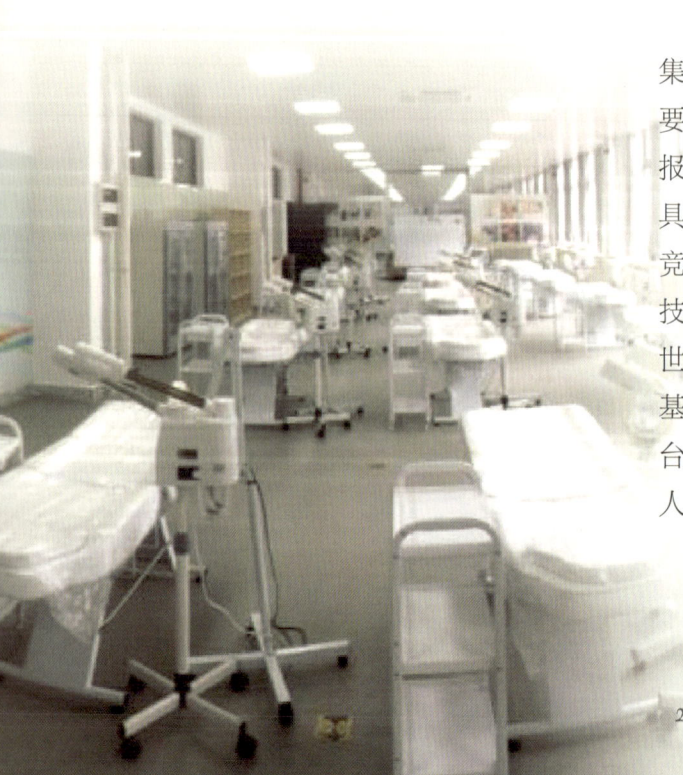

扫一扫，更精彩

11

广东省交通城建技师学院
油漆与装饰项目

扫一扫，更精彩

12

广州市技帅学院
原型制作项目

油漆与装饰项目属建筑与工艺技术大类，主要以乳胶漆、无纺壁纸等绿色材料进行墙面装饰。比赛包括门、壁纸、网格放大、计时涂装，以及自由技术发挥5个模块。中国在第45届世界技能大赛首次参加此项目，并于2018年正式设立油漆与装饰项目中国集训基地（广东）。基地配套墙面处理、喷漆、打磨、洗涤等设施，承担中国选手集训、比赛组织及选拔等职责。基地与众多企业如广州立邦涂料有限公司、广东玉兰装饰材料有限公司等建立了长期的合作关系。

该基地是原型项目首个国家集训基地。于2016年4月建成，2017—2020年加以扩建升级，累计投入约1530万元，场地面积达1275米^2。基地共6区3室，即普通加工、数控加工、3D打印、抛光、表面装饰、工位6区和CAD设计、精密检测室、茶歇3室。可承担世界技能大赛原型制作项目的各级选拔赛、集训队集训，还可以承担工业设计专业一体化课程的教学，以及校企合作工业产品研发、手板生产项目等，实现"赛、产、教"三融合，为国家冲击世界技能大赛奖牌选好将、把好关。该基地先后为国家培养了第44届世界技能大赛金牌选手黄枫杰、第45届世界技能大赛优胜奖选手文俊凯。2017年，黄枫杰代表中国首次角逐该项目奖牌，实现了中国该项目首赛即夺金。

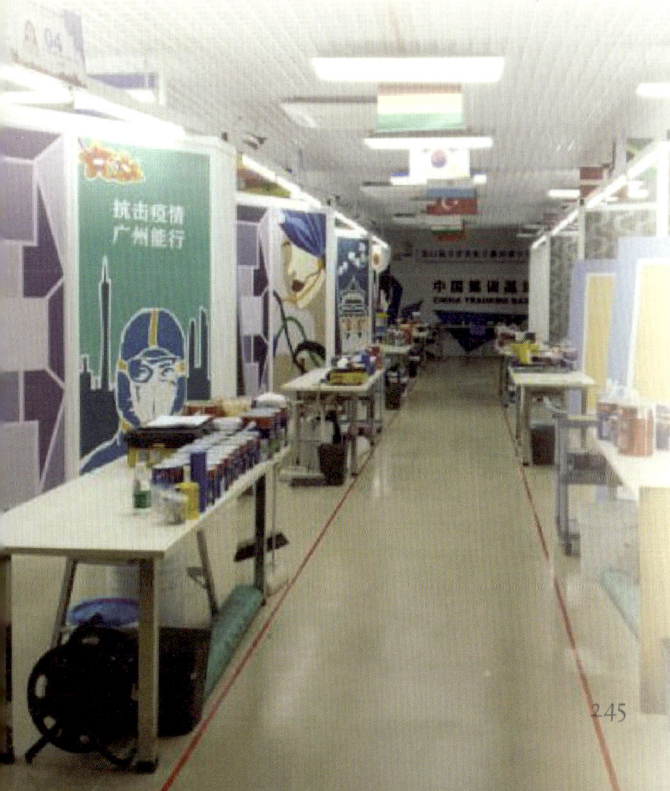

广东技工故事

13

扫一扫，更精彩

广州市白云工商技师学院
时装技术项目

　　第 44 届、第 45 届世界技能大赛时装技术项目中国集训基地，是广州市高技能人才公共实训鉴定分基地。基地设立于 2016 年，共建有服装设计开发实训室、服装纸样实训室、服装样衣制作实训室、服装生产实训室、服装研发中心、世界技能大赛中国集训基地等六个实训场室，使用面积达 3000 米^2，拥有先进实训设备 700 多台，设备总值 800 多万元。基地集竞赛、教学、科研、生产、培训、鉴定和技术服务等功能于一体，先后选拔和培养了胡萍、温彩云 2 名世界技能大赛冠军。

14

扫一扫，更精彩

广州市工贸技师学院
制冷与空调项目

　　制冷与空调项目中国集训基地设立于 2012 年，诞生了广东省首块世界技能大赛奖牌。基地依托国家级高技能人才培训基地广州市工贸技师学院建设，建有训练区、中央控制区、设备材料区、燃气室、危险品储存室等不同功能区域，设有 34 个符合世界技能大赛标准的训练工位，配备制冷与空调项目世界技能大赛合作伙伴丹佛斯、艾默生、约克空调等公司的先进设备，主要用于国家集训队集训与选拔，2012 年至今已培养 4 名世界技能大赛选手获得 1 枚银牌、2 枚铜牌和 1 个优胜奖。

246

扫一扫，更精彩

15

广州市工贸技师学院
CAD 机械设计项目

CAD 机械设计项目中国集训基地设立于 2010 年，是中国首批六个世界技能大赛中国集训基地之一。基地依托国家级高技能人才培训基地广州市工贸技师学院建设，涵盖集训区、加工测绘区、图纸打印区、教学区等不同功能区域，设有 18 个符合世界技能大赛标准的工位，配备高性能图形工作站、三维打印机、三维扫描仪、大型激光切割机以及各类先进机械加工设备，主要用于国家集训队集训与选拔，2010 年至今已培养 5 名世界技能大赛选手获得 2 枚银牌、3 个优胜奖。

扫一扫，更精彩

16

广州市工贸技师学院
网络系统管理项目

网络系统管理项目中国集训基地设立于 2014 年，依托国家级高技能人才培训基地广州市工贸技师学院建设，涵盖教学区、实训区、大型服务器区等不同功能区域，设有 12 个符合世界技能大赛标准的训练工位，配备高性能工作站、大规模虚拟化设备、各类型 Cisco 网络硬件设备，主要用于国家集训队集训与选拔，2014 年至今已培养 3 名世界技能大赛选手获得 1 枚铜牌和 2 个优胜奖。受人力资源和社会保障部委托，基地牵头开展了计算机网络应用专业技工院校对接世界技能大赛标准深化专业课程改革工作。

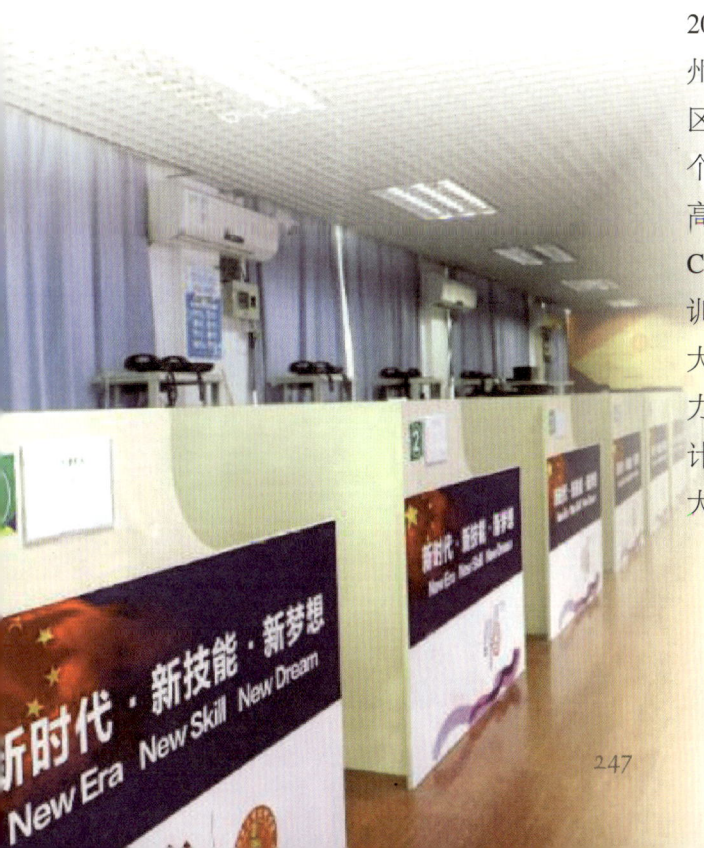

17

扫一扫，更精彩

广州市工贸技师学院
网站设计与开发项目

网站设计与开发项目中国集训基地 2018 年落户广州市工贸技师学院。基地依托陈立准国家级技能大师工作室建设，涵盖训练区、竞赛区、CIS 评分区等区域，设有 30 个符合世界技能大赛标准的训练工位，配置高性能工作站、集成服务器等设备，主要用于国家集训队集训与选拔。广州市工贸技师学院共培养出 3 名学生先后代表国家参加第 41 届、第 42 届、第 43 届世界技能大赛，获得网站设计项目 3 个优胜奖。作为中国集训基地，2019 年培养选手获得第 45 届世界技能大赛网站设计与开发项目优胜奖。

18

扫一扫，更精彩

广州市交通技师学院
重型车辆维修项目

基地 2016 年成立，被国家颁牌认定为第 44 届、第 45 届世界技能大赛集训基地。基地内设备齐全，拥有校企合作共建的卡特、沃尔沃、日野等世界级品牌设备，包括挖掘机、装载机、卡车、发电机组和柴油发动机等大型设备 60 余台，配套有各大品牌在线维修诊断信息系统。基地承办了世界技能大赛全国、省、市等多级选拔赛，完成了第 44 届、第 45 届世界技能大赛国家队选手集训任务。基地培养重型车项目省冠级亚军 4 名、全国冠亚军 2 名，培养国家队选手莫镇安在第 45 届世界技能大赛获优胜奖。

扫一扫，更精彩

19

广州市建筑工程职业学校
砌筑项目

　　集训基地的场地和设备设施与世界技能大赛设备相同、功能相近、环境相似，为选手集训参赛提供一流的专业技术支持。在全面了解世界技能大赛规则和技术要求的基础上，突出训练的针对性和有效性，全面提升选手技能水平、参赛能力和综合素质。积极开展技术交流活动，全力提升选手应变和适应能力。集训基地的管理、保障和服务工作，对选手的思想、心理、体能等各方面给予无微不至的关怀和指导，对集训选手的衣食住行给予全方位的支持和照顾。因集训基地软硬件设备设施均按照世界技能大赛标准，故现主要用途为举办各级技能大赛、日常供砌筑项目、瓷砖贴面项目、抹灰与隔墙系统项目和油漆与装饰项目选手作训练之用。

20

广州市轻工技师学院
家具制作项目

　　基地占地面积800米²，配套建设有训练场地、办公楼、集训选手专用宿舍，训练场地按世界技能大赛家具制作项目标准进行建设及配置设施设备，现有比赛标准工位12个。基地已连续承办3届世界技能大赛家具制作项目广东省选拔赛和第45届世界技能大赛家具制作项目集中阶段性考核赛；作为家具制作项目中国牵头集训基地，培养的江苏选手吴晋卿荣获第45届世界技能大赛家具制作项目银牌。

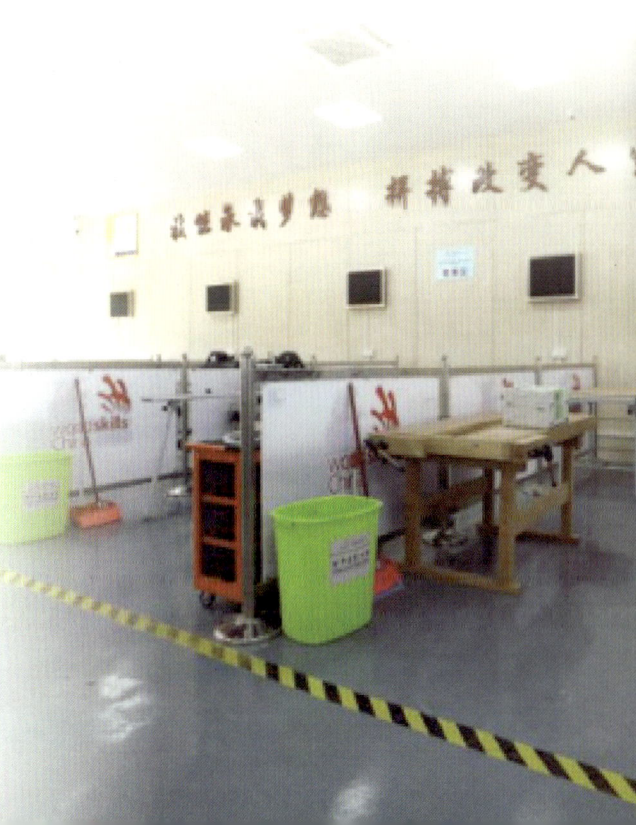

21

广州市轻工技师学院
精细木工项目

基地已建成为国内综合条件最好的精细木工项目集训基地，占地面积达 1200 米^2，其中建筑面积达 1000 米^2，配套建设有训练场地、办公楼、集训选手专用宿舍，训练场地按世界技能大赛标准进行建设及配置设施设备，现有比赛标准工位 16 个。基地已连续承办 3 届世界技能大赛精细木工项目广东省选拔赛和第 45 届世界技能大赛精细木工项目集中阶段性考核赛；作为精细木工项目中国牵头集训基地，培养本基地选手陈泽锟和翟梓曦分别获得第 44 届和第 45 届世界技能大赛精细木工项目优胜奖。

22

广州市轻工技师学院
健康和社会照护项目

广州市轻工技师学院被中华人民共和国人力资源保障部确定为第 45 届世界技能大赛健康与社会照护项目中国集训基地，为各级竞赛提供场地，为选手提供技术和后勤保障。基地设有医院护理、居家照护、日间照护中心、长期照护中心、健康评估区、书写区等多个照护场景和功能区，可供世界技能大赛健康与社会照护项目各模块训练和比赛。迄今，连续 2 届的广州市、广东省选拔赛在基地举办，第 45 届世界技能大赛国家队选手在基地集训。

23

扫一扫，更精彩

广州市轻工技师学院
餐厅服务项目

广州市轻工技师学院被中华人民共和国人力资源保障部确定为第 44 届、第 45 届世界技能大赛餐厅服务项目中国集训基地，为各级竞赛提供场地，为选手提供技术和后勤保障。基地设有咖啡制作、鸡尾酒调制、餐厅服务、西厨等多个功能区，可供世界技能大赛餐厅服务项目休闲餐厅服务、宴会服务、酒吧服务、零点餐厅服务等模块训练和比赛。迄今，连续 3 届的广州市、广东省选拔赛在基地举办，连续 2 届世界技能大赛国家队选手在基地集训。

24

扫一扫，更精彩

广州市机电技师学院
移动机器人项目

基地占地 1200 米^2，能同时满足 20 支队伍的集训和选拔要求。基地作为国家、省市"移动机器人"项目的集训、选拔及竞赛基地，先后承担了第 44 届、第 45 届世界技能大赛移动机器人项目中国队集训和省市选拔赛任务；承担了第 8 届、第 9 届、第 11 届穗港澳蓉移动机器人集训任务。

2017 年，学院选手代表中国队参加第 44 届世界技能大赛移动机器人项目获得铜牌，2019 年参加第 45 届世界技能大赛移动机器人项目获得金牌。2019 年，广州市机电技师学院的胡耿军，打败连续五届的冠军得主韩国，摘得第 45 届世界技能大赛移动机器人项目金牌，实现了中国在该项目上金牌零的突破。

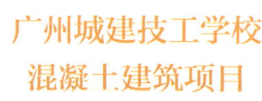

广州南华工贸高级技工学校
珠宝加工项目

第 45 届世界技能大赛珠宝加工项目中国集训基地设立于 2018 年 8 月，依托广州南华工贸高级技工学校珠宝系。基地汇集了一批珠宝加工行业的一线顶级专家，拥有目前世界最先进的焊枪及燃气防漏探测仪、冲压成型砧具、固定钳具、日常工具等，为集训工作提供训练设备、技术、后勤等必要保障和支持，集训了第 44 届、第 45 届世界技能大赛选手，且分别获得铜牌、银牌，同时举办了第 44~46 届世界技能大赛珠宝加工项目广东省、广州市选拔赛及第 44 届世界技能大赛全国选拔赛。

广州城建技工学校
混凝土建筑项目

2018 年 8 月正式落户，基地完全按照世界技能大赛项目竞赛标准建设，总面积约 1800 米^2，设有技术分析室、专家工作室、选手休息室、设备工具室、材料堆放区、监控中心及面积为 70 米^2 的工位 12 个。基地目前有世界技能大赛专用 DOKA 模板系统 2 套、奇正组合铝合金模板系统 5 套、木模加工设备、放线测量工具多套、集训全方位监控系统 1 套，设备设施投入已超 720 万元。基地成功承办了第 45 届、第 46 届世界技能大赛混凝土建筑项目广东选拔赛，在两届省赛中学校选手包揽了冠亚军。学校选手陈君辉、李俊鸿在基地刻苦训练一年余，在俄罗斯第 45 届世界技能大赛中大放异彩、勇夺金牌，实现了技能报国的梦想。

27

扫一扫，更精彩

广州市公用事业技师学院
园艺项目

2018 年 8 月广州市公用事业技师学院被确立为第 45 届世界技能大赛园艺项目中国集训基地。近几年学院总投资 1000 多万元，建成了广东省首个世界技能大赛综合赛训中心，面积达 2600 米 ^{2}，能为世界技能大赛园艺项目集训提供良好的场地保障。基地实训场所功能分区合理，训练设备符合国际要求，仪器工具齐全，基地组建并培养了校内教练团队，同时聘请大陆行业专家、台湾行业专家，对接世界技能大赛，共同交流，及时学习项目最新标准，为世界技能大赛项目集训提供强有力的技术保障。

28

深圳技师学院
平面设计技术项目

历年来，承办平面设计技术项目第 43 届全国选拔赛、2017 年深圳国际技能大赛、第 44~46 届世界技能大赛深圳市和广东省选拔赛，并承担第 43~45 届平面设计技术项目国家集训队集训选拔工作。

29
深圳技师学院
3D 数字游戏艺术项目

深圳技师学院作为国家集训基地，3D 数字游戏艺术项目承担了第 44 届世界技能大赛广东省选拔赛，第 45 届、第 46 届世界技能大赛深圳市、广东省选拔赛及国家集训队训练工作，培养选手先后获得 2017 年澳大利亚全球挑战赛金牌、第 44 届世界技能大赛铜牌、2019 年澳大利亚全球挑战赛铜牌、第 45 届世界技能大赛银牌。主要承担各级选拔赛及国家队集训，研究世界技能大赛技术标准，转化世界技能大赛课程，提升全日制教学水平。

30
深圳技师学院
珠宝加工项目

设立于 2016 年 11 月，依托载体：深圳技师学院珠宝学院、中国黄金协会、周大福大师工作室、党新洲国家技能大师工作室、叶向洲深圳市技能大师工作室；基地功能：世界技能大赛选手选拔、技能培养、选手日常训练、承办国家队集训和阶段考核等工作。承担第 44 届世界技能大赛珠宝加工国家队各阶段集训工作，2016 年 11 月被授为第 44 届世界技能大赛珠宝加工项目国家集训基地。2018 年 3 月，承办第 45 届世界技能大赛珠宝加工项目深圳市选拔赛工作，8 月被授为第 45 届世界技能大赛珠宝加工项目国家集训基地；2019 年 12 月，承办第 46 届世界技能大赛珠宝加工项目深圳市选拔赛工作。

扫一扫，更精彩

31

东莞市技师学院
烘焙项目

扫一扫，更精彩

32

中山市技师学院
糖艺／西点制作项目

　　烘焙基地是第 44 届、第 45 届世界技能大赛烘焙项目国家集训基地，于 2017 年建成，建筑面积约 1000 米²，总投入 1000 万元，设有 10 个标准的国际烘焙项目比赛工位，所有设备、工具及布局均按照世界技能竞赛标准进行整体建设，依托东莞市技师学院烹饪专业为载体进行建设，主要用于烘焙项目选手平时的训练及各项烘焙项目的竞赛。承办了第 44~46 届世界技能大赛广东省选拔赛，以及第 44 届、第 45 届世界技能大赛国家队的集训及选拔工作。

　　第 45 届世界技能大赛糖艺／西点制作项目中国集训基地设在中山市技师学院食品化工系，该基地于 2016 年按世界技能大赛标准逐步建成 12 个世界技能大赛标准工位基地。该基地作为广东省、国家级集训基地已成功承办了第 44~46 届世界技能大赛糖艺／西点制作项目广东省选拔赛及集训工作，完成第 45 届世界技能大赛国家集训队集训任务。该基地拥有完善的教学设备、一流的专家教练团队以及夯实的专业支撑，有效发挥了基地育人作用，为国家输送多名综合素质全面的高端技能型人才！

33

云浮技师学院
建筑石雕项目

建筑石雕项目集训基地设立于 2018 年 10 月，是粤西北地区首个世界技能大赛国家集训基地。云浮技师学院结合行业标准，严格按照世界技能大赛训练比赛需求，为赛场配置空气压缩机、升降式雕刻工作台、喷淋式专业除尘柜、比赛训练石料等基础设施，从训练环境、设备设施、技术支持、后勤保障等各个方面为国家集训队提供全方位支持保障。2018—2019 年建筑石雕项目国家集训队在该基地开展阶段性集训。

后　记

　　《广东技工故事》在广东省人力资源和社会保障厅的指导下，由广东省职业技术教研室组织编写。广东省人力资源和社会保障厅全面推动广东省"广东技工"工程，开展理论研究编撰《广东技工故事》，工作目标是在全社会大力弘扬工匠精神、劳模精神。

　　《广东技工故事》以"综述＋典型案例（故事）"的构架，图文并茂地展现了广东技工事业发展的全貌、历程和成就亮点，既有政策性，又兼具可读性，具有鲜活的时代气息。图书可作为社会公众了解"广东技工"工程内涵、成就，塑造"广东技工"品牌形象的普及性读本，也可作为职业院校学子开展思想政治教育、培养工匠精神、增强职业自豪感的辅助读本，激励广大青年走技能成才、技能报国之路。

　　《广东技工故事》包含五部分内容：一是深度解码"广东技工"。从历史纵深展现中华人民共和国成立以来尤其是改革开放40多年"广东技工"成长的历程。二是"广东技工"的辉煌贡献。以全景式视角展现近年来"广东技工"服务广东社会经济发展取得的成就，包括"广东技工"与"广东制造"共同成长，对创业、就业和扶贫工作的支撑，对粤港澳大湾区发展的推进等。三是"广东技工"成长之路。展现历年来领导重视、政策推动及行业、企业、院校、基地等各方面的技能人才培养模式路径，展现了"广东技工"为广东经济高质量发展所提供的人才支撑。四是"广东技工"之行业精英。展现各行业涌现的"南粤工匠"、杰出技能人才风采故事和世界技能大赛广东参赛选手拼搏进取的动人故事。五是第45届世界技能大赛中国基地（广东）风采录。采用融媒体形式，共拍摄了23个基地视频，立体化地展示了广东承办世界技能大赛中国集训基地的特色。

　　《广东技工故事》的组织编写工作得到广东省职业培训和技工教育协会的大力支持，得到广东省技师学院、广东省交通城建技师学院、广东省国防科技技师学院、广东省机械技师学院、广东省轻工业技师学院、广东

省粤东技师学院、广州市技师学院、广州市工贸技师学院、广州市轻工技师学院、广州市机电技师学院、广州市公用事业技师学院、广州市交通技师学院、广州白云工商技师学院、广州市建筑工程职业学校、广州南华工贸高级技工学校、广州城建技工学校、深圳技师学院、珠海市技师学院、东莞市技师学院、中山市技师学院、清远市技师学院、江门市技师学院、云浮技师学院、韶关市技师学院、佛山市技师学院的积极参与；暨南大学产业经济研究院、《羊城晚报》《南方工报》给予了支持；李云鹏、黄耀、郭煜、雷三元、张东风、魏海翔、刘娜妮、邱媛、黄凯欣、李若梨等同志参加了编写工作。在此，一并向关心、支持《广东技工故事》编写工作的各级领导、部门（单位）和参与编写及审稿的有关专家致以诚挚的谢意！

广东省职业技术教研室

2020 年 11 月